SIGFRID von WEIHER

Die englischen Siemens-Werke und das Siemens-Überseegeschäft in der zweiten Hälfte des 19. Jahrhunderts

Schriften zur Wirtschafts- und Sozialgeschichte

In Verbindung mit Rainer Fremdling
Carl-Ludwig Holtfrerich, Hartmut Kaelble und Herbert Matis
herausgegeben von Wolfram Fischer

Band 38

Die englischen Siemens-Werke und das Siemens-Überseegeschäft in der zweiten Hälfte des 19. Jahrhunderts

Von

Dr. Sigfrid von Weiher

Duncker & Humblot · Berlin

CIP-Titelaufnahme der Deutschen Bibliothek

Weiher, Sigfrid von:
Die englischen Siemens-Werke und das Siemens-Überseegeschäft in der zweiten Hälfte des 19. Jahrhunderts / von Sigfrid von Weiher. — Berlin: Duncker u. Humblot, 1990
(Schriften zur Wirtschafts- und Sozialgeschichte; Bd. 38)
ISBN 3-428-06888-2
NE: GT

Druck: Berliner Buchdruckerei Union GmbH, Berlin 61
Printed in Germany

ISSN 0582-0588
ISBN 3-428-06888-2

Meiner lieben Frau
Irma von Weiher geb. Rogée
gewidmet

Vorwort

Sigfrid v. Weiher, der Verfasser dieser Studie über die englischen Siemens-Werke, war 32 Jahre lang im Siemens-Archiv tätig, von 1960 bis 1983 als dessen Leiter. In zahlreichen Veröffentlichungen hat er sich mit der Geschichte des Hauses Siemens und der Elektrotechnik beschäftigt. Erwähnt seien nur die auch ins Englische, Französische, Spanische und Russische übersetzte kleine Siemens-Biographie in der Sammlung „Persönlichkeit und Geschichte", die erstmals 1970 im Verlag Musterschmidt in Göttingen erschien, und die ebenfalls in mehreren Auflagen herausgekommene und ins Englische übersetzte Monographie über „Weg und Wirken der Siemens-Werke im Fortschritt der Elektrotechnik" (zuerst 1972 als Beiheft der Zeitschrift „Tradition" im Verlag Bruckmann in München). Weite Verbreitung hat auch sein Buch „Berlins Weg zur Elektropolis — Technik- und Industriegeschichte an der Spree" (Stapp-Verlag Berlin 1974, 2. Auflage Musterschmidt Göttingen 1987) gefunden. In der nunmehr vorgelegten, aus seiner bisher ungedruckten Dissertation aus dem Jahre 1959 hervorgegangenen Arbeit behandelt er die englischen Siemens-Werke und die Anfänge des Überseegeschäfts des Hauses Siemens. Auf Grund von familien- und firmeneigenen Quellen, insbesondere der Korrespondenz zwischen den Brüdern Siemens, wird darin die nicht immer konfliktfreie Arbeitsteilung zwischen dem deutschen und dem englischen Haus aufgezeigt. Diese Arbeitsteilung, die schon früh vereinbart wurde, hilft zu erklären, warum Werner von Siemens wohl in Osteuropa schnell Fuß faßte, nicht jedoch auf dem amerikanischen Kontinent und in Ostasien. Dies war zunächst das Territorium der englischen Siemensfirmen.

In einer Zeit, in der die weltwirtschaftlichen Beziehungen längst selbstverständlich geworden sind, ist es erhellend, auf ihre Anfänge bei einem der großen deutschen Unternehmen zurückzublicken. Die Brüder Siemens waren zwar früh in verschiedenen Ländern tätig, schmiedeten jedoch keinen multinationalen Konzern, sondern führten eher selbständige Unternehmen in loser Absprache miteinander, so wie das schon bei den großen Handelshäusern der Renaissance und des 16. Jahrhunderts der Fall gewesen war.

Sigfrid v. Weiher wurde am 22. August 1920 in Bad Freienwalde / Oder geboren. Seit über fünfzig Jahren ist er schriftstellerisch tätig. Seine ersten Beiträge veröffentlichte er als Schüler von noch nicht ganz 19 Jahren in der Freiburger Zeitung, der Kasseler Post und der Zeitschrift „Flughafen". Im gleichen Alter begann er die „Sammlung von Weiher zur Geschichte der Technik" anzulegen. Sein Vorbild war der Technikhistoriker Franz Maria Feldhaus, dessen Mitarbeiter er für einige Jahre wurde. Im Zweiten Weltkrieg, den er nach dem Abitur im Jahre 1940 als Soldat mitmachte, wurde die Sammlung zweimal durch Bomben zerstört, erst in Kassel, dann in Freiburg. Dorthin kehrte v. Weiher 1945 zurück; dort studierte und promovierte er, und dort begann er auch seine Sammlung wieder aufzubauen. Noch vor seiner Promotion begann er im Siemens-Archiv zu arbeiten, leitete dessen Umzug von Berlin nach München und wurde 1960 dessen Leiter. Zahlreiche Historiker haben durch ihn Zugang zu dem reichhaltigen Akten-Material des Archivs gefunden, das die Quellengrundlage für einige hervorragende Arbeiten zur deutschen Unternehmens- und Technikgeschichte zur Verfügung stellte. Ohne es und ohne die Bemühungen seines langjährigen Leiters wäre die Wirtschafts- und Sozialgeschichte um vieles ärmer. Zu seinem 70. Geburtstag können daher Herausgeber und Verlag der „Schriften zur Wirtschafts- und Sozialgeschichte" Sigfrid v. Weiher kein besseres Geschenk machen, als eine seiner wichtigsten Arbeiten der Öffentlichkeit zu übergeben.

Berlin, im Juni 1990

Wolfram Fischer

Inhaltsverzeichnis

Abkürzungsverzeichnis

ADB	= Allgemeine Deutsche Biographie
BGT	= Beiträge zur Geschichte der Technik und Industrie
DNB	= Dictionary of National Biographie (London)
DUS	= Direct United States Cable Company
ETZ	= Elektrotechnische Zeitschrift
NDB	= Neue Deutsche Biographie
SAA	= Siemens-Archiv Akte
SAA BB	= Siemens-Archiv Sammlung der Brüder-Briefe
S&H	= Siemens & Halske
SSW	= Siemens-Schuckertwerke
SZ	= Siemens Zeitschrift
Telco	= Telegraph Construction and Maintenance Company
WSL	= Werner von Siemens, Lebenserinnerungen
WSSW	= William Siemens, Scientific Works
WTA	= Werner Siemens, Wissenschaftliche und Technische Arbeiten
ZVDJ	= Zeitschrift des Vereins Deutscher Ingenieure

Die in dieser Arbeit zitierten Briefe und Aktenauszüge wurden in die heute übliche Orthographie und Interpunktion übertragen, ohne dabei den Sinn zu verändern. Abschriften von Urkunden, die in den Anlagen erscheinen, sind buchstabengetreu übernommen. Bei Briefdaten aus Rußland, Persien usw. wurde jeweils der betreffende Termin nach gregorianischer Zeitrechnung angegeben.

1. Vorgeschichte

a) Einleitung

Der große technisch-industrielle Vorsprung, den England in der ersten Hälfte des 19. Jahrhunderts allen anderen Ländern der Welt gegenüber hatte, wurde durch die Verbreitung technischer Kenntnisse wie auch durch das Entstehen selbständiger Industrien in anderen Ländern in Frage gestellt und schließlich — insbesondere von der deutschen Industrie — aufgeholt, um die Jahrhundertwende sogar auf Teilgebieten überboten. Die in diese Entwicklung hineinwirkenden Faktoren sind mannigfaltiger Natur; wir werden ihnen in dieser Arbeit häufig begegnen und ihre Grundlagen quellenkritisch nachzuweisen suchen.

Wenn die Entwicklung der Berliner „Telegraphen-Bauanstalt Siemens & Halske", gegründet 1847, schon wiederholt untersucht und auch dargestellt und nicht zuletzt durch die selbstverfaßten „Lebenserinnerungen" von Werner von Siemens weitesten Kreisen bekannt wurde, so fehlt trotzdem noch eine umfassende Untersuchung der frühen und großen internationalen Bedeutung und Ausstrahlung dieser Firma. Einen Beitrag zu diesem Thema möchte vorliegende Arbeit liefern.

Für viele wertvolle Hinweise, die zu dieser Ausarbeitung wesentlich beigetragen haben, möchte der Verfasser an dieser Stelle Herrn Professor Dr. Clemens *Bauer,* Freiburg, Herrn Dr. Kurt *Busse,* München, sowie Herrn Dr. Wolfgang *Zorn,* München, seinen aufrichtigsten Dank zum Ausdruck bringen. Für das Gelingen der Arbeit waren mitbestimmend die Studien, welche der Verfasser bei seinem letztjährigen Besuch bei der Firma Siemens Edison Swan Ltd. in London und Woolwich betreiben konnte sowie nicht zuletzt die uneingeschränkte Bereitstellung der einschlägigen Aken des Siemens-Archivs in München.

b) Die Familie Siemens — Die Brüder Siemens

Die Familie *Siemens* läßt sich im Gebiet des nördlichen Harzvorlandes durch viele Jahrhunderte nachweisen. 1384 tritt in Goslar der Name zum ersten Male in Urkunden auf; er ist seit dieser Zeit dort ständig nachweisbar. Eine lückenlose Ahnenreihe führt von Ananias Siemens (1538-1591) zu Werner Siemens (1816-1892), der mit der Gründung der Firma Siemens & Halske 1847 sowie mit der Entdeckung des dynamoelektrischen Prinzips 1866 der Begründer der Elektrotechnik im allgemeinen und der Starkstromtechnik im besonderen wurde.

Die früheren Vorfahren der „Brüder Siemens" — unter denen wir Werner, Wilhelm, Friedrich und Carl verstehen — waren Ackerbürger, Handwerker, Händler. Wir finden sie auch als Ratsherren und Inhaber angesehener Stellungen in den Gilden der alten freien Reichsstadt Goslar nachweisbar. Im 18. Jahrhundert wenden sich mehrere Mitglieder der Familie gelehrten Berufen zu; einzelne wurden Ärzte, Pfarrer und Rechtsgelehrte, andere betätigten sich in der Landwirtschaft. Der Vater der Brüder Siemens, Christian Ferdinand (1787 - 1840) war seit 1816 Gutspächter in Lenthe bei Hannover, später auf der Domäne Menzendorf im Lübeckischen.[1]

Wenn unter den Vorfahren der Brüder Siemen zweifellos genügend Beispiele für geistige Regsamkeit und rühriges Unternehmertum nachweisbar sind, so wird man erbbiologisch vergeblich Ausschau halten nach bemerkenswerten Vorläufern für die spezifisch technische Begabung, die drei der vier großen Brüder Siemens, nämlich Werner, Wilhelm und Friedrich, auszeichnete. Untersuchungen, die zur Klärung dieser Frage angestellt wurden, haben das Phänomen so einzigartig genialer Erfindungskraft bei diesen drei Brüdern nicht aufzuklären vermocht.[2] Wenn auch in der Sippe von Werner Siemens ein Erfinder eines Destilliergerätes, schließlich auch ein befähigter Bastler optischer Gräte anzutreffen sind, so ist damit noch kein genügender Beweis erbracht, daß die „erfinderische Begabung" ein ausgeprägtes altes Erbgut wäre.

Neben den Brüdern Siemens und ihren Nachfahren haben von anderen Linien der Familie noch Georg Siemens, der spiritus rector der Deutschen Bank (1839-1901) und Alexander Siemens (1847 - 1928) vorübergehend maßgeblich auf die Auslandstätigkeit der Firma Einfluß genommen. Es waren dies beides Neffen von Werner Siemens. Georg wurde in Anerkennung seiner hohen Verdienste um die deutsche Wirtschaft 1899 in den preußischen Adelsstand erhoben.[3]

In Lenthe, einem kleinen Gutsdorf wenige Kilometer von Hannover, wurde am 13. Dezember 1816 Ernst *Werner* Siemens als Sohn des Gutspächters Christian Ferdinand Siemens und seiner Ehefrau Eleonore, geborene Deichmann, geboren. Die für ihn unbeschwerte Zeit seiner frühen Jugend schilderte Werner in seinen „Lebenserinnerungen"[4] ebenso wie die wirtschaftlichen Nöte, denen sich das Elternhaus gegenüber sah. 1823 übernahm der Vater eine andere Pachtung, die Domäne Menzendorf im Lübeckischen; aber auch hier wollten die Sorgen kein Ende nehmen.[5] Vater Siemens war mit 14 Kindern gesegnet, von denen 11 ein

---

1 Hermann Werner Siemens, Stammbaum der Familie Siemens, München 1935, S. 9 ff., S. 57 und S. 130 ff.

2 Stephan Kekulé v. Stradonitz, Über das Erfindergeschlecht Siemens, in: Die Grenzboten, Heft 67, Leipzig 1908, S. 278 ff.

3 Seine Biographie schrieb sein Schwiegersohn Karl Helfferich, Georg von Siemens, Berlin 1921 - 23, 3 Bände; 2. gekürzte Auflage in einem Band, 1956.

4 In den Jahren 1889 - 92 schrieb Werner in Harzburg seine „Lebenserinnerungen", die wenige Tage vor seinem Tode gedruckt vorlagen. 1956 erschien in München im Prestel-Verlag eine kommentierte und illustrierte Auflage, die 16.

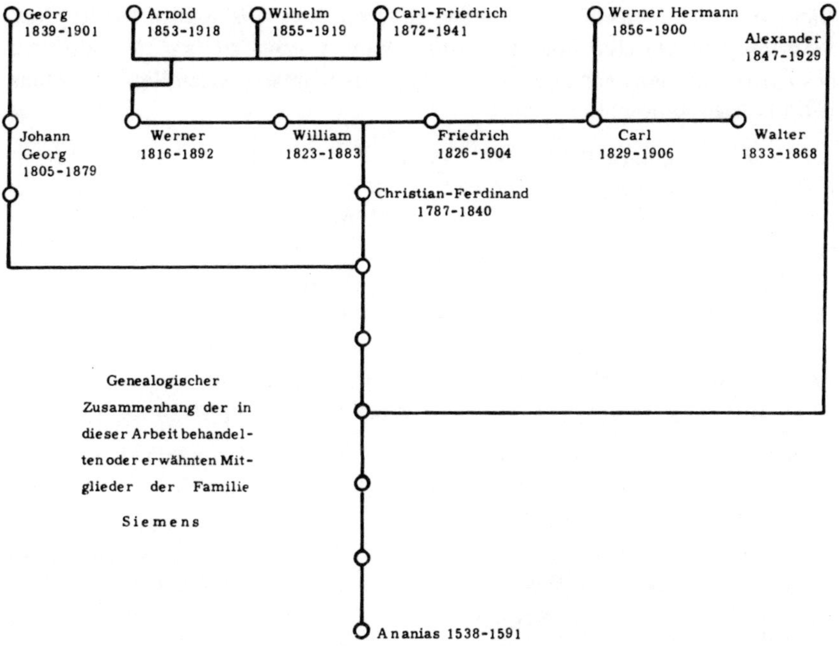

längeres Leben bestimmt war. Bei seiner früh sich anzeigenden Hinwendung zu naturwissenschaftlichen Problemen und technischen Aufgaben wollte Werner ein entsprechendes Studium ergreifen. Aber der Vater konnte ihm das finanziell nicht ermöglichen und empfahl ihm, die Militärlaufbahn einzuschlagen. So kam Werner 1834 zur preußischen Artillerie und wurde vier Jahre später Secondelieutenant. Auf der Berliner Artillerie- und Ingenieurschule, die er drei Jahre, 1835-1838, besuchte, sowie durch Abendkurse an der Berliner Universität sollte Werner sich das Rüstzeug für sein später so erfolreiches technisches Schaffen erwerben.

Bei dem frühen Tode der Eltern — die Mutter starb im Juli 1839, der Vater im Januar 1840 — übernahm der erst 23jährige Werner Siemens verantwortungsbewußt das Amt des Familienvorstandes, indem er für Erziehung und Ausbildung namentlich seiner jüngeren Brüder sorgte. Hiervon interessieren uns besonders Wilhelm, Friedrich und Carl, die er an seine technischen, später auch unternehmerischen Arbeiten heranzuziehen gedachte und die er darum entsprechend in ihrem Werdegang förderte.

Carl *Wilhelm,* geboren am 4. April 1823 in Lenthe, besuchte auf Vorschlag Werners seit 1838 die Gewerbe- und Handelsschule in Magdeburg, woselbst Werner damals gerade in Garnison stand. Dann studierte er 1841/42 in Göttingen

[5] Conrad Wandrey, Werner Siemens, München 1942, S. 69 ff.

Naturwissenschaften und Technologie. 1842 wirkte er als Praktikant in der Gräfl. Stolbergschen Maschinenfabrik in Magdeburg, bis ihn Werner im Frühjahr in besonderer Mission nach England schickte, wovon im folgenden Kapitel ausführlich die Rede sein wird.[6]

Friedrich August, geboren am 8. Dezember 1826 in Menzendorf, war in seiner frühen Jugend von schwächlicher Natur, oft krank. Nach dem Tode der Eltern verließ er die Schule und ging 1841 als Schiffsjunge auf eine Handelsbrigg. Werner versuchte ihn zu beraten, den Seemannsberuf zu ergreifen und die Steuermannschule zu besuchen — wenn er schon zur Marine dränge. Aber dann interessierte sich der Junge für die technischen Probleme des Bruders und ging 1848 nach London, um Wilhelm als Assistent zu unterstützen. Dort fand er schließlich seine Lebensaufgabe als Wärmetechniker. 1856 erfand er den Regenerativofen.[7]

Carl Heinrich, geboren am 3. März 1829 in Menzendorf, absolvierte seine letzten Schuljahre (bis Primareife) in Berlin bei Werner lebend und beschäftigte sich begeistert mit chemischen Problemen. 1847 nahm er an Werners Versuchen mit der elektrischen Telegraphie regen Anteil. 1851 vertrat er Siemens & Halske auf der Londoner Weltausstellung, versuchte danach in Paris ohne Erfolg den französischen Markt für Werners Telegraphen zu erschließen und fand dann, 1853, in Rußland seine Lebensaufgabe.[8]

Werner Siemens konnte all den Verpflichtungen als Familienvorstand unmöglich mit seinem schmalen Leutnantsgehalt gerecht werden. Daher war er bemüht, die technisch-wissenschaftlichen Arbeiten seiner Freizeit rasch in klingende Münze umzuwandeln. Er mußte aber nach einiger Zeit erkennen, daß die Jagd nach spekulativen Erfindungen auf die Dauer sinnlos sei und ins Verderben führe. Daher entschloß sich der Dreißigjährige, fortan wieder mehr wissenschaftlich zu arbeiten und sich besonders auf ein Gebiet zu spezialisieren: die elektrische Telegraphie. So kam er 1846 zu grundlegenden Verbesserungen des Wheatstone'schen Zeigertelegraphen, den er mit Johann Georg Halskes[9] Unterstützung durch-

---

[6] William Pole, Wilhelm Siemens, Berlin 1980 (= Übersetzung der engl. Originalausgabe von 1888); Richard Hennig, William Siemens, in: Buch berühmter Ingenieure, Leipzig 1911, S. 1 - 48; Kurt Busse, Sir William Siemens in: SZ Jg. 1958, S. 797 - 798.

[7] Carl Burhenne in: ADB, Bd. 55, 1910, S. 219 ff.; Hans Joachim van den Berg, 100 Jahre Friedrich Siemens Regenerativöfen, Berlin 1956, S. 7 - 21.

[8] Carl Burhenne in: ADB, Bd. 55, 1910, S. 224 ff.; Sigfrid v. Weiher, Carl von Siemens, in: Tradition, Heft 1 / 1956, S. 13 - 25. - Die biographische Literatur um Werner Siemens ist, soweit sie bei dieser Arbeit berücksichtigt wurde, im Quellenverzeichnis mit erfaßt.

[9] Johann Georg Halske, geb. 30. Juli 1814 in Hamburg, gest. 18. März 1890 in Berlin, Sohn eines Handwerkers, kam jung nach Berlin, wo er das Mechanikerhandwerk erlernte. 1845 Mitglied der Physikalischen Gesellschaft, in der er mit Werner Siemens bekannt und befreundet wurde, in der gemeinsam begründeten „Telegraphenbauanstalt Siemens & Halske" 1847, leitete er Werkstatt und Fabrik. Er schuf mit künstlerischer Hand die von Werner Siemens erfundenen Apparate und Instrumente. Durch seine saubere handwerkliche Arbeit trug H. zum frühen Weltruf der Firma S&H wesentlich bei. Die ihm zu riskant werdenden Seekabel-Unternehmungen bestimmten ihn 1864, aus der Leitung

1.

2.

3.

4.

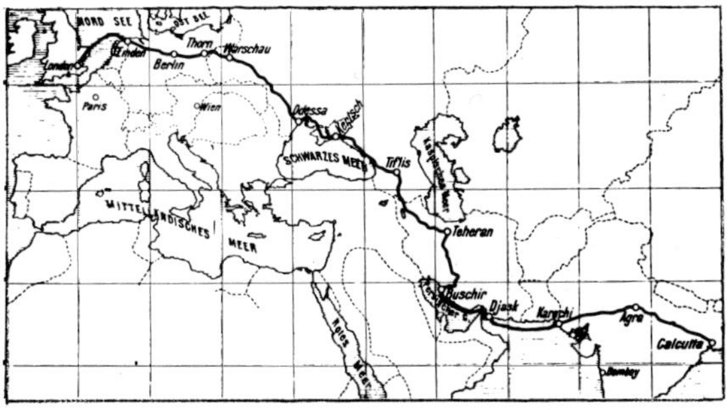

5.

6.

1. Werner Siemens, 1816 - 1892. Foto um 1885.
2. William Siemens, 1823 - 1883. Foto um 1880.
3. Carl Siemens, 1829 - 1906. Foto um 1894.
4. Siemenswerk Woolwich. Stahlstich 1866.
5. Indo-Europäische Telegraphenlinie, 1870.
6. Kabeldampfer „Faraday“, Lithographie 1874.
7. Georg Siemens, 1839 - 1901. Ölbild von Koner.
8. Wilhelm von Siemens, 1855 - 1919. Foto 1913.
9. Alexander Siemens. 1847 - 1928. Foto um 1890.

– Sämtliche Bilder: Siemens-Archiv München

7.

8.

9.

bildete und für dessen Fertigung sie am 1. Oktober 1847 in Berlin die „Telegraphenbaueranstalt Siemens & Halske" gründeten[10]. Die Erfolge dieses Telegraphen, der 1849 zwischen Berlin und Frankfurt / M. (Paulskirche) politisch wichtige Nachrichten, zunächst die Kaiserwahl Friedrich Wilhelms IV., schnell und sicher übermittelte, gaben Werner die Veranlassung, nunmehr sich ganz den neuen, heranwachsenden technischen und unternehmerischen Aufgaben zuzuwenden und seinen Abschied beim Militär zu nehmen.

Mit diesem Zeitpunkt beginnen auch die Bemühungen von Siemens & Halske, im Auslande Zweigunternehmungen zu errichten und zu entwickeln. Besonders die Entfaltung des englischen und des Überseegeschäftes soll uns in der folgenden Arbeit beschäftigen.

der englischen Tochterfirma auszuscheiden. Der allmählich, aber stets deutlicher in Erscheinung tretende Übergang von der individuellen Handarbeit zur mechanischen Massenproduktion veranlaßte ihn, 1867 auch aus der Leitung der Berliner Stammfirma auszuscheiden. Bei der Gründung der Pensionskasse von S&H, 1872, bewies H. seine stets freundschaftliche Verbundenheit mit Familie und Firma Siemens durch Stiftung eines hohen Betrages. Später wandte er sich Aufgaben der Stadtverwaltung Berlins sowie dem Ausbau des Kunstgewerbemuseums zu. F. M. Feldhaus, in: ADB, Bd. 49, 1904, S. 788; A. Rotth, in: Männer der Technik, hrsg. von C. Matschoss, Berlin 1925, S. 102.

10 Als dritter, stiller Teilhaber bei der Gründung wirkte ein Vetter Werners, Justizrat Johann Georg Siemens (1805 - 1879) mit. Nachdem ihm die zur Geschäftseröffnung vorgestreckten Mittel, 6 842 Taler, zurückgezahlt waren, schied er 1855 aus der Leitung von S&H aus.

2. Anfänge der Siemens-Arbeit in England

a) Wilhelm Siemens und das englische Geschäft bis 1857

Wilhelm Siemens war knapp zwanzig Jahre alt, als er im März 1843 im Auftrage seines älteren Bruders Werner das erste Mal nach England kam. Er sollte das von Werner erfundene und diesem am 29. März 1842 in Preußen patentierte Verfahren der galvanischen Vergoldung — Werners erstes technisches Patent — in England schützen lassen und dort auch möglichst günstig verkaufen. Wie so oft in den letzten Jahren, so stand auch dieses Mal wieder bei den Brüdern Siemens die Not Pate bei diesem Projekt.

Das Ergebnis dieser ersten großen, in das Ausland führenden Reise Wilhelms war überraschend: er hatte das Verfahren nach einigen Widerwärtigkeiten in England schützen lassen[1] und die Rechte an dieser Erfindung für den Bereich Englands und seiner Kolonien dem Industriellen George Richards Elkington[2] in Birmingham übertragen. Elkington war auf dem Gebiete der Galvanoplastik kein Neuling und arbeitete bereits einige Zeit erfolgreich nach einem selbst entwikkelten elektrochemischen System mit gutem wirtschaftlichen Erfolg[3]. Da er aber befürchten mußte, daß der couragierte junge Deutsche ihm Konkurrenz machen könnte, entschloß er sich dazu, das Recht an der Siemens'schen Erfindung zu erwerben, um seine bisherige Monopolstellung nicht zu gefährden. So kehrte denn Wilhelm mit einem Reinerlös von 1 490 £ Sterling — von der Gesamtsumme 1 600 £ waren für Patentgebühren 110 £ abzuziehen gewesen — als „Goldfisch" nach Berlin zu Werner Siemens zurück. Für die nächsten Monate war damit die Not gebannt.

Es ist psychologisch sehr wohl zu verstehen, daß der noch recht junge Wilhelm nach seiner Heimkehr jenes Land positiv betrachtete, welches ihm den ersten großen Erfolg seines Lebens beschert hatte. Das Glück hatte es hier mit ihm gut gemeint. Aber auch im übrigen erschien ihm England durchaus seiner eigenen Art gemäß, und im Frühjahr 1844 entschloß er sich, als „Civilingenieur" nach dorthin auszuwandern. Er hat diesen Entschluß trotz mancher Enttäuschung nie zu bereuen gehabt. Er wurde in Lebensstil und Lebensanschauungen ein Brite, ohne je seine deutsche Abstammung zu verleugnen. 1859 heiratete er eine Schottin, Anne Gordon, und im gleichen Jahre ließ er sich in England naturalisieren.[4]

---

1 Brit. Patent Nr. 9741 vom 29. 5. 1843.

2 S. v. Weiher, Von der galvanischen Vergoldung zur Kupfergroßelektrolyse, 1842 - 77, in: SZ 1955, S. 247 - 248.

3 George Richards Elkington (1801 - 65), engl. Elektrochemiker und Industrieller, DNB, Vol. 17 p. 240 - 241.

In ständiger Fühlung mit den Ideen, Forschungen und Erfindungen seines Bruders Werner interessierte er sich für alle Neuerungen auf so ziemlich allen Gebieten der Technik. Der Gedankenaustausch befruchtete beider Arbeiten, wie sich ihrem regen Briefwechsel entnehmen läßt. Insbesondere beschäftigte Wilhelm sich mit wärmetechnischen Arbeiten. Die Heißluftmaschine des schwedischen Erfinders und Ingenieurs John Ericsson war der Ausganspunkt von technischen und wirtschaftlichen Berechnungen gewesen, die er 1845 mit Werner anstellte.[5]

Als Werner Siemens 30 Jahre alt wurde, am 13. Dezember 1846, beschloß er, das „Jagen nach spekulativen Erfindungen" einzustellen und seine volle Kraft ausschließlich der Durchbildung der elektrischen Telegraphie zuzuwenden. Werner schrieb Wilhelm am 14. 12. 1846: „Ich bin nämlich jetzt ziemlich entschlossen, mir eine feste Laufbahn durch die Telegraphie zu bilden, sei es in oder außer dem Militär. Die Telegraphie wird eine eigene wichtige Branche der wissenschaftlichen Technik werden, und ich fühle mich berufen, organisierend in ihr aufzutreten ...".

Wilhelm war durchaus bereit, Bruder Werner in jeder Hinsicht zu unterstützen, ohne jedoch auch seinerseits die vielseitigen Erfindungsspekulationen aufzugeben. Als Werner Siemens mit Johann Georg Halske seine „Telegraphenbauanstalt" in Berlin errichtete, war Wilhelm bemüht, seinem Bruder alle Informationen zu liefern, die diesem Zwecke — sei es geschäftlich, sei es technisch — dienlich sein könnten. Beispielhaft hierfür ist die Geschichte der Guttapercha-Isolierung im Jahre 1846, über die Werner Siemens in seinen „Lebenserinnerungen", S. 51, berichtete: „Zufällig hatte mir damals mein Bruder Wilhelm aus London eine Probe von einem neu auf dem englischen Markte erschienenen Material, dem Guttapercha, als Kuriosität zugeschickt. Die ausgezeichneten Eigenschaften dieser Masse, im erwärmten Zustande plastisch zu werden und, wieder erkaltet, ein guter Isolator der Elektrizität zu sein, erregten meine Aufmerksamkeit. Ich überzog einige Drahtproben mit der erwärmten Masse und fand, daß sie sehr gut isoliert waren. Die Kommission[6] ordnete auf meinen Vorschlag größere Versuche mit solchen, durch Guttapercha isolierten Drähten an, die im Sommer 1846 begannen und 1847 fortgesetzt wurden. Bei den 1846 auf dem Planum der Anhaltischen Eisenbahn verlegten Proben war die Guttapercha durch Walzen um den Draht gebracht. Es stellte sich aber heraus, daß die Walznaht sich mit der Zeit löste. Ich konstruierte daher eine Schraubenpresse, durch welche die erwärmte Guttapercha unter Anwendung hohen Druckes ohne Naht um den Kupferdraht gepreßt wurde. Die mit Hilfe einer solchen, von Halske ausgeführten Modellpresse überzogenen Leitungsdrähte erwiesen sich als gut isoliert und behielten ihre Isolation dauernd bei".

---

4 Pole (deutsche Ausgabe), S. 367.

5 Werners erste größere Veröffentlichung handelte „Über die Anwendung der erhitzten Luft als Triebkraft"; sie erschien in Dinglers Polytechnischem Journal, Bd. 97, 1845, S. 324 ff.

6 Gemeint ist hier die preußische Telegraphen-Kommission.

Die Bedeutung der Isolierung von Leitungen in der Frühzeit der elektrischen Telegraphie wird am eindringlichsten klar, wenn man sich vorstellt, daß frühere Versuhe gescheitert waren. Man versuchte alle möglichen und unmöglichen Werkstoffe zur Abschirmung des Leiters: Harz, Blei, Teer, textile Stoffe, ja sogar Glasröhrchen[7]. Eine taugliche Isoliermasse glaubte man schließlich im Kautschuk gefunden zu haben, mit der besonders die Engländer operierten. Mit der von ihm entwickelten Presse zur nahtlosen Ummantelung der Leitungsdrähe mit Guttapercha hatte Werner Siemens das Problem auch für submarine Leitungen[8] und Kabel grundsätzlich gelöst.

Beim Bau der Telegraphenlinie Berlin-Aachen 1848 war Werner Siemens vor die Frage gestellt, wie man zweckmäßig beim Rheinübergang ein Kabel — also einen armierten und isolierten Leiter durch strömendes Gewässer legt. Das erinnerte ihn an den damals bestehenden Plan einer Telegraphieverbindung durch den Kanal. In diesem Sinne schrieb er an Bruder Wilhelm nach London, 7. 11. 1848: „Es war einmal ein Projekt im Gange, eine Leitung unter dem Meere zwischen England und Frankreich zu etablieren[9]. Ist das eingeschlafen? Nach meinen bisherigen Erfahrungen unter dem Rheine hindurch macht das nicht viel Schwierigkeiten und ich hätte wohl Lust, die Anlage auf meine Garantie hin zu übernehmen. Erkundige Dich doch mal nach den Gründen und dem damaligen Kostenanschlage . . .“ — Dieses Thema wurde im Laufe der Jahre immer wieder im Briefwechsel der Brüder diskutiert und es ist daraus klar zu erkennen, daß Werner an diesem technischen Projekt — der Kanal ist an der in Frage kommenden Stelle etwa 35 Kilometer breit und bis zu 160 m tief — feilte, wohingegen englische Unternehmer rein empirisch die Sache aufgriffen. Der erste Versuch der Brüder John-Watkins und Jacob Brett im Jahre 1850, lediglich einen ungeschützten Guttaperchadraht zu versenken, war unzulänglich, da die Verbindung schon nach einigen Stunden abbrach, wohl weil der Draht an der felsigen Küste des Cap Gris Nez aufgescheuert war. Das am 28. August 1851 glücklich verlegte, von R. S. Newall[10] gelieferte Kabel sollte viele Jahre betriebsfähig bleiben. Es war das erste wirtschaftlich brauchbare Seekabel überhaupt[11].

---

[7] Artur Kunert, Die Entwicklung des Fernmeldewesens für den öffentlichen Verkehr, Berlin 1931, S. 131 - 133.

[8] Werner von Siemens, Lebenserinnerungen, 16. Aufl. München 1956, im folgenden zitiert WSL, S. 56 - 57. Dort berichtet Werner von seinen Guttapercha-isolierten Minenzündleitungen im Kieler Hafen 1848 zum Schutz gegen die dänische Flotte.

[9] Schon am 16. 6. 1846 hatten John und Jacob Brett eine Gesellschaft zur telegraphischen Verbindung Englands mit Frankreich gegründet. König Louis Philippe gestattete seit 1847 den Bretts die Landung bei Calais. A. Kunert, S. 141 und S. 238.

[10] Robert Stirling Newall (1812 - 89), Drahtseil- und Kabelindustrieller. Gründete 1840 mit Liddell und Lewis D. Gordon in Gateshead on Tyne eine Fabrik für Drahtseile, aus der 1851 das erste wirtschaftlich brauchbare Seekabel (Dover-Calais) hervorging. N. erfand 1853 die Bremstrommel mit Konus für Seekabellegungen. Über Zusammenarbeit mit Siemens DNB, Vol. 40, p. 309 - 310.

[11] G. R. M. Garratt, One hundred years of submarine cables, London 1950, p. 1 ff.

Werner Siemens wußte aus eigener Erfahrung, dann aber auch aus Briefen seines Bruders Wilhelm, daß England in allem, was man unter dem Begriff „Maschinenbau“ summarisch versteht, führend war. In derartigen Techniken den Engländern in ihrem Lande Konkurrenz zu machen, hatte — zumindest im damaligen Zeitpunkt — wenig Aussicht auf Erfolg. Es war ihm aber auch andererseits bekannt, daß man in England — wollte man gediegene Feinmechanik, Optik, wissenschaftliche Instrumente und dergleichen haben — sich stets nach Frankreich oder Deutschland wandte. Hierin sah Werner Siemens die Zukunft des englischen Geschäftes, das er nun in festere, organisatorische Form zu bringen trachtete. Der Ausbau der preußischen Telegraphenlinien, an denen seine Berliner Firma führend beteiligt war und recht gut verdient hatte, hatte einen gewissen Sättigungsgrad erreicht; wenig später führte eine Auseinandersetzung mit dem neuen Leiter der preußischen Telegraphie, Nottebohm[12], dazu, daß diese Behörde auf Jahre keine Aufträge an Siemens & Halske mehr erteilte. So war Werner Siemens genötigt, sich nach neuen Absatzmärkten für seine Telegraphengeräte umzusehen. In England war der Zeiger- wie auch der neue Drucktelegraph von Siemens & Halske zum Patent angemeldet. Im März 1850 reiste Werner Siemens zu Beprechungen nach England, und am 16. März kam in London ein Abkommen[13] mit Bruder Wilhelm zustande, das man als das Fundament der acht Jahre später erfolgenden Filialgründung von Siemens & Halske in England betrachten kann.

Werner übertrug darin im Namen von Siemens & Halske seinem Bruder Wilhelm die Ausbeutung mehrerer Erfindungen auf dem Gebiet der elektrischen Telegraphie für England. Aus den zu erwartenden Geschäften sollte der Nettogewinn zu 2/3 der Firma Siemens & Halske, zu 1/3 Wilhelm zufließen. Man kann diese „Überereinkunft“ wohl mit einem Agentur-Abkommen bezeichnen, denn Wilhelms Tätigkeit für Siemens & Halske in jenen Jahren ist zweifellos die eines Agenten gewesen.

Im letzten Absatz dieses Abkommens wird auch der jüngere Bruder Friedrich Siemens erwähnt, der 1848 nach England gekommen war, um Wilhelm bei der Einführung des Siemens'schen Zeigertelegraphen in England zu unterstützen. Aber Friedrichs Ausbildungsstand in diesem Fache war noch nicht ausreichend[14], um in die harten Auseinandersetzungen mit englischen Technikern und Beamten, die sich diesen Bemühungen zähe widersetzten, mit Aussicht auf Erfolg einzugrei-

---

[12] Friedr. Wilhelm Nottebohm (1808 - 75), Schüler Beuths im Berliner Gewerbeinstitut. St. 1842 Assessor an der preuß. technischen Deputation, 1849 Regierungsrat, techn. Mitglied der Telegraphenbau-Kommission, 1850 - 56 Vorsteher d. preuß. Telegraphendirektion (C. Matschoss, Männer der Technik, 1925, S. 191 - 192).

[13] SAA Dokumentenmappe. Abschrift als Anlage 1, S. 182.

[14] Werner schrieb am 21. 8. 1848 an Wilhelm: „Die ungünstigen Resultate, die du bisher mit den geschickten Zeigertelegraphen gehabt hast, schiebe ich größtenteils auf Fritzens Flüchtigkeit im Experimentieren. Verlaß Dich in dieser Beziehung nicht zu sehr auf ihn“.

fen. Friedrich wandte sich daher in der Folge zusammen mit Wilhelm spezifisch wärmetechnischen Arbeiten zu und erfand 1856 den Regenerativ-Ofen, mit dem später die Glasbereitung reformiert und der Siemens-Martin-Stahlprozeß entwikkelt wurde [15]. — Eine Rolle im Rahmen der Firma Siemens & Halske hat Friedrich Siemens nie gespielt, denn seine technischen Interessen lagen auf spezifisch anderen Gebieten als jene, die man zu den klassischen Arbeitsgebieten dieser Firma rechnet. Stets aber hat er dankbar den Rat und die fachliche Unterstützung seiner älteren Brüder Werner und Wilhelm Siemens angenommen.

Das Ereignis des Jahres 1851 war die Industrie-Ausstellung in London, die erste Weltausstellung schlechthin. Sie war vom Gemahl der Königin Victoria, dem deutschen Prinzen Albert von Sachsen-Coburg-Gotha angeregt und veranstaltet woren. Es ist selbstverständlich, daß auch Siemens & Halske interessiert waren, diese Ausstellung zu beschicken, um ihre Arbeiten international bekannt zu machen und womöglich neue Lieferverträge abzuschließen.

Werner Siemens betraute mit der speziellen Wahrnehmung der Firmeninteresssen auf dieser über ein halbes Jahr sich erstreckenden Ausstellung seinen Bruder Carl, denn Wilhelm und Friedrich konnten durch einen sie bindenden Arbeitsvertrag sich nicht völlig für diese Aufgabe frei machen. [16] Gegenüber anderen Ausstellern aus dem deutschen Bundesgebiet — die in der Mehrzahl bezeichnenderweise Kunst und kunstgewerbliche Erzeugnisse zeigten — brachten Siemens & Halske mehrere Objeke ihrer Technik zur Schau. Nach dem offiziellen Ausstellungs-Katalog zeigten sie Zeiger- und Drucktelegraphen, Eisenbahn-Läutewerke, Instrumente zur Fehlersuche in Telegraphenleitungen, Galvanometer sowie einen verbesserten Morse-Schreiber, nicht zuletzt aber Muster der mit der Guttaperchapresse von Werner Siemens erzeugten isolierten Leitungen. Man bemühte sich eifrig um neue Aufträge, und Carl glaubte auch zeitweilig, daß berechtigte Aussicht bestehe, mit Besuchern aus Ostindien und Nordamerika ins Geschäft zu kommen. Aber die englische Konkurrenz — insbesondere die Electric Telegraph Company — vereitelte schließlich diese Pläne. Immerhin war der Firma Siemens & Halske ein „moralischer Erfolg" beschieden, indem ihr von der Jury die höchste Auszeichnung, die „Council Medal" verliehen wurde [17]. Nur zehn von 1 270 Ausstellern aus dem Gebiet des Deutschen Bundes (darunter auch Alfred Krupp) war diese Medaille zuerkannt worden.

---

15 A. Rotth, Die Brüder Siemens und die Wärme, und R. Dietz, Friedrich Siemens und das Glas, beide Aufsätze in BGT, Bd. 10, 1920, S. 42 ff. und S. 55 ff.; H. J. von den Berg, Die Brüder Friedr. u. Wilhelm Siemens als Erfinder des Regenerativofens, in: Stahl und Eisen, Bd. 76, 1956, S. 1612 - 1615.

16 Neben dem Agenturvertrag zur Wahrnehmung der S&H-Interessen in England unterhielten Wilhelm und Friedrich noch einen Mitarbeitervertrag mit der englischen Firma Fox & Henderson, wo sie als „beratende Ingenieure" £ 400 bzw. Friedrich als Assistent £ 100 als Jahreseinkünfte bezogen.

17 Great Exhibition 1851 Official . . . Catalogue, London 1851, Part IV, 1, p. 1067; Diplom vom 15. 10. 1851 im Siemens-Museum München.

England war seit der Erfindung der Dampfmaschine zur größten Industriemacht der Welt aufgestiegen. Die „industrielle Revolution", genährt durch vielseitige naturwissenschaftliche Erkenntnisse und mechanische Erfindungen und geistig wie organisatorisch gelenkt durch die Lehre von Adam Smith („Inquiry into the nature and causes of the wealth of nations", 1. Aufl. 1776), hatte den Briten einen anscheinend unaufholbaren Vorsprung auf technisch-wirtschaftlichem Gebiet eingetragen.

London zählte 1851, im Jahr der großen Ausstellung, 2 363 000 Einwohner (Berlin demgegenüber nur 430 000, also knapp 1/5. Erst 1877 überschritt Berlin die Millionengrenze). Es lebte nach der Volkszählung von 1851 bereits die Hälfte der englischen Bevölkerung in Städten, „ein Zustand, den es wahrscheinlich vorher niemals in der Weltgeschichte in einem großen Lande gegeben hatte".[18]

Das Ergebnis dieser ersten Welt-Industrieausstellung muß für weitsichtige Engländer eine Mahnung gewesen sein. Denn es hatte sich gezeigt, daß andere Nationen ernsthaft bemüht waren, eigenständige nationale Industrien aufzubauen, um so von der englischen Abhängigkeit auf technisch-wirtschaftlichem Gebiet loszukommen. Es erwies sich ferner, daß die qualifizierte Leistungsfähigkeit einiger Ausländer auf bestimmten Gebieten bedeutend besser war als die eigene englische. An der Spitze dieser friedlich-rivalisierenden Völker standen die deutschen Länder, insbesondere Preußen.[19]

Im Herbst 1851 sollte eine seit längerem von Werner und Wilhelm Siemens gemeinsam entwickelte Konstruktion ihre Feuertaufe bestehen: der Wassermesser. Es war dies zwar kein elektrotechnisches, geschweige denn telegraphentechnisches Requisit, aber ein Gerät, welches fortentwickelt noch heute (1959) im Rahmen der Meßtechnik bei Siemens & Halske gefertigt wird[20]. Gelegentlich eines von der Stadt Manchester ausgeschriebenen Wettbewerbs hatte Wilhelms „Siemens-Reaktions-Wassermesser" glänzende Erfolge erzielt. „Die ungeheure Wichtigkeit der Sache kannst du daraus ersehen, daß die Corporation so schnell wie möglich 300 Stück haben will" — so schrieb Wilhelm damals begeistert nach Berlin. Am 15. 4. 1852 hatte Wilhelm auf diesen „Flüssigkeitsmesser" in England das britische Patent, Nr. 14060. genommen. Das Probe-Exemplar war 1851 für 70 Taler nach Birmingham verkauft worden und wenig später erfolgte darauf der erste Großauftrag. Aber noch war Wilhelm mit den ständigen Verbesserungen und Konstruktionsänderungen nicht am Ende, und dies war auch noch der Fall, als man in Berlin im Herbst 1852 eine regelrechte „Wassermesser-Abteilung" einrichtete. Nun galt es, die in der großen Mehrzahl für England

18 G. M. Trevelyan, Kultur- und Sozialgeschichte Englands, Hamburg 1948, S. 505; J. H. Clapham, An economic history of modern Britain, Vol. 2, Cambridge 1932, p. 536; Die Bevölkerungszahl Londons in: Economic History Review, Vol. 5, No. 2, 1935, p. 83.

19 Clapham, Vol. 2, p. 111: Continental nations had enjoyed industrial superiorities over Britain in 1851, but there were not „engine superiorities".

20 S. v. Weiher, 100 Jahre Wassermesser-Fabrikation, in: SZ Jg. 1951, S. 222 - 223.

bestimmten Geräte in Zweckmäßigkeit und Preiswürdigkeit den dortigen Verhältnissen anzupassen, ohne die Forderung nach sauberer Präzisionsmechanik zu vernachlässigen, über die Halske besonders wachte. Während aber Halske in dieser Hinsicht des guten zu viel tat und auf dem Wege war, aus dem Wassermesser ein „Kunstwerk" zu machen, verlor Wilhelm darüber in England fast seine drängenden Kunden. In dieser Not verband er sich deshalb 1852 kurzerhand mit der Firma Guest & Chrimes in Rotherham, die nun auch ihrerseits die Herstellung des Siemens-Wassermessers aufnahm. Hier entschied nun nicht die Qualität, sondern der Standpunkt, die Kunden so schnell als möglich zu beliefern. Tatsächlich entwickelte sich, trotz mäßiger Qualität, der Wassermesser englischer Fertigung zu einem einträglichen Geschäft, wogegen die ersten Jahre der Berliner Wassermesser-Fertigung nur geringen Gewinn abwarfen. Bis 1860 waren es ganze 1 800 Taler. Werner schrieb am 6. 2. 1858 entrüstet an Wilhelm: „Die Wassermesser werden bei Guest & Chrimes wirklich säuisch gearbeitet: bei einem griffen die Räder nur teilweise ein. Reparaturen sind meist ohne wesentliche Neuanfertigung nicht durchzuführen".[21]

Wenn auch die ersten Jahre der Berliner Wassermesser-Fertigung nur recht bescheidene Ergebnisse erbrachten, so war doch für diese Arbeiten der laufende Absatz auf dem englischen Markt gesichert. Das war insofern wichtig, als in der Frühzeit der „Telegraphen-Bauanstalt" mitunter Flauten eintraten. Wenn also Halske keine Telegraphenapparate mehr bauen konnte, da zeitweilig keine Aufträge vorlagen oder gar das Lager gefüllt war, dann brauchte man die freiwerdenden Facharbeiter nicht zu entlassen, sondern konnte sie mit dem Bau der nach England laufend absatzfähigen Wassermesser beschäftigen.

Nachdem die Berliner Wassermesser-Fertigung, unterstützt durch die seit 1858 bei Siemens & Halske eingeführte Akkordarbeit[22] zur serienmäßigen Produktion übergegangen war, begann sich dieser Geschäftszweig bei steigender Nachfrage infolge der fortschreitenden Verstädterung Deutschlands gut zu entwickeln. Die Erträgnisse der Wassermesser-Abteilung in den Jahren 1861 — 1869 bezifferten sich folgendermaßen[23]:

1861: 1 601 Taler	1864: 4 350 Taler	1867: 16 230 Taler
1862: 3 368 Taler	1865: 13 428 Taler	1868: 15 653 Taler
1863: 5 133 Taler	1866: 10 821 Taler	1869: 18 773 Taler

1851 war Wilhelm Siemens durch seine ihm eigentümliche, aktive Teilnahme am wissenschaftlichen Vereinsleben mit Professor Lewis D. B. Gordon[24] bekannt

21 Richard Ehrenberg, Die Unternehmungen der Brüder Siemens, Jena 1906, S. 127; Briefzitat vom 6. 2. 1858: SAA BB.

22 Brief Werners an Wilhelm v. 18. 1. 1859: „. . . Schon in diesem Jahr kommen wir jedenfalls durch die jetzt eingeführten Akkordarbeiten höher (wird sich bald herausstellen), und das muß sich um so mehr steigern, je mehr die Akkordsätze ausprobiert sind und je mehr wir zu tun bekommen".

23 SAA 29 / Lp 586 (Wassermesser-Statistik). Ehrenberg, S. 128.

geworden. Als Teilhaber an der Firma R. S. Newall & Co. in Gateshead verbanden beide Männer ziemlich gleichartige technische Interessen. Wir hörten schon, daß Newall im August 1851 das erste erfolgreiche Ärmelkanal-Kabel geliefert hatte, und mit dieser Firma kam Wilhelm nun durch Gordons Vermittlung in Verbindung.

Als Werner Siemens mit der russischen Regierung 1852 über den Bau verschiedener Fern-Telegraphenlinien im Zarenreiche verhandelt hatte, tauchte auch das Projekt auf, die Inselfestung Kronstadt in der Petersburger Bucht durch ein Kabel diekt mit dem Winterpalais in St. Petersburg zu verbinden. 1853 ging Carl Siemens dann als Vertreter seines Bruders Werner nach Rußland, um die Leitung der Telegraphenbauten dort zu übernehmen. Das Kabel sollte vom Kaiserlichen Schloß unterirdisch bis Oranienbaum und von da unterseeisch nach Kronstadt gelegt werden. Wilhelms Empfehlung, als Kabellieferanten Newall zu gewinnen, wurde von den Brüdern akzeptiert, zumal kein anderer Kabelfabrikant damals über praktische Erfahrungen auf diesem Gebiet verfügte. Im Herbst 1853 sollte das Kabel gelegt werden. Aber mit dem Beginn der Feindseligkeiten zwischen Rußland und der Türkei, die sich schließlich zum Krimkrieg entwickelten, setzte bei Siemens & Halske die Sorge ein, ob das bei Newall in Gateshead bestellte Kabel noch geliefert würde. Man schrieb Oktober 1853 und rechnete sich aus, daß England gemäß seinem Bündnis mit der Türkei Rußland den Krieg erklären würde und dann kein englisches Handelsschiff mehr mit Kurs Rußland auslaufen würde. Dies hätte für die Brüder Siemens bittere Folgen gehabt. Selbst der Hinweis auf „höhere Gewalt" hätte bei dem „allerhöchsten Befehl" des Zaren wohl wenig Eindruck gemacht und die Aussicht auf Übernahme weiterer russischer Aufträge wäre zum Mindesten sehr in Frage gestellt worden. Am 18. 10. 1853 konnte Wilhelm seinen Brüdern endlich die Mitteilung machen, daß das Kronstadt-Kabel an Bord des „Lion" in Hull abgegangen sei. Carl in St. Petersburg stöhnte: „Wenn nur das Kabel erst hier wäre. Denn wenn es nicht kommt, so haben wir es mit dem Grafen[25] verspielt und können ‚Adieu Rußland' sagen". Es wurde Mitte November, bis der „Lion" glücklich in Kronstadt anlangte. Nun aber beschleunigte man die Arbeiten so, daß das Kabel an einem der letzten Novembertage gelegt werden konnte, bevor die Eisperiode einsetzte. Nach Aufstellung der Geräte und gehöriger technischer Erprobung konnte Carl Siemens am 15. Januar 1854 (neuen Stiles) die Linie zur vollen Zufriedenheit dem Grafen Kleinmichel übergeben.

---

24 Lewis D. B. Gordon, Professor der Ingenieurwissenschaften in Glasgow, Teilhaber von R. S. Newall & Co., seit 1859 Schwager von Wilhelm Siemens.

25 Pjotr Andrejewitsch Graf Kleinmichel (1793 - 1869), seit 1842 Minister der Verkehrswege und öffentlichen Bauten in Rußland, persönlicher Berater Zar Nikolaus' I., oberster Leiter der russischen Staatstelegraphen. K. wurde bald nach dem Tode des Zaren Nikolaus 1855 seiner Ämter enthoben. Meyers Konversations- Lexikon, 5. Auflage, Leipzig u. Wien 1895, Bd. 10, S. 223.

Der erste große Auftrag, der die Brüder Siemens zu internationaler Zusammenarbeit in drei wichtigen Ländern verband, war in politisch kritischer Zeit durch Mut, Geschick und Glück erfolgreich gemeistert worden. Der Ausbau des russischen Geschäftes, das für die Entwicklung von Siemens & Halske entscheidende Bedeutung erlangte, war mit dem Erfolg des Kronstadt-Kabels gesichert.

Die Lehre, die Werner Siemens und seine Brüder aus dieser Arbeit gezogen hatten, lautete etwa folgendermaßen: Entweder sich mit einem leistungsfähigen Kabelfabrikanten eng zusammenschließen oder selbst eine Kabelfabrikation aufzunehmen. Da für Deutschland noch keine nennenswerten Kabelaufträge zu erwarten waren, andererseits aber die Etablierung einer Kabelfabrik im Auslande vorerst wegen Mangel an Mitteln und Möglichkeiten nicht in Frage kam, entschied man sich für den ersten Fall. Die guten Erfahrungen mit dem von R. S. Newall & Co. gelieferten Kabel führten 1854 zu einem bemerkenswerten Patent- und Lizenzabkommen. Dieses Abkommen vom 3. November 1854 legt fest, daß R. S. Newall & Co. alle nach S&H-Patenten gefertigten Apparate von diesen zu einem Vorzugspreis erwerben können. Sie dürfen diese Apparate nur nicht nach Deutschland liefern. Sollten Newall & Co. Apparate nach den S&H-Patenten jedoch von anderen Fabrikanten fertigen lassen, so verpflichten sie sich zu einer Abstandszahlung an S&H in Höhe des sonst eingeräumten Vorzugspreises, nämlich £ 10 pro Apparat. Auch das persönliche Patent von Werner Siemens auf das telegraphische Gegensprechen von 1854 (im Vertrag steht irrtümlich, wohl durch einen Schreibfehler, 1850) soll diesen Bestimmungen unterliegen. Künftige Verbesserungen durch die eine oder andere Partei sollen Gemeineigentum werden.[26]

Es geht aus diesem Übereinkommen eine ebenbürtige Partnerschaft hervor, die übrigens auch klar zu erkennen gibt, daß dem englischen Drahtseilfabrikanten und Kabelunternehmer (letzteres war er erst seit 1851!) Newall an der Zusammenarbeit mit der qualifizierten deutschen Telegraphen-Bauanstalt sehr gelegen war. Eine derartige Unternehmung mit erwiesener hoher Leistungsfähigkeit gab es im damaligen England nicht. Und beide Teile waren sich einig, daß man im In- und Auslande, ganz besonders aber in technisch unentwickelten überseeischen Ländern leichter zu Aufträgen gelangen könnte, wenn man nicht nur Kabel, sondern gleichzeitig auch das ganze Inventar der Telegraphie zu liefern und einzurichten bereit wäre.

In diesem Sinne ist auch ein brieflicher Zusatz zu verstehen, den Wilhelm Siemens der Abschrift seines Patent- und Lizenzabkommens mit Newall anfügte und am 5. 11. 1854 aus Paris nach Berlin sandte:

„. . . Ich habe mit Newall & Co. vorstehenden Contract abgeschlossen, welcher meiner Ansicht nach günstiger für uns ist. In vier Wochen werden die Patente gesichert sein und wir werden dann (Newall und ich) in England eine großartige

---

26 SAA 68 / Li 219. Abschrift als Anlage 2, S. 183.

Bewegung anfangen. Unsere Idee ist eine Companie zu begründen, welche die Bearbeitung der beistehenden Telegraphen-Linien übernehmen soll.

Für die Linie in Chili habe ich gestern den Draht in England bestellt. Die Bestellung der Isolatoren und Instrumente wird sich noch einige Tage verzögern, da Fox dem Gesandten weiß gemacht hat, er könne diese in Frankreich zum halben Preise und ‚trop superieur' erhalten ...

C. W. Siemens."[27]

Mit Brief vom 22. 11. 1854 teilte Werner seinem Bruder Carl die neuesten Entwicklungen nach Rußland mit: „Wir nehmen jetzt wirklich einen fast schwindeligen Flug an, hoffentlich nicht à la Icarus. — Es besteht jetzt Verbrüderung mit Gordon und Newall, eine große Agitation wird in England entstehen. Für Amerika haben wir ziemlich sicher eine Eisenbahn-Telegraphenlinie mit allen Schikanen, von Philadelphia ausgehend, zu bauen. Für Chile ist schon alles Material unterwegs ..."[28].

Vieles von diesen großen Erwartungen der Zusammenarbeit mit Newall blieb zunächst Wunschtraum, so z. B. auch der nicht zustande gekommene Auftrag für Philadelphia. Die Jahre 1854 — 1856 standen bei Siemens & Halske ganz im Zeichen des großen russischen Geschäftes, welches der Stammfirma die so dringend nötigen finanziellen Mittel zu gesunder und gesicherter Fortentwicklung bringen sollte. Carl Siemens, der mit 24 Jahren nach Rußland gegangen war, hatte dort mit jugendlichem Schaffensdrang und Umsicht, gestützt auf die ständigen Beratungen mit seinen Brüdern, besonders Werners, sodann aber auch wieder mit einer Portion Glück das Schiff der Telegraphenbauanstalt in gutes Wasser geführt.[29] Insbesondere erwiesen sich in der Folgezeit die für 12 Jahre gesicherten Einkünfte aus der „Remonte", d. h. der Betriebsführung der russischen Telegraphenlinien als finanzielles Rückgrat. Betrugen doch diese Einkünfte seit 1856 jährlich rund 230 000 Rubel.

Als der Justizrat Johann Georg Siemens, Werners Vetter und stiller Teilhaber von Siemens & Halske, 1854 bereit war, aus der Gesellschaft auszuscheiden, war damit die Möglichkeit geboten, einen von Werners Brüdern in die Firma aufzunehmen. Da Wilhelm in England ja nur zu einem geringeren Teil seine Arbeitskraft der Firma Siemens & Halske lieh, war es nur gerecht, wenn Werner zunächst einmal Carl durch Aufnahme ohne Kapital in die Gesellschaft für seine Verdienste belohnte und damit gleichzeitig der St. Petersburger Niederlassung — zunächst nur ein Baubüro — den Status einer selbstbilanzierenden Filiale zuerkannte. Wenn dieser Vertrag auch in keiner Weise das englische Geschäft direkt berührt, so mag seine Kenntnis doch zum Verständnis der allgemeinen

---

27 SAA 68 / Li 219.

28 SAA BB.

29 S. v. Weiher, Carl von Siemens, ein deutscher Unternehmer in Rußland und England, in: Tradition, Heft 1, 1956, S. 13 - 25.

Firmenentwicklung beitragen.[30] Der Vertrag von 1855 regelte das Geschäft von Siemens & Halske für die nächsten 12 Jahre dergestalt, daß Werner Siemens und Johann Georg Halske je ⅖, der neu hinzutretende Gesellschafter Carl Siemens ohne eigene Einlage ⅕ am Gewinn teilhatten.

Wilhelm und Friedrich Siemens waren in jenen Jahren überwiegend mit wärmetechnischen Arbeiten beschäftigt. Und die Belange von Siemens & Halske in England waren zunächst ein wenig sich selbst überlassen. Als Kuriosität, die übrigens geeignet gewesen wäre, Siemens & Halske in eine peinliche Situation zu bringen, sei hier aus dem Winter 1854/55 ein Pressebericht wiedergegeben, der für sich spricht:[31]

„Berlin, 19. Januar 1855. Wie schon erwähnt, sandten auf eine plötzliche Bestellung der Englischen Regierung die Herren Newall & Co. in Gateshead am 16. d. Mon. ein Schiff mit dem Draht, den Apparaten und Arbeitern zur Legung eines submarinen Telegraphen zwischen Varna und Balaklava ab. Die Apparate sollen von Siemens & Halske in Berlin fabriciert sein. Wir erfahren nun, daß die letztgenannte Berliner Firma keine Bestellungen für die Anlage erhalten hat, daß sie aber kürzlich Apparate an die Herren Newall & Co. nach England für Rechnung der Chilenischen Regierung geschickt hat und daß möglicher Weise diese bei der plötzlichen Bestellung der Englischen Regierung nun, statt nach Chili, nach Varna geschickt wurden. Es wäre ein eigentümliches Spiel des Zufalls, wenn die Herren Siemens & Halske in Berlin, welche eben jetzt mit der Ausführung der russischen Telegraphen begriffen sind dieselben, die nach den neuesten Berichten bereits bis Nicolajew fortgeführt sind, eben nach Perekop, eventuell Sebastopol fortführen wollen, nun auch mit ihren in Chili bestimmten Apparaten bei Anlegung des Telegraphen von Balaklava nach Varna mitwirkten."

Tatsächlich hatten Siemens & Halske aus dieser zweifellos in viele Zeitungen gekommene Notiz keine Nachteile, da ja ihre „Schuldlosigkeit" (wenn von einer Schuld überhaupt die Rede sein kann, da Preußen im Krimkrieg neutral war) an diesem vermeintlichen Doppelspiel offenbar war. Die englische Regierung hatte in der Endphase des Krimkrieges den Entschluß gefaßt, mit allen nur möglichen Mitteln den russischen Feind im Schwarzmeer zu besiegen, da die Feindseligkeiten sich schon sehr lange hingezogen hatten und besonders durch den langen Anmarschweg sehr hohe Kosten verschlangen. Und wo das eigene Kräftepotential nicht ausreichte, da griff man in die Auslandslieferungen englischer Unternehmer ein. So wurden auch die ersten Dampfschiffe, welche die Hapag (gegr. 1847) auf einer englischen Werft bauen ließ, nicht termingemäß abgeliefert, sondern zunächst im Krimkrieg als Truppentransportschiffe unter englischer und französischer Flagge eingesetzt.[32]

30 SAA Dokumentenmappe; Abschrift als Anlage 3, S. 184.

31 Abschrift aus der „Ostsee-Zeitung", Stettin, Abendausgabe Nr. 35 v. 22. 1. 1855.

32 Die „Borussia" wurde von der englischen Admiralität gechartert, die „Hammonia" von der französischen Kriegsmarine. Landerer, Gesch. d. Hapag, Berlin, 1897, S. 33 - 35.

Der etwas zögernden, schwunglosen, ja man möchte sagen, gleichgültigen Anteilnahme am Siemens & Halske-Geschäft, die Wilhelm damals an den Tag legte, begegnete Newall mit einer sich stärker vorwagenden Aktivität. Newall hatte erkannt, daß mit dem Papier von 1854 nicht viel auszurichten sei, wenn man nicht beherzt vorzugehen gedächte, um die allmählich aufkommende Konkurrenz seitens Glass Elliott, Henley und anderen zu parieren. Im April 1856 wandte R. S. Newall sich mit einem kühnen Plan an Wilhelm, der diesen anscheinend auch begeisterte. Wilhelm schrieb darüber an Siemens & Halske, Berlin, am 29. 4. 1856: „... Auf anliegender Karte stellen die roten Linien das Gesamtprojekt eines kommerziellen Telegraphen, von Newall & Co. projektiert, vor. Die Idee ist, Hamburg zum Knotenpunkt zu machen, der für alle Teile des Kontinents am günstigsten gelegen ist. Newall & Co. hoffen ferner, in Hamburg günstige Aufnahme und Zeichnung für ein solches Projekt zu finden und erbitten sich Ihre Ansicht darüber. — Es würde sich in Deutschland zunächst darum handeln 1) ob Konzessionen in Mecklenburg-Hamburg, Ausbau Schweden und Rußland zu erwarten sind, um die Nördliche Linie einzuführen. Ferner ob sie resp. Regierungen den Bau entweder selbst übernehmen oder sich sonst beim Unternehmen beteiligen würden. 2) Für die südliche Linie nach Odessa würde die Konzession oder Beteiligung des Deutsch-Österreichischen Telegraphen-Vereins nebst Konzession von Rußland die Unbestimmte. Ergebenst C. W. Siemens". Der beigefügt gewesene Kartenplan (auf dessen Wiedergabe hier verzichtet werden kann) zeigt eine rote Verbindungslinie von Hull (England) über die Nordsee, Helgoland nach Cuxhaven, von da nach Hamburg, dann weiter über Berlin — Breslau — Krakau — Lemberg — Jassy nach Odessa.[33]

Die etwas nüchterne, eher ablehnende Antwort Berlins, die am 6. 5. 1856 erfolgte, schrieb William Meyer[34]: „Es liegen uns Ihr wertes Schreiben vom 25. vor. M. zur Beantwortung vor, desgleichen das vom 29. April ... Das auf der übersandten Karte dargestellte Projekt ist nur teilweise ausführbar, nämlich nur so weit, als es sich auf das Meer erstreckt und auch da würde es sehr schwer halten, in Preußen festen Fuß zu fassen; ob Hannover willfähriger sein wird, ist zweifelhaft. Bestimmt können Sie aber annehmen, daß man in Deutschland keine Südlinie nach Lemberg dulden wird, man wird — und zwar mit Recht — auf den Gebrauch der bereits bestehenden Regierungs-Telegraphen hinweisen, also das Bedürfnis fremder Linien abweisen. — Uns ist bekannt, daß man sich in Preußen schon längst mit dem Gedanken herumträgt, eine Unterseeleitung von Hamburg nach Hull oder London anzulegen. Das Projekt ist bis jetzt an den Kosten nur sonst gescheitert. Es kann also wohl sein, daß die Regierungen, welche bei dieser Linie interessiert sind, sich bei der Anlage interessieren, sofern sie solche nicht selbst ausführen wollen. Das würde dann selbstredend wohl

[33] SAA 30 / Lm 284, ebenda auch der Antwortbrief, welcher folgt.

[34] William Meyer (1816 - 1868), Kamerad aus Werner Siemens' Militärzeit. Auf Werners Empfehlung übernahm er 1849 die technische Leitung der preußischen Staatstelegraphie. 1855 trat er als Prokurist und Oberingenieur zu S&H über.

Hamburg und Hannover sein. — Ein reelles Projekt wäre somit nur eine Linie von Hull nach Cuxhaven, dafür wird Hamburg, dem Cuxhaven bekanntlich gehört, wohl zu gewinnen sein, von da ab müßte man dann die Hannoverschen Telegraphen benutzen. Wir sind übrigens sehr gern bereit, vorläufige Erkundigungen beim Hannoverschen Telegraphen-Ingenieur Frischen[35] einzuziehen, ob Hannover eine Linie bis Hamburg gestatten würde und erwarten wir dazu nur Ihre Autorisation. Wir hoffen aber nichts davon, denn eben hat Hannover die bisher private Linie von Hamburg bis Cuxhaven angekauft. — Die Odessa-Jassy ist auch in der Unterhandlung, sofern die Russische Regierung consortiert hat, hoffen wir mit der Moldauischen Regierung auch schon zum Resultat zu kommen . . . Freundschaftlichst pp. Siemens & Halske."[33].

Es mag sein, daß man in Berlin etwas mehr als nötig unwirsch antwortete und vielleicht überkritisch und spitzfindig auf das Newall'sche Projekt reagiert hatte. Werner Siemens befand sich in jenen Tagen gerade bei den Endversuchen mit seinem neuen Doppel-T-Anker, einer Erfindung, die für die Elektrotechnik von Bedeutung werden sollte. Am 8. 5. 1856 konnte er über die gelungene Konstruktion seinem Bruder Wilhelm nach London Folgendes berichten: „Wir machen jetzt auf Bayerns Bestellung neue Zeigerapparate mit magnetelektrischer Bewegung (nicht Batterien) für Eisenbahndienst. Sie werden sehr einfach und billig und ich hoffe sie werden so sehr viel Anwendung finden".[36]

Nun war es möglich geworden, in besonders effektiver Weise Strom zu erzeugen, wie es — theoretisch und experimentell — von Faraday 1831 bereits angegeben war. Werner Siemens hatte mit dieser entscheidenden Konstruktion den Weg freigemacht für die Erzeugung elektrischer Ströme ohne Anwendung galvanischer Elemente bzw. Batterien. Wilhelm, von dem Wert der neuen Arbeit seines Bruders überzeugt, knüpfte nun geschickt dessen Interessen zusammen mit einem eigenen Plan, der ihm durch eine bemerkenswerte Bekanntschaft gekommen war. So schrieb er, wieder stärker an der Entwicklung von Siemens & Halske in England Anteil nehmend, am 28. 5. 1856 aus Paris an Werner nach Berlin:

„Dr. O'Shaughnessy[37], der General-Director der Indischen Telegraphen, hat sich in London bei mir gemeldet und werden sehen, ob man ihn nicht gleich gewinnen kann . . ."[38]. Hiermit bezog sich Wilhelm auf Werners neuen elektroma-

---

[35] Carl Frischen (1830 - 1890). 1851 - 1869 im Dienste des hannoverschen, zuletzt des preußischen Staatstelegraphen stehend, führte er verschiedene konstruktive und organisatorische Reformen im telegraphischen Dienstbetrieb ein. Seit 1870 war er als Nachfolger von William Meyer (siehe Fußnote 34) Oberingenieur, seit 1880 Prokurist von S&H. Er erfand 1854 ein System des telegraphischen Gegensprechens und entwikkelte seit 1870 die elektrische Eisenbahnsicherungstechnik, insbes. den Streckenblock.

[36] S. v. Weiher, Hundert Jahre Doppel-T-Anker, in: SZ Jg. 1956, S. 421 - 422.

[37] Sir William O'Shaughnessy (1809 - 1889), britischer Arzt und Chemiker, bschäftigte sich seit 1839 mit der elektrischen Telegraphie und wurde 1852 Gen.-Direktor des indischen Telegraphen. 1853 - 56 baute er die Linie Calcutta-Agra-Bombay-Peshawar-Madras. Queen Victoria nobilitierte ihn 1856. DNB Vol. 42, p. 310 ff.

[38] SAA 30 / Lm 284.

gnetischen Zeigertelegraphen, der bereits in Berlin fabriziert wurde. Wenn es sich dann auch herausstellte, daß dieses neue System für die gedachten Zwecke O'Shaughnessys nicht in Frage kam, so konnte Wilhelm wenig später immerhin einen Auftrag über 40 Schreibtelegraphen und Galvanometer nach Indien abschließen, dem dann noch weitere Lieferungen folgen sollten.

Im Frühjahr 1856 sollte die Aktivität also wiederkehren. Im russischen Geschäft war nach dem Ende des Krimkrieges keine Steigerung mehr zu erwarten, und um so interessierter richteten sich nun die Augen auf England, wo man sich eine Belebung des Geschäftes versprach und darin mit Newall durchaus einer Ansicht war. Wie wir schon sahen, wurde durch diese Bemühungen nicht allein England, sondern praktisch auch der gesamte überseeische Raum, insbesondere das englische Kolonialreich angesprochen. Werner Siemens selbst setzte große Hoffnungen auf seinen Doppel-T-Anker und Newall und Gordon dachten an große See-Kabellegungen. Am 5. 6. 1856 schrieb Werner an Carl, der gerade in Kiel weilte: „. . . Am siebenten treffen Newall und Gordon aus England, Wilhelm aus Paris hier ein. Es soll ein wichtiges Übereinkommen über Unterseelinien, Entreprisen in England und den Kolonien und über die Entnahme und Verwertung von Patenten in England und Frankreich auf meine neue, sehr wichtige Telegraphenverbesserung getroffen werden . . .“[39].

Dieses Gespräch, über das ein Protokoll oder sonst eine schriftliche Aufzeichnung nicht vorhanden ist, brachte die Zusammenarbeit wesentlich voran. Newall & Co. sahen sich nun durch die weitgehende wissenschaftliche Unterstützung, die Werner Siemens und sein Haus ihnen zugesagt hatte, gewappnet gegen die immer größer werdende Konkurrenz in England und in den Vereinigten Staaten.

Es war übrigens auch das Jahr 1856, in dem durch die Initiative von Cyrus West Field[40] die Transatlantische Telegraphengesellschaft gegründet wurde, die sich anschickte, mit englischen Kabelfabrikanten ein Transatlantikkabel über Irland-Neufundland nach den Vereinigten Staaten zu legen.

Die Unternehmensfreudigkeit bei den Brüdern Siemens wurde durch solche Nachrichten angestachelt. Wenn schon Projekte erdteileverbindender Telegraphenleitungen akut wurden, dann wollte man nicht abseits stehen. Es entsprach jedoch nicht der Natur Werners, tollkühn etwas zu unternehmen, von dessen Erfolg man nicht überzeugt war. Und so lag es zunächst nicht in seiner Absicht, etwa ein weite Tiefseekabellinie in Zusammenarbeit mit Newall zu schaffen. Das mochte Newall gegebenenfalls allein mit der Gruppe um Cyrus Field tun.

---

39 SAA BB.

40 Cyrus West Field (1819 - 1892), amerikanischer Unternehmer, „Vater des transatlantischen Telegraphen“, gründet 1856 die Ges. zur Legung des transatlantischen Kabels, welches 1858 zustande kam, jedoch nur 4 Wochen betriebsfähig war. Erst die 1865/66 von ihm gelegten Kabel zwischen Irland und Neufundland waren dauerhaft und erfolgreich. 1876 war F. am Bau der Newyorker Hochbahn beteiligt. I. Field-Judson, C. W. Field, his life and work, Newyork 1896.

Anfang September 1856 muß ein (heute verschollener) Brief von Carl Siemens in St. Petersburg nach Berlin gelangt sein, in dem zum ersten Mal der Plan aufgeworfen wird, eine „Landtelegraphenlinie durch Persien nach Ostindien“ zu legen. Berlin möge Wilhelm in London veranlassen, dies Projekt einmal durchzudenken und durchzurechnen, womöglich auch vorsichtig aus O'Shaughnessy — der noch immer in England weilte — herauszuhören, wie er über eine solch direkte indisch-europäische Telegraphieverbindung dächte. — Schon am 12. 9. 1856 antwortete Wilhelm nach Berlin: „. . . ich kann Ihnen bereits das Resultat meiner langen und geheimen Konferenz mit Dr. O'Shaughnessy mitteilen. Derselbe interessiert sich sehr für Anschluß Rußlands an das Indische Netz via Persien und wird mich unterstützen, um den nötigen Eingaben bei der Englischen und Ostindischen Regierung Gehör und Anerkennung zu verschaffen . . .“[41] Leider geht damit die Akte zu Ende und es ist nicht mehr nachweisbar, weshalb dies erste Projekt einer direkten Überlandverbindung nach Indien seinerzeit wieder einschlief. Wir werden noch hören, daß rund 12 Jahre später der Bau der Indo-Europäischen Telegraphenlinie durch das Zusammenwirken der Brüder Siemens zur Realität wurde.

Inzwischen waren die Bemühungen der Konkurrenten, ohne Ausbildung wissenschaftlicher Methoden Tiefseekabel zu legen, gescheitert: 1855 und 1856 endeten die Versuch der Bretts, im Mittelmeer eine telegraphische Verbindung zwischen Sardinien und Nordafrika herzustellen, jeweils mit einem Fiasko. Trotzdem glaubte Cyrus Field, gestützt auf die exakten Lotungen, die der eigentlichen Operation vorausgegangen waren, im Sommer 1857 den weitaus schwierigeren Versuch, Irland und Neufundland durch ein Kabel zu verbinden, mit guten Erfolgsaussichten unternehmen zu können. Aber das wiederholte Schicksal der Brüder Brett sollte auch das seinige auf dem Atlantik werden.

Als am 7. September 1857 bei Bona (heute: Bône) die dritte Expedition zur Legung eines Kabels nach Sardinien begann, sahen die meisten Fachleute nur eine schwache Hoffnung, daß dieser Versuch gelingen würde. Dieses Mal waren nicht die Bretts, sondern Newall und Siemens am Werk. Werner Siemens leitete die wissenschaftliche Seite der Kabellegung, also besonders die elektrische Überprüfung des vieradrigen Kabels. Bei Beginn der Kabellegung erfuhr Werner Siemens, wie Newall und sein Mitarbeiter Liddell sich die Abwicklung des Kabels praktisch vorstellten. Da hierüber reichlich unklare Vorstellungen bei den englischen Kollegen bestand, machte Werner Siemens konstruktive Vorschläge, um gewisse bedenkliche Gefahrenmomente bei der Legung des Kabels zu vermindern. Insbesonere schlug er vor, eine Brems-Dynamometer- Einrichtung anzuwenden, die vor Katastrophen bewahren würde. Werner Siemens übernahm daraufhin auch die Leitung des mechanischen Teiles der Kabellegung und improvisierte an Bord schnell eine Anlage, die dem gedachten Zweck gerecht wurde. Nur so war es möglich, dieses Kabel erfolgreich auszulegen und in Betrieb

[41] SAA 30 / Lm 284.

zu nehmen. Die erste Tiefseekabellegung der Welt war damit geglückt und die Methoden, die Werner Siemens hierbei entwickelt hatte, wurden maßgeblich für alle späteren derartigen Unternehmungen[42].

Gleich im Anschluß an diese Kabellegung wurde von derselben Gruppe noch im Herbst 1857 eine Verbindung von Sardinien über Malta nach Korfu geschaffen. Hierbei hatte Werner Siemens die Führung seinem jungen Mechaniker Ludwig Löffler übertragen, der sich bestens bewährte.

Werner war mit der sich anbahnenden Entwicklung zufrieden. Und so schrieb er am 2. 10. 1857 seinem Bruder Carl: „... Für unser Geschäft wird England immer mehr Hauptkunde. Es war zu dem Zwecke nötig, dort die Fäden wieder etwas zu vereinigen und namentlich die Unterseelinien, die die Anknüpfungsadern zu neuen Linienkomplexen in anderen Weltteilen bilden, in die Hände zu bekommen. Das scheint gut gelungen. . ."[43] So hatte sich mit dem Jahre 1857 ein neuer Geschäftszweig für Siemens & Halske gebildet, der später einmal der tragende Pfeiler der englischen Tochterunternehmung werden sollte.

Es ist zu bedauern, daß über diese ersten großen Gemeinschaftsarbeiten mit Newall keinerlei kaufmännische Unterlagen existieren. Jedenfalls kann als gesichert angenommen werden, daß an der auffallenden Steigerung des Gesamtgewinnes von Siemens & Halske 1856: 58 500 Taler gegenüber 1857: 97 800 Taler sowohl die Apparatelieferungen als auch die elektrischen Kabelprüfungen für die Mittelmeerlinien die Ursache waren.[44]

Seine Theorie zur Tiefseekabellegung hat Werner Siemens in einem am 26. 9. 1857 an Professor Gordon gerichteten Brief ausführlich dargelegt. Aber erst 1874 lieferte er darüber einen offiziellen, wissenschaftlichen Aufsatz über dieses Thema.[45]

b) Ludwig Löffler, Herkunft und Werdegang

Mit dem Beginn der Tätigkeit der Telegraphenbauanstalt Siemens & Halske in Berlin ergab sich unter anderem die schwierige Frage, wie man zu einem Stamm tüchtiger Facharbeiter gelangen könne. In Berlin war man im 18. Jahrhundert gewerblich tätig vor allem auf dem Gebiet der Textilmanufakturen. In der ersten Hälfte des 19. Jahrhunderts wandelte sich dieses Bild und Berlin wurde eine Stätte der frühen deutschen Maschinenbau-Industrie. Die Feinmechanik, die für den Telegraphenbau die handwerkliche Grundlage bildete, war in Berlin nur

[42] A. Delamarche und C. Viechelmann, Elemente der unterseeischen Telegraphie (deutsche Ausgabe), Berlin 1859, S. 95 ff.; WSL, S. 120 - 123.

[43] SAA BB.

[44] SAA 24 / Ld 612 und 24 / Ld 597, Teilhaberbücher von S&H; E. Waller, Studien zur Finanzgeschichte des Hauses Siemens, Teil 1, S. 37 in: SAA 20 / Ld 366.

[45] WTA Bd. 1, S. 234 - 257, nach den Monatsberichten der Berliner Akademie der Wissenschaften, vom 17. 12. 1874.

in geringem Umfang vertreten. Am Jahresende 1847 zählten Siemens & Halske 10 Arbeiter. Eine Annonce Halskes in der „Vossischen Zeitung" vom 19. Oktober 1847 gibt Kunde von der Suche nach einem Lehrling. Und am 9. 6. 1849 schrieb Werner an Wilhelm: „Sämtlich mechanischen Werkstätten Berlins haben zusammen nicht so viel Arbeiter wie wir schon jetzt, und von den ersteren ist nicht der dritte Teil für uns brauchbar, da Halske mit Recht nur die besten Arbeiter verwendet".[1]

Als Siemens & Halske 1848 den Auftrag übernahm, für den preußischen Staat eine elektrische Telegraphenlinie von Berlin nach Frankfurt/M. zu errichten, war es für Halske erforderlich, fähige und schließlich selbständig arbeitende Helfer heranzuziehen. Zu diesen gehört der Berliner Klempnermeister Johann Carl Löffler, der in den Akten des Siemens-Archivs zuerst auftritt mit einem kleinen an Halske gerichteten Handschreiben vom 9. 10. 1848 aus Cöthen, welches eine Forderung für gelieferte Klempnerwaren und Arbeitsleistungen beim Bau der Telegraphenlinie nach Frankfurt enthält. Im Jahre 1853 ist Löffler nachweisbar beim Telegraphenbau der Brüder Siemens in Rußland, insbesondere beim Bau der submarinen Telegraphenverbindung Oranienbaum-Kronstadt. Es steht außer Frage, daß Löffler gut gearbeitet hat, aber die Beschwerlichkeiten der Reise und Arbeitsbedingungen in einem fremden Land dürften die Kräfte des über 50jährigen strapaziert haben. Carl Siemens berichtet schließlich, daß es dem „alten guten Vater Löffler" sichtlich schwer falle, auf seine gewohnte Berliner Kost zu verzichten. Man möge in Erwägung ziehen, ihn wieder bald nach Berlin zurückkehren zu lassen. Weihnachten 1853 war Meister Löffler wieder am heimatlichen Herd. — Daß die freundschaftliche Zusmmenarbeit in anderer Form fortgestzt werden konnte, beweist eine Rechnung, die Meister Löffler aus seiner Werkstatt im Herzen des alten Berlin, Mittelstraße No. 13, am 1. April 1855 für Lieferungen im ersten Quartal jenes Jahres an Siemens & Halske einreichte[2].

Meister Johann *Carl* Löffler, geboren um das Jahr 1802, war der Sohn eines Chirurgen in Nordhausen am Harz. Am 31. Mai 1830 schloß er in der evangelischen Dorotheenstädtischen Kirche zu Berlin mit Henriette Wilhelmine Gürbich den Ehebund. Seine Frau, die Tochter eines Berliner Posamentiermeisters, wurde am Hochzeitstage gerade 30 Jahre alt. Löfflers Ehestand war mit sechs Kindern gesegnet, die alle im Haus Mittelstraße 13 zu Welt kamen. Aber nur drei dieser Kinder erreichten ein längeres Leben.

---

[1] SAA BB. - Dieses Briefzitat könnte zu einer Fehldeutung führen, wenn wir Werners Formulierung nicht dahin ergänzen würden, daß er hierbei zweifellos nur Feinmechaniker versteht. Berlin zählte 1847 rund 400 000 Einwohner. Bereits 1844 gab es 11 Maschinenfabriken mit 1 002 Arbeitern. Osborn, Donath, Feldhaus, Berlins Aufstieg zur Weltstadt, Berlin 1929, S. 327.

[2] Die Originalrechnung im Siemens-Archiv (SAA WP Löffler) weist einen Betrag von 1 606 Taler 6 Groschen und 9 Pfennigen aus für Zink- und Kupferpole, kleine und große Elemente - die Stückzahlen gehen in die Tausende.

Zwei Söhne waren in der Firma Siemens tätig, Johann Carl *Ludwig,* das älteste Kind von Meister Löffler und Johann Heinrich *Carl.* Der Letztere, im September 1835 geborene, betätigte sich als Kaufmann und Photograph, trat im Juni 1868 bei Siemens & Halske in Berlin ein und kam wenig später als Rechnungsführer und Schreiber zu Siemens Brothers nach London. Von seiner Hand liegen noch mehrere Briefe, die er nach Diktat seines älteren Bruders geschrieben hatte, im Siemens-Archiv vor. In London ist Carl Löffler (jun.) im September 1878 gestorben. Er war seit 1863 mit Amalie Gemmel verheiratet und hatte aus dieser Ehe zwei Töchter und einen Sohn. Für alle drei Kinder hatte der Onkel Ludwig die Patenschaft übernommen. Dieser Onkel war also der älteste Sohn des Klempnermeisters, und ihm muß sich unsere Betrachtung nun besonders zuwenden.

Johann Carl *Ludwig* Löffler war am 8. Mai 1831 geboren[3]. Es lag nahe, daß er als Ältester den väterlichen Beruf ergreifen sollte und es ist sicher, daß er vom Vater die ersten handwerklichen Fähigkeiten vermittelt erhielt. Bildungsweg und Familienverhältnisse Ludwig Löfflers sind nur soweit bekannt, als sie sich aus Randbemerkungen noch vorhandener geschäftlicher Briefe, z. B. aus Grußformeln an Geschäftsfreunde etc., entnehmen lassen. Aus englischen Prozeßakten[4] geht hervor, daß Löffler als Jüngling bei Halske in die Lehre gegangen war, und zwar zu einer Zeit, als Halske noch nicht Compagnon von Werner Siemens war, mithin vor 1847. Die erste Nachricht über Ludwig Löffler findet sich in einem Briefe der Brüder Siemens; am 2. 10. 1854 schrieb Wilhelm an Werner: „Der junge Löffler ist angekommen, hat aber einen Freund von sich nach Rotherham geschickt und dessen Stellung hier in London angenommen“[5]. Möglicherweis hatte die Absicht bestanden, Ludwig Löffler zu Guest & Chrimes nach Rotherham zu schicken, wo Wilhelm seine Wassermesser in Auftrag gegeben hatte. Vermutlich haben Löffler die dortigen Arbeitsbedingungen nicht zugesagt, womöglich war es auch der Sog der großen Weltstadt London, weshalb er dort eine Stellung annahm, über die wir nichts Näheres wissen. — Aber bereits im Sommer 1856 muß Ludwig Löffler drei Wochen für Siemens & Halske — in Berlin oder London bleibt offen — tätig gewesen sein, gegen ein Tagesentgelt von 1 Taler. Seit Februar 1857 scheint sich — laut Hauptbuch von Siemens & Halske — ein geregeltes Arbeitsverhältnis mit Löffler eingespielt zu haben. Für die Zeit bis Juli erhielt er wieder täglich 1 Taler. Und dann finden sich die Gebühren für die Teilnahme an den Kabellegungen im Mittelmeer verzeichnet[6].

Von dieser Zeit an reißen die Nachweise über Löffler im Briefwechsel der Brüder Siemens wie im Geschäftsverkehr nicht mehr ab. Laufend finden sich Belege über seine Tüchtigkeit bei den Seekabellegungen, weshalb sich die be-

---

[3] Die Angaben über die Familie des Klempnermeisters Löffler verdankt der Verfasser den eingehenden Kirchenbuch-Recherchen des Berliner Stadtsynodalverbandes mit Schreiben vom 10. 4. 1959, XII Tgb. Nr. 118 / 59, abgelegt in SAA WP Löffler.

[4] SAA 30 / Lk 670.

[5] SAA BB.

[6] Siemens & Halske Hauptbuch Nr. 1, 1855 ff., S. 186. SAA 24 / Lr 702.

freundete Firma Newall & Co. lebhaft um ihn bemühte. Am 6. 2. 1858 schreibt Werner an Wilhelm: „... Es scheint, als habe Newall alle Segel aufgespannt, um uns Löffler abspänstig zu machen und als wenn er nicht ohne Eindruck geblieben. In diesem Falle würden wir natürlich alle Verbindungen mit Newall abbrechen ...“[7] — Treffend charakterisiert Werner die Person Löfflers seinem Bruder Wilhelm gegenüber und gibt Ratschläge, wie man ihn behandeln soll, in einem Brief von Anfang Juni 1858: „Löffler ist sehr tüchtig, aber auch sehr ehrgeizig und gelddurstig. Das zu Deiner Orientierung. Du wirst ihm einige Prozent (2 1/2 etwa) am dortigen Gewinn versprechen müssen, um ihn ganz zufrieden zu stellen und fest auf ihn rechnen zu können. Durch unseren Kontrakt mit Newall ist Löffler freilich sehr viel mehr an uns gebunden. Wird er übermütig, so weise ihn sehr kurz und bestimmt zur Ordnung und stelle ihm frei, seinen Abschied zu nehmen. Damit kommt man am Besten bei ihm fort. Ersatzleute haben wir noch genug ...“[8] Über diesen letzten Satz mag man allerdings im Zweifel sein, denn an tüchtigen Mechanikern und gar noch an Spezialisten für Seekabelprüfungen und Tiefseekabellegungen fehlte es doch sehr. Das beweist nicht zuletzt ein Brief, den Werner an Carl am 25. 6. 1858, also etwa drei Wochen später, zu diesem Thema schrieb: „... Da es sich wahrscheinlich nicht umgehen läßt, daß ich die Kabelexpedition zwischen Konstantinopel und Alexandria mitmache, schon um neue Leute auszubilden und nicht, wie jetzt, von dem etwas schwierig werdenden Löffler ganz abzuhängen, so muß ich mich etwas beeilen ...“[9]

Mit großer Umsicht hatte Löffler alle ihm übertragenen Aufgaben erfüllt und so nimmt es nicht Wunder, daß er zu jenem Zeitpunkt, da man in London eine Tochterunternehmung unter der Firma „Siemens, Halske & Co.“ begründete, als erster Mitarbeiter neben Wilhelm Siemens aufrückte. Im Besonderen oblag es Löffler, in London eine Werkstatt einzurichten. Neben seinem handwerklich-technischen Können muß auch sein ausgeprägtes Organisationstalent angeführt werden, welches ihn für selbständiges Handeln im Geschäft qualifiziert. Für die Kabellegungen der Jahre 1859/1860 wurden ihm sämtliche organisatorischen Vorbereitungen übertragen.

Im Siemens-Archiv existiert ein Brief von Siemens, Halske & Co., London, vom 8. 2. 1864, den Ludwig Löffler per Prokura unterzeichnete. — Im Dezember 1869 bedankte sich Löffler bei Werner Siemens für eine Aufbesserung seiner Tantime auf 3 1/2 % am Reingewinn des Gesamtgeschäftes. Im Frühjahr 1875 hatte Löffler — offensichtlich bereits ein zweites Mal — bei den Brüdern Siemens Antrag gestellt, gleichberechtigter Partner im Geschäft zu werden; er drohte bei Nichterfüllung seiner Forderung sogar mit Austritt, wozu es indessen nicht kam. Die Geschäftsumwandlung der englischen Unternehmung am 28. 12. 1880 in

---

[7] SAA BB.

[8] SAA BB.

[9] SAA BB.

eine Aktiengesellschaft (Ltd.) eröffnete Löffler den lang herbeigewünschten Aufstieg: er wurde Managing-Direktor. Diese Funktion erlangte erhöhte Bedeutung, als Sir William (der in seinem Todesjahr nobilitierte Wilhelm Siemens) im November 1883 starb und Löffler praktisch allein die Geschäftsführung in London übernahm.

Aus Briefbemerkungen wissen wir, daß Löffler verheiratet war, eine Tochter und einen um 1877 geborenen Sohn hatte. Am Jahresende 1890 schied Löffler aus der Firma Siemens Brothers & Co. Ltd. aus. Es scheint, daß er sich damit auch im übrigen ganz vom Berufsleben zurückzog. Auf einer Fahrt in den Süden ist Löffler fünfundsiebzigjährig, am 17. November 1906, in Achenkirchen in Tirol auf der Durchreise in einem Gasthofe gestorben. Seine Leiche wurde nach London überführt[10].

Ludwig Löffler war Handwerkerssohn; auch seine Vorfahren — soweit sie uns bekannt sind — waren Handwerker. Das Seekabelgeschäft, wie Löffler es betrieb, war ein Handwerk, eine Sache der Erfahrung, der Geschicklichkeit und einer glücklichen Hand. Mit gutem Einfühlungsvermögen hatte er die wissenschaftliche Kabellegemethoden von Werner Siemens in der Praxis angewandt und technisch entwickelt. Man kann sagen, daß Löffler in mancher Beziehung mit seinem konstruktiv begabten ehemaligen Lehrmeister Halske vergleichbar ist, insofern beide Praktiker waren und auf die Ideen von Werner Siemens mit Erfolg eingingen. Halske war aber im Gegensatz zu Löffler ein vornehm denkender Mensch, der mit Taktgefühl sein Grenzen kannte und beachtete. Hierauf gründete sich seine lebenslang persönliche Freundschaft mit Werner Siemens. Löffler war von sehr ausgeprägtem Eigensinn, Selbstgefühl und Gewinnstreben, das wahrscheinlich die Haupttriebfeder seiner Leistungskraft war. Sein Ehrgeiz zielte wohl weniger auf äußeren Glanz und persönliches Ansehen als auf materiellen Gewinn und geschäftliche Selbständigkeit. Bei solcher Denkungsart mußte Löffler früher oder später mit der Familie Siemens in Konflikt geraten, die es der Struktur des Familienunternehmens schuldig war, die Führung in eigener Hand zu behalten[11].

10 Sterbeurkunde der Gemeinde Achental/Tirol, dazu Brief vom 31. 3. 1959, abgelegt in SAA WP Löffler. Eigenartigerweise konnte die engl. Nachfolgefirma von Siemens Brothers keinerlei Personalangaben über Löffler nachweisen. Es scheint, daß das Personalaktenstück Löfflers verschollen ist.

11 Dem bei J. D. Scott, Siemens Brothers 1858 - 1958, London 1958, p. 65 - 66, aufgezeigten Vergleich Halske-Löffler kann nicht in vollem Umfange beigepflichtet werden. Gewiß trat der eine wie der andere mit der Firmenpolitik der Brüder Siemens in Konflikt. Halske zog sich jedoch aus menschlich plausiblen, ehr- und achtbaren Motiven aus der Geschäftsführung zurück. Er beachtete dabei sehr wohl, daß weder die Firma noch seine lebenslängliche Freundschaft mit Werner Siemens dadurch Schaden nehme. Löffler kam es dagegen nicht darauf an, den Bestand der Gesamtfirma zugunsten seines eigenen materiellen Nutzen zu gefährden. Vgl. SAA 30 / Lk 670 - Prozeßakten Löffler.

c) Anfänge der Nachrichtentechnik in England — „Siemens, Halske & Co.", 1858-1864

Die Bedeutung der Firmengründung „Siemens, Halske & Co., London" am 1. Oktober 1858 wird in ihrem ganzen Umfang erst verständlich vor dem Hintergrund des gesamten Nachrichtenwesens auf englischem Boden.

Die Rolle, die Werner Siemens in der Geschichte der elektrischen Nachrichtentechnik in Deutschland spielt, entspricht etwa der Morses[1] in Nordamerika und der Wheatstones[2] in England. Hierbei ist zu bemerken, daß keiner dieser drei Männer als „Ur-Erfinder" der elektrischen Telegraphie zu gelten hat. Keiner von ihnen hat auch jemals Anspruch auf diesen Titel erhoben[3]. Aber alle drei haben sich um die technische Durchbildung wie auch um die Einführung des elektrischen Telegraphen in die wirtschaftliche Praxis Verdienste erworben.

Es ist einleuchtend, daß in England, dem Ursprungsland der modernen Technik, für praktische Anwendung wichtiger Erfindungen ein günstigerer Nährboden und auch psychologisch mehr Aufgeschlossenheit anzutreffen waren, als in dem wirtschaftlich sich gerade erst einigenden deutschen Staatenverband.

---

1 Samuel Finley Breese Morse (1791 - 1872), amerikanischer Kunstmaler und Pionier der elektrischen Telegraphie, schuf 1837 (das Jahr 1832 ist in Zweifel gezogen!) seinen ersten elektromagnetischen Schreibtelegraphen an einer Malerstaffelei. In den Vierziger Jahren setzt er sich entschieden ein für die kommerzielle Einführung seines Telegraphen in den USA. 1944 entstand die Ferntelegraphenlinie Washington - Baltimore mit Morse-Schreibtelegraphen. Nat. Cyclopaedia of American Biography, Vol. 4, p. 449.

2 Charles Wheatstone (1802 - 1875) gründete 1823 in London eine Fabrik für Saiten-Instrumente und beschäftigte sich mit akustischen Problemen. 1834 wurde er Professor am Londoner Kings College. 1837 nahm er mit W. F. Cooke ein erstes Patent auf einen gemeinsam verbesserten Nadeltelegraphen, „for improvements in giving signals and sounding alarms in distant places by means of electric currents transmitted through metallic circuits". 1867 veröffentlichte W. seine Erfindung einer im Nebenschluß geschalteten Dynamomaschine. Bekannt ist die nach ihm benannte „Wheatstonesche Brücke" zur Bestimmung des elektrischen Widerstands. DNB Vol. 60, p. 435; C. Matschoss, Männer der Technik, 1925, S. 291.

3 Den ersten brauchbaren elektrischen Telegraphen (mit Leydener Flasche) schuf 1795 der spanische Gelehrte Don Francisco Salvay Campillo (1751 - 1828). 1798 wurde mit seinen Geräten bereits eine Linie von Madrid nach Aranjuez versuchsweise betrieben. Der deutsche Anatom Samuel Thomas von Soemmerring (1755 - 1830) baute 1809 den ersten elektrochemischen Telegraphen in München. Zum Betriebe verwandte er eine Voltasäule. 1811 unternahm er zusammen mit Paul Schilling v. Cannstatt (1786 - 1837) den ersten Versuch, mit Hilfe isolierter Leiter durch das Wasser der Isar zu telegraphieren. Schilling wandte sich später nach Heidelberg, wo ihn Wheatstones Mitarbeiter Cooke besuchte. Später in Rußland setzte Schilling seine telegraphentechnischen Arbeiten fort. Karl Friedrich Gauss (1777 - 1855) und Wilhelm Weber (1804 - 1891), Professoren der Universität Göttingen, hatten 1833 den ersten elektromagnetischen Telegraphen konstruiert. Als ihr Schüler kann der Münchener Astronom Carl August Steinheil (1801 - 1870) gelten, der hierauf aufbauend einen Schreibtelegraphen 1837 konstruierte und der auch die wichtige Entdeckung neu bekannt machte, daß man zur elektrischen Telegraphie die Erde bzw. das Wasser als Rückleiter verwenden könne. Th. Karraß, Geschichte der Telegraphie, Braunschweig 1909, S. 62 ff.; S. v. Weiher, Hundert Jahre Weltnachrichtenverkehr, in: Tradition, Heft 2, 1959, S. 74 ff.

William Thomas Henley[4], ein junger Mechaniker aus Midhurst/Sussex, gründete am 1. Januar 1837 in London, Minories, eine Mechaniker-Werkstätte zum Bau elektrischer Apparate und isolierter Leitungen. In enger Zusammenarbeit mit Professor Wheatstone baute er dessen Telegraphengeräte und drang so bastelnd ein in das noch junge Gebiet der elektrischen Nachrichtentechnik. Zunächst waren es genau genommen nur mechanische Experimente, ohne jeglichen wirtschaftlichen Nutzen. Aber allmählich bekam man den Blick für die Zukunftsmöglichkeiten, die sich hier auftaten. Zum Konstrukteur Wheatstone und seinem congenialen Mitarbeiter William Fothergill Cooke[5] war der vorzüglich arbeitende Mechaniker Henley getreten — ein Team hatte sich gebildet, wie man es ähnlich zehn Jahre später zwischen Siemens und Halske in Berlin antraf.

Als der Wert elektrischer Telegraphen für die Sicherungs- und Signalzwecke der schnell sich entwickelnden Eisenbahnen erkannt wurde, gründete der Neffe des großen englischen Volkswirtes David Ricardo, John Lewis Ricardo[6], am 18. Juni 1846 in London die Electric Telegraph Company. Diese Gesellschaft stützte sich auf die Cooke-Wheatstoneschen Patente, die sie für 140 000 £ übernommen hatte sowie auf die Fertigung der entsprechenden Geräte in den bereits bewährten Werkstätten von W. T. Henley & Co.

Es darf nicht angenommen werden, daß nun sogleich alle Eisenbahngesellschaften die neu in Erscheinung tretenden Wheatstone'schen Nadeltelegraphen einführten. Es hat eher den Anschein, daß die Electric Telegraph Co. in den ersten fünf Jahren ihres Bestehens einen dornenvollen Weg zurückzulegen hatte, bis die Erkenntnis sich durchgesetzt hatte, daß zu einem sicheren Eisenbahnbetrieb der Diensttelegraph ein unabdingbares Requisit sein müsse. Erst seit 1851, dem Jahr der großen Londoner Weltausstellung, traten die Telegraphen auch stärker für die Zwecke kommerzieller Nachrichtenübermittlung in Erscheinung.

---

4 William Thomas Henley (1814 - 1882), Englischer Mechaniker, kam 1830 nach London und gründete 1837 seine Firma, die späteren Henley Telegraph Works. 1859 hatte er in North Woolwich seine Kabelfabrik etabliert, unfern dem Orte, an dem 1863 Wilhelm Siemens ebenfalls eine Kabelfabrik errichten sollte. Henley lieferte das Persian Gulf-Kabel sowie Teile der ersten Transatlantikkabel. E. Slater, Ohne hundred years. The story of Henley's, 1837 - 1937, p. 7 ff. Im Sommer 1959 wurde die Henley-Kabelfabrik stillgelegt und die Firma von der AEI (Assoc. Electr. Industr.) übernommen und der Siemens Edison Swan-Gruppe zugeordnet.

5 William Fothergill Cooke (1806 - 1879), Englischer Ingenieur, sah 1836 einen Schillingschen Nadeltelegraphen in Heidelberg, von dem er eine Kopie nach England mitnahm, um ihn dort mit Wheatstone zu verbessern. Meinungsverschiedenheiten über die Priorität trennte später das Gemeinschaftswerk. Cooke veröffentlichte 1854 eine Schrift „The electric telegraph, was it invented by Professor Wheatstone" (48 Seiten), die 1855 von Wheatstone erwidert wurde. E. Feyerabend, Der Telegraph von Gauss und Weber, 1933, S. 70 ff.

6 John Lewis Ricardo (1812 - 1862), seit 1841 Member of Parliament, 1846 Gründer der Electric Telegraph Co. und 10 Jahre ihr Chairman. Ebenso Chairman der North Staffordshire Railway Co. bis zum Tode. Er propagierte die frankierte Briefpost wie auch weibliche Geistliche. DNB, Vol. 48, p. 97; dort zitiert: Nekrolog in „The Electrician", 1862.

Es ist dies übrigens auch das Jahr, in dem das erste erfolgreiche Submarinekabel zwischen Dover und dem Cap Gris Nez von England nach Frankreich gelegt wurde. Es ist auch das Gründungsjahr des großen internationalen Telegraphenbüros von Paul Julius Reuter[7], welches primär von Werner Siemens angeregt worden war. Und nicht zuletzt dürfte das Vorbild der in den Jahren 1848/50 in Preußen angelegten elektrischen Telegraphen die englische Öffentlichkeit angeregt haben, eine ähnliche Entfaltung der Nachrichtentechnik für ihr Land zu fordern.

Wenig später als die Electric Telegraph Co. Ricardos war auch die International Telegraph Co. ins Leben getreten. Beide Pionierunternehmungen schlossen sich um 1855 zusammen und bildeten bald eine Führungsmacht in einer Vielzahl von Neugründungen anderer Telegraphengesellschaften. Um die Mitte der Fünfziger Jahre hatte sich die elektrische Telegraphie in England endgültig durchgesetzt. Börse und Wirtschaft wollten nun nicht mehr darauf verzichten, wenngleich viele Mängel die Reformbedürftigkeit des telegraphischen Dienstbetriebes erkennen ließen.

Thomas Allan, ein Ingenieur, der bereits 1851 mit dem Vorschlag einheitlicher Depeschengebühren hervorgetreten war, hatte 1854 eine Arbeit veröffentlicht[8], mit der er der englischen Postverwaltung den Vorschlag unterbreitete, ein staatliches elektrisches Telegraphennetz aufzubauen, nach ähnlichen Grundsätzen etwa, wie sie sich bereits in Belgien und in der Schweiz bestens bewährt hatten. Dieser Gedanke fand bei der Postbehörde Interesse, und zwei Jahre später legte ein hoher Postbeamter dem Schatzamt einen detaillierten Entwurf für ein staatliches Telegraphennetz vor. Auch John Lewis Ricardo hieß diesen Plan gut und bemühte sich, 1861 diesem Projekt im House of Lords Freunde zu gewinnen. Als die staatliche Postverwaltung jedoch zauderte, gründete Allan 1861 eine eigene Gesellschaft, die United Kingdom Electric Telegraph Co. Allan erbat sich für sein Reformwerk staatliche Unterstützung. Er bemühte sich um die Einführung fester Gebührensätze für Depeschen, die er so niedrig bemaß, daß seine Gesellschaft in den ersten vier Jahren keine Dividende verteilen konnte. So galt er als Wohltäter und Bahnbrecher des elektrischen Nachrichtenwesens, das er durch technische und wirtschaftliche Maßnahmen zu vereinheitlichen suchte. Schließlich führte ein Schritt der Handelskammer zu Edinburgh im Herbst 1865 zum Ziel: Man argumentierte, daß der Telegraph einheitlich und billig am besten unter staatlicher Verwaltung arbeiten würde. Ohne daß sich die buntscheckige Vielzahl englischer Telegraphengesellschaften zunächst verminderte, entstand am 31. Januar 1870, als ein Departement der englischen Postverwaltung, der Staatstelegraph[9]. Der

7 Paul Julius Reuter (1816 - 1899). Um 1848 Inhaber einer Taubenpost zur Übermittlung kommerzieller Depeschen zwischen Deutschland und Belgien. Werner Siemens, den er beschuldigte, durch seine elektrischen Telegraphen seine Existenz zu zerstören, empfahl ihm die Einrichtung eines telegraphischen Depeschenbüros. Dieses gründete Reuter 1851 in London. G. Storey, Reuters Century, London 1951, p. 2 ff.

8 Clapham, Vol. 2, p. 207 / 208. Titel der Arbeit Allens: „Reasons for the Government annexing an Electric Telegraph System to the General Post Office".

Fortgang und die Breitenwirkung des von Thomas Allan begonnenen Reformwerkes waren damit gesichert.

Man könnte sich vorstellen, daß dem großen Umfang des Telegraphennetzes in England eine entsprechend breite konstruktive Entwicklung im eigenen Lande zu Grunde lag. Tatsächlich war dies aber nicht der Fall. England war und blieb im 19. Jahrhundert das klassische Land des Maschinenbaues. Dampfmaschinen, Eisenbahnen, Schiffbau, Werkzeugmaschinen und hier nicht zuletzt Textilmaschinen waren die großen Leistungen, die die englische Technik berühmt gemacht haben. Die Feinmechanik, später auch die technische Chemie, sollten vom Kontinent herüberkommen und die englische Wirtschaft befruchten.

Professor Wheatstone konnte so jahrzehntelang unangefochten und in einer gewissen Selbstgefälligkeit den Nimbus eines „Papstes der Telegraphie" in England behaupten.[10] Aber aus dem Auslande kamen viele konstruktive Anregungen und Patente zur Entwicklung der elektrischen Telegraphie herein, weil England ein guter Nährboden für jeglichen technischen Fortschritt war. Morse und etwas später David Edward Hughes[11] in den Vereinigten Staaten, Bréguet[12] in Frankreich und Siemens in Deutschland lieferten Geräte, die der nachrichtentechnischen Verbindung des weltweiten britischen Empires neue Impulse gaben. Wheatstone ebenbürtig, ja, später sogar weit überragend war auf Nachbargebieten, besonders der submarinen Telegraphie und der elektrischen Meßtechnik, William Thomson.[13]

Die nachrichtentechnische Fertigung in England um 1858 stand ebenfalls auf einem mehr internationalen denn eigenen Fundament. Wenn man von kleineren

---

9 Clapham, Vol. 2, p. 209.

10 Die scheinbare Omnipotenz Wheatstones reicht sogar bis in die Gegenwart. Verfasser sah im August 1958 in der Telegraphen-Abteilung des Science-Museums London einen „Wheatstone ABC-Telegraph, 1880". Abgesehen davon, daß Wheatstone bereits 1875 gestorben war, ergab sich bei genauer Prüfung keinerlei konstruktive Beziehung zu etwa verwandten Modellen Wheatstones. Statt dessen handelte es sich um eine Sonderkonstruktion von Fr. v. Hefner-Alteneck (Siemens & Halske, Berlin), die bei Siemens Brothers berechtigt nachgebaut und auf die ein engl. Patent 1873 genommen war. Die Leitung des Science Museums hat den Text auf Antrag anstandslos berichtigt.

11 David Edward Hughs (1831 - 1900), Physiker, kam in früher Jugend aus England nach den USA, wurde 20jährig in Kentucky Lehrer für Physik, Mechanik und Musik. 1855 schuf er auf Grund einer sinnreichen Idee die Urform des Typendruck-Telegraphen, der sich im darauffolgenden Jahrzehnt in Europa schnell einführte. 1878 erfand er das Kohlekörner-Mikrophon. C. Matschoss, Männer der Technik, 1925, S. 124 - 125.

12 Louis Bréguet (1803 - 1883), Uhrmacher in Paris, einem alten schweizerischen Uhrmachergeschlecht aus Neuenburg entstammend. Wandte sich 1845 selbständig konstruierend der elektrischen Telegraphie zu und war, wie sein Vater, Mitglied der Pariser Académie des Sciences.

13 William Thomson, seit 1892: Lord Kelvin (1824 - 1907), hervorragender englischer Naturwissenschaftler und Techniker, Schöpfer hochwertiger Meßinstrumente, insbesondere für die Tiefseekabel-Telegraphie. Beschäftigte sich eingehend mit den Problemen der Thermodynamik und der Elektrizitätslehre und entdeckte die nach ihm benannte absolute Temperaturskala. DNB, 2. Suppl. III, 1913, p. 508 - 517.

feinmechanischen Werkstätten absieht, die für große Serienlieferungen — wie sie das Empire forderte — nicht in Frage kamen, waren da eigentlich nur die „Telegraph Works of W. T. Henley & Co.", die sich damals gerade anschickten, in Woolwich ein ausbaufähiges Fabrikgelände zu erwerben. Wesentlich günstiger stand es um die Kabelfertigung. Hier waren drei leistungsfähige Firmen vorhanden, die sich gegenseitig scharf Konkurrenz machten, die dann aber auch wieder bei den großen, internationalen Submarine-Kabellegungen gemeinsam zu Lieferungen herangezogen wurden. Neben den schon in früheren Abschnitten besprochenen Firmen R. S. Newall & Co., Birkenhead und W. T. Henley, Minories, später North Woolwich, die hierher gehören, ist hier über Glass Elliott & Co., Greenwich, zu berichten. Ihr Ursprung ist, ebenso wie R. S. Newall, eine Drahtseil-Fabrik, welche ein Deutscher namens Küper (Küper & Co.)[14] gegründet hatte und die 1854 in den Besitz von Richard Atwood Glass und George Elliott überging. Diese neue Firma wandte sich nun entschieden, die Stunde der großen Atlantikkabellegungen klar voraussehend, der Seekabel-Fertigung zu. Die 1846 gegründete Guttapercha-Company und die Firma Glass Elliott & Co. schlossen sich am 7. April 1864 zur heute (1959) noch bestehenden Telegraph Construction and Maintenance Company (Telcon) zusammen.

Bei dieser Lage der Dinge erschien es den Brüdern Siemens erforderlich, in der Hauptstadt des britischen Weltreiches eine stärkere Interessenvertretung zu besitzen, als dies auf der Grundlage des Agenturabkommens von 1850 möglich war. Nachdem die „fetten Jahre" des russischen Geschäftes mit dem Ende des Krimkrieges ausgelaufen waren, eine Weltwirtschaftskrise[15] zu besonderer Aufmerksamkeit im Abwägen der Geschäftschancen Anlaß gab, war es erforderlich, dort den Hebel anzusetzen, wo berechtigt Aussicht auf Hereinnahme gewinnbringender Geschäfte bestand. Das Zusammenwirken mit R. S. Newall & Co. hatte sich 1857 bewährt, und man war auf beiden Seiten entschlossen, noch enger zusammen zu gehen, zum beiderseitigen Nutzen und Gewinn. Am 1. Juni 1858 trat — nach voraufgegangenen Konsultationen am 5. Mai — ein fünfjähriges Abkommen in Kraft, nachdem beide Parteien gemeinschaftlich die Ausführung unterseeischer elektrischer Telegraphen in die Hand nehmen sollten. Das Protokoll dieser Absprache oder das Abkommen selbst sind leider nicht mehr nachweis-

---

[14] Über Küper vgl. E. R. Forestier-Walker, A history of the Wire Rope Industry of Great Britain, London 1952. - Pionier der Stahldrahtseile, die bald ein neuer Industriezweig wurden und zum elektrischen Kabel hinführten, war Wilhelm A. J. Albert (1787 - 1846), ein Bergmann, der 1834 im Harz die ersten Drahtseile zu bergbaulichen Förderzwecken einführte. Wilhelm Bornhardt, W. A. J. A. und die Erfindung der Eisendrahtseile, Berlin 1934. - Johann August Röbling (1806 - 1869) wanderte als deutscher Mechaniker nach den USA aus und entwickelte dort den Bau von Drahtseil-Hängebrücken. Sein berühmtestes Werk ist die von seinem Sohn vollendete East River-Bridge mit nahezu 500 m Spannweite, die 1869 - 1883 entstand. David B. Steinman, Brücken für die Ewigkeit, Düsseldorf 1957.

[15] H. Rosenberg, Die Weltwirtschaftskrise 1857 - 1859, in: Beihefte zur Vierteljahresschrift für Sozial- und Wirtschaftsgeschichte, Stuttgart 1934.

bar. Diese Lücke wird jedoch ausgefüllt durch Briefe der Brüder Siemens in Berlin, London und St. Petersburg. Die nun folgenden Auszüge vermitteln ein ungeschminktes Bild der Probleme, wie sie im täglichen Wechsel auftauchten und so oder so zu lösen waren. Sie vermitteln auch einen Eindruck von der Art des Zusammenwirkens unter den Brüdern.

Werner an Wilhelm, 11. 1. 1858: „Kommt ein ehrliches und billiges Arrangement mit Newall zustande, d. h. nicht so, daß Newall, wie er es liebt, den Löwen spielt, so können wir alle anderen in die Tasche stecken. Ich muß aber gestehen, daß mich das Benehmen von Newall und namentlich Liddell bei der letzten Anlage gegen unsere Leute nicht sehr dazu encouragiert. Kleinliche Eifersüchtelei scheint ihr Hauptmotiv zu sein ..."[16]

Werner an Wilhelm, 6. 2. 1858: „Vielleicht ist Newall auch geneigt, auf die Bildung der Company, welche gewiß sehr gute Aussichten hat, mit uns einzugehen. Oder hast du andere Vorschläge zu machen? Auf Deine und überhaupt englische Beteiligung müßten wir natürlich unter allen Umständen rechnen können, um darauf eingehen zu können. Fraglich ist übrigens, ob wir nicht mit anderen besser wie mit Newall fahren würden . Wir sind überhaupt nicht gesonnen, uns irgend wie weiter bei ihren Anlagen zu beteiligen, wenn Newall nicht ein festes Arrangement mit uns auf eine Reihe von Jahren machen will. Wir können unsere Kräfte besser im eigenen Interesse verwenden. Bei Apparatlieferungen verdienen wir nur sehr wenig, bei besonderen Konstruktionen gar nicht und wollen nicht „pour le roi de Prusse" arbeiten! Es muß daher gleich alles reguliert werden ..."[17]

Da Newall nach Meinung Werners unbefähigte Leute zur Wartung der gemeinsam 1857 gelegten und ausgerüsteten Mittelmeer-Linien eingesetzt hatte, gab es immer wieder Pannen, die seitens Newall nur zu gern auf eine Mangelhaftigkeit der Siemens-Geräte bezogen wurde. Diese Verdrießlichkeiten brachten Werner Siemens sehr in Harnisch. Er fährt fort: „Löffler ist der Überzeugung, daß die Malta-Linie nächstens auch still stehen wird, da kein Mensch eine Idee von der Sache hat. Das schadet dem Kredit der Unterseelinien und uns mit. Jansen konnte wenigstens gut arbeiten und kannte so einigermaßen die Apparate. Den haben sie entlassen und Vollblutesel angestellt! Echt englisch ... Brett wie Newall berechnen, wie ich weiß, große Summen für Elektriker — um sie in der Tasche zu behalten. Ich glaube wirklich, wir würden mit Glass Elliott oder anderen besser fahren ..."[18]

Der folgende Brief zeigt nun deutlich, wie sehr abhängig die englische Firma Newall von deutschem, gut befähigtem Personal war. Es dürfte dieser Umstand ein Hauptgrund für Newall gewesen sein, mit Siemens zusammen zu arbeiten.

---

16 SAA BB.
17 SAA BB.
18 SAA BB.

Werner an Wilhelm, 29. 4. 1858: „Von Gordon erhielt ich eben einen Brief, worin er erst Deine Rede lobt und dann um abermalige Sendung von Löffler und Viechelmann[19] bittet, um das Bona- Kabel zu flicken. Gleichzeitig hat Newall an Löffler geschrieben im gleichen Sinne. Sie spekulieren auf Löffler, und dieser scheint auch nicht abgeneigt, darauf einzugehen, wenn wir ihn nicht in England gut und für ihn gewinnbringend verwenden können. Er ist etwas habsüchtig! Er wird hohe Forderungen und Sicherheiten verlangen, die Newall vielleicht zurückschrecken werden! Meine Antwort an Gordon liegt bei. Übersende sie, wenn Du einverstanden bist, sonst gib die Antwort selbst für uns. Es muß jetzt klar mit Newall werden, entweder mit oder gegen sie. Gordon schreibt, daß er täglich und wöchentlich auf Abschluß der India-Linie[20] gewartet habe und dann mit Dir eine confessionelle(!) Conference halten wollte über unsere Beteiligung. Warum nicht gleich? Ich denke, man läßt sie etwas in der Patsche sitzen . . .“[21]

In dem nun folgenden Briefauszug sind die Preliminarien enthalten für das Abkommen, welches einige Wochen später zwischen Siemens & Halske und Newall & Co. abgeschlossen werden sollte:

Wilhelm an Werner, 5. 5. 1858: „Lieber Bruder, Deinen Brief vom 29. mit Einlage an Gordon habe ich erhalten und habe heute eine zwei Stunden lange Konferenz mit Gordon und Newall gehabt. Dein Brief hat mir dabei gute Dienste getan. Newall war anfangs sehr breitspurig — meinte, es sei unsere Schuldigkeit, die Apparate in Gang zu setzen, sonst würde er anderwärts bestellen etc. Er schalt sich selbst einen Esel, daß er nicht schon vor x Jahren einen Privat-Electricien engagiert hätte. Zu seinem Ärger stimmte ich vollkommen bei und schlug ihm Whitehouse oder Varley[22] vor. Dabei stellte sich dann heraus, daß Whitehouse £ 10 000 für Herstellung von ein paar Apparaten verplempert, daß Varleys Apparate unzureichend (seien) und daß Herr Newall doch schließlich zu Siemens & Halske kommen müßte. Ich schlug darauf vor, daß Newall & Co. und Siemens & Halske sich gegenseitig dahin vereinigen sollten, daß sie beiderseitig nicht ohne den andern Teil Kabel-Anlagen oder Instrumentierung derselben unternehmen sollten; daß N&Co. an S&H nicht nur die Fabrikpreise für Apparate und Barauslagen für Leute (Salair u. Reisekosten), sondern außerdem noch einen gewissen Prozentsatz pro Wert des Kabels an Bord des Schiffes zahlen sollten. Wir sind hierin bis auf den Prozentsatz selbst übereingekommen, worüber ich erst von Dir hören wollte. Die Daten sind wie folgt: Ein Kabel von Ragusa nach

---

[19] Carl Viechelmann, Telegrapheningenieur von Siemens & Halske, wirkte mit bei der Seekabellegung Bona-Cagliari 1857, übersetzte Delamarches Buch „Elemente der elektr. Telegraphie“ (1859) ins Deutsche und ergänzte es partienweise.

[20] Mit „India-Linie“ ist die im darauffolgenden Jahr gelegte Rote-Meer-Linie, mit Fortführung nach Indien (3 500 sm) gemeint.

[21] SAA BB.

[22] E. O. Whitehouse und S. A. Varley waren zwei englische Elektriker. Whitehouse spielte 1858 beim Transatlantikkabel, Varley später in der Erfindungsgeschichte der Dynamomaschine eine gewisse Rolle.

Alexandrien 210 miles kostet an Bord £ 30 000. Wenn gelegt £ 75 000. Der Prozentsatz würde auf die £ 35 000 gehen und es fragt sich wie hoch? — Ich würde für 1 1/2 % stimmen, aber dann natürlich für sämtliche Linien, aber es ist mir lieber, daß Du den Satz bestimmst! Es ist wohl kein Zweifel, daß Newall & Co. die Kabelzukunft wenigstens auf mehrere Jahre in Händen haben und daß vielleicht noch in diesem Jahre bis Indien gelegt wird. Ich rechne daher auf Quantität! Natürlich bliebe Euch frei, Kabel- Concessionen zu nehmen, und man könnte Newall & Co. auf die Vorzugs-Offerte der Ausführung beschränken. Ferner blieben Patentansprüche auf Doppelkabel etc. unbeeinträchtigt! Contractdauer etwa 5 Jahre? — Gordon geht wahrscheinlich selbst nach Bona am 22. Mai und ist sehr besorgt, Löffler mitzuhaben. Ich habe ihn nur bedingungsweise in Aussicht gestellt. Kommt ein Contract dieser Art zustande, so wird es vielleicht profitabel, Löffler hier permanent zu stationieren und mit Einrichtung einer kleinen Werkstatt vorzugehen, wodurch der Verkauf von Apparaten hierselbst für Landlinien allein festen Boden fassen könnte. Die Atlantiker scheinen beleidigt, und ich glaube eben nicht, daß es sich verlohnen würde, mit ihnen in ein Verhältnis zu treten, ausgenommen, daß Newall & Co. unhonorable werden, was ich nicht glaube ..."[23]

Werner Siemens beurteilte das Gespräch seines Bruders Wilhelm mit Newall und Gordon recht optimistisch und drückt dies mit folgenden, am 12. 5. 1858 an Wilhelm gerichteten Sätzen aus:

„Soviel ist klar, daß wir, mit Newall offiziell vereint, eine Macht bilden, die nicht so leicht zu beseitigen oder zu überflügeln ist. Es würde wohl in Newalls wie in unserem Interesse liegen, diese Vereinigung bekannt zu machen. Jeder hat seinen Kreis von Gläubigern und unserer ist nicht eben klein. Österreich, Holland und Rußland würden wir ziemlich sicher mitbringen, und alle drei haben große Pläne, namentlich Holland in den Ostindischen Kolonien ..."[24]

Auch der folgende Brief klingt recht zuversichtlich. Werner hat das Gefühl, nun die Trümpfe in der Hand zu haben. Und tatsächlich wurde in diesem Sinne am 1. Juni 1958 der Vertrag zwischen Siemens & Halske und R. S. Newall & Co. auf die Dauer von 5 Jahren abgeschlossen:

Werner an Carl, 14. 5. 1858: „Ich bin jetzt in lebhafter täglicher Korrespondenz mit Wilhelm. Newall & Co. wollen wieder Kabel flicken (Bona) und bauen (Konstantinopel-Alexandria) 100 000 £ und wahrscheinlich Malta-Alexandria 350 000 etc. Dazu haben sie uns wieder sehr nötig. Ich habe hierauf gewartet und ihnen nur für den Fall unsere Beihilfe zugesagt, wenn vorher ein definitiver Vertrag auf 5 Jahre mit Wilhelm zustande kommen würde. Ich habe verlangt: Entschädigung der Reisekosten 1 £ pro Tag für Ingenieure, 1/2 £ für Gehilfen und 1 % vom Brutto-Betrage aller Kontrakte. Dagegen Zusicherung von soviel

23 SAA BB.

24 SAA BB.

Leuten, wie sie haben wollen. Gordon und Liddell haben zugestimmt, doch Newall wehrt sich noch und will nur 1 % vom Kabelwert (der Hälfte etwa) geben. Ich denke, er wird nachgeben, da die Zeit drängt! Denn es ist ein brilliantes Geschäft, ohne alles Risiko und wohl 50-100 000 Taler jährlich wert. Machen wir selbst Kontrakt, so gibt Newall noch 5 % mehr für die Ausführung. Also Kabelarbeiten machen ist die Losung! Hast du nicht einige tüchtige Kräfte übrig für diesen Zweck? Vorläufig geht Löffler und wahrscheinlich Pfeiffer. Löffler muß schon Nummer 1 bleiben, ist auch ganz tüchtig. — Halske schreibt heute aus Wien,[25] Brief einliegend. Ich hoffe, es wird jetzt wieder etwas flotter werden. Unsere Blicke waren bisher zu sehr an Rußland gebannt und das hat uns zurückgebracht in Beziehung zu anderen Ländern ..."[26]

Der nächste Schritt, nämlich die Einrichtung einer Werkstatt und Gründung einer Filiale in London anstelle des papiernen Agenturvertrages von 1850 kündigt sich nun an:

Wilhelm an Werner, 28. 6. 1858: „Dein Kontraktentwurf unter uns gefällt mir sehr gut, auch ich bin für Firma No. 1 S&H London. Lieb wäre es mir, die Leitung mit jemandem zu teilen, und wenn du glaubst, daß Walter[27] sich eignet, so wäre es mir doppelt lieb, ihn hier zu haben. Ich würde ihm einen Teil meines 1/3 abtreten und außerdem könnte das Geschäft ihm etwas Bestimmtes zahlen, genug um zu leben ... Wenn Du keine Schwierigkeiten weiter siehst, so werde ich mich gleich nach einem passenden Lokal umsehen, mit Raum für Isolatoren und Batterien, welche hierselbst beschafft werden müssen, weil der Transport zu teuer. — Mr. Jobson hat eine hübsche Form Maschine[28] erfunden, womit er 24 000 Stück pro Woche formen kann und sehr billig und gut zu liefern verspricht. Er macht eine Probe, welche ich schicken werde! ..."

Werners Antwortbrief kennzeichnet seine objektive, korrekte Haltung, die er in der Wahl des „zweiten Mannes" für London einnimmt. Bei allem brüderlichen Familiensinn kann er sich nicht entschließen, Bruder Walter vorzuziehen.

Werner an Wilhelm, 30. 6. 1858: „An Deinen Plan mit Walter habe ich schon viel gedacht, sowohl für Wien wie dort — doch Walter hat leider seine Jugendzeit nicht genug benutzt, seine Kenntnisse sind namentlich für die Kabelangelegenhei-

---

25 In Wien versuchte man 1858 eine Filiale für den Bau und den Vertrieb elektrischer Telegraphen zu errichten. Nach mehrjährigem Hinschleppen wurde der Betrieb schließlich 1864 aufgegeben. Erst 1879 glaubte man neue Ansatzpunkte für ein Geschäft in Österreich zu erblicken und gründete zunächst ein „Technisches Büro", wenig später das Wiener Werk, zunächst unter Leitung von Werners ältestem Sohne Arnold.

26 SAA BB.

27 Walter Siemens (1833 - 1868) war als Ingenieur in Warschau, Wien und Paris tätig gewesen, schließlich leitend beim Telegraphenlinienbau im Kaukasus, mit Sitz in Tiflis, wo er auch das Amt des preuß./norddt. Konsuls übernommen hatte. Leitete 1867 die Verhandlungen zum Bau der Indo-Linie in Teheran, starb infolge des Hufschlages eines Pferdes in Tiflis. H. W. Siemens, Stammbaum 1935, S. 138.

28 Ohne Zweifel handelte es sich um eine Formpresse für Porzellan-Isolatoren zur Aufhängung telegraphischer Luftleitungen.

ten zu gering. Leider! In nächster Zeit kann er keinesfalls zu Löfflers Vorgesetztem gemacht werden. Das würde das Geschäft dort nicht nur sehr zurückhalten, sondern Löffler gleich in Opposition bringen und mit Recht, da er mehr weiß und tätiger im Geschäft gewesen ist. Vielleicht macht sich's später ungezwungen. — Du hast übrigens durch die Sache keine große Arbeit. Löffler wird künftig für gewöhnlich in London bleiben . . ."[29]

Am 5. August 1858 wurde das erste von Cyrus Field angeregte und gelegte Transatlantikkabel vollendet und feierlich in Betrieb genommen. An diesem gewaltigen Unternehmen hatten die Brüder Siemens geschäftlich keinen Anteil.[30] Und so bestand zunächst die Befürchtung zu Recht, daß man nun im Konzert der Großen nicht mitspielen könnte. Bald aber fand man in der betriebstechnischen Unzulänglichkeit des Atlantikkabels wieder Trost, indem man die Hoffnung hegte, vielleicht doch noch zu Verbesserungen herangezogen zu werden. Wilhelm kam gerade von der Teilnahme an einer Kanal-Kabellegung (Weymoth-Channel Islands) nach London zurück und schrieb am 9. 8. 1858 an Werner:

„Wir werden durch den ganz unerwarteten Erfolg des Atlantischen Kabels in den Schatten gedrängt, d. h. soweit das Legen geht. Der Spaß aber dabei ist, daß man nur Schiffs-Signale (Galvanometer) machen kann, aber daß es 3 – 4 Wochen dauern würde, bevor Sprechapparate fertig würden, d. h. Whitehouse sitzt in der Patsche! — Es wäre herrlich, wenn wir ihm da heraushelfen könnten und zu dem Zwecke allein wäre es sehr zu wünschen, daß Du möglich bald kämst. Könntest du nicht gleich einige Apparate mitschicken?. . ."[31]

Da das Transatlantikkabel schon vier Wochen später verstummte — mußmaßlich, weil die einfach aufgetragene Guttapercha um den Kupferleiter nicht dauerhaft war — fing man sich bald wieder. Werner und Wilhelm bemühten sich nun um Erlangung eines britischen Patentes auf konstruktive Verbesserungen, die sie aus den Erfahrungen mit dem Atlantikkabel gefunden zu haben glaubten.

Werner an Wilhelm, 21. 9. 1858: „Beifolgend schicke ich dir die Summe dessen, was ich für patentwürdig halte. Können wir das mechanische Sprechen mit Gegenströmen und galvanisierten Relais halten, so ist das allein sehr wichtig. Ich glaube aber, es müßte schnell geschehen, denn das selige atlantische Kabel wird viel Ideen in dieser Beziehung wach gerufen haben. Ferner den wiederholten Walzenüberzug.[32] Liegt auch in der Zeit! — Ich denke, Schnellschreiben mit

---

29 SAA BB.

30 Die Expedition verwendete das 1857 bereits hälftig von Glass Elliott & Co. und R. S. Newall & Co. gelieferte Kabel, welches von der einen Firma mit Rechts-, von der anderen mit Linksdrall fabriziert worden war. Die daran geknüpften technischen Befürchtungen waren jedoch gegenstandlos. Die Fehler dieses ersten Transatlantikkabels hatten andere Ursachen.

31 SAA BB.

32 Die bisher gelegten See- und Tiefseekabel waren einfach, d. h. mit nur einer Isolierschicht ausgestattet. Nun hatte Werner den Gedanken, diesen Prozess mehrfach

Lettern wird allgemeine Losung werden und wäre gerade für England wichtig, da dort selten oder nie Translation nötig. Schwarzschreiben wird auch hierfür gut sein. Diese beiden Patente — wenn sicher — müssen uns mit der Zeit ganz England in die Hand geben . . ."[33]

Nun rückte der Termin für die Betriebseröffnung der Londoner Werkstatt und der Gründung der englischen Filiale näher. Am gleichen Tage, da man den Vertragstext formulierte — ein eigentlicher, unterschriebener Gründungsakt hat sich weder im Siemens-Archiv München noch im Besitz der Firma Siemens Edison Swan Ltd. London (1959) auffinden lassen — schrieb Wilhelm seinem Bruder Werner nach Berlin:

29. 9. 1858: „Das Haus in der Nähe des Parlaments an der Themse mit Hof und kleiner Dampfmaschine zu £ 140 (forderte 160) scheint mir sehr passend, wenn wir Isolatoren, Stangen und namentlich Hebelversuche machen wollen. Hat auch zwei sehr schöne Zimmer, sind aber für Office nicht gut gelegen. Läßt sich aber schwer vereinigen . . ."[34]

Immerhin ist ein Memorandum, welches sich im Siemens-Archiv in englischem Originaltext und in zeitgenössischer, wenn auch schlechter Übersetzung ins Deutsche befindet,[35] sehr aufschlußreich. Es ist durchaus anzunehmen, daß der Wortlaut dem des Gründungsaktes entspricht.

Der Inhalt jenes Schiftstückes vom 29. September 1858 besagt, daß man auf der Grundlage des Kontraktes mit Newall vom 1. Juni 1858 eine gemeinschaftliche Firma Siemens, Halske & Co. in London errichtet und sie der Leitung von William Siemens unterstellte. Gesellschafter wären Siemens & Halske, Berlin, William Siemens, London sowie — wenn auch nur mit einem bescheidenen Anteil[36] — R. S. Newall & Co. William Siemens behält sich vor, daneben noch andere als nur Telegraphengeschäfte zu übernehmen, diese auf eigene Rechnung. Das Betriebskapital in Höhe von £ 3 000 soll zunächst nur zur Hälfte eingezahlt werden, S&H Berlin erklären sich bereit, für außerordentliche Geschäfte weiteres Kapital gegen 5 % Verzinsung vorzustrecken. Weitere Punkte des Memorandums regeln die Auszahlung der Gehälter, Löhne, Reisediäten sowie die Möglichkeiten

---

durchzuführen, also mehrschichtig isolierte Kabel herzustellen, in denen kleine Gänge in einer Schicht der Masse nicht mehr bis an den Leiter gelangen konnten. Dieses Prinzip sollte sich alsdann sehr bewähren.

33 SAA BB.

34 Die Werkstatt, von der hier die Rede ist, befand sich also in Westminster, Nr. 12 Millbank Row, in der Nähe der (später erbauten) Lambeth-Bridge. Daß die Werkstatt gar schon über eine Dampfkraft verfügte, mag man bei S&H in Berlin mit Neid bemerkt haben. So fortschrittlich war man in Berlin erst 1863! Pole (dt.), S. 126.

35 SAA 68 / Li 219. Abschrift als Anlage 4, S. 186.

36 Für eine in einigen Darstellungen angetroffenen Lesart, daß Newall & Co. mit 10 % am Vermögen und Gewinn der Firma Siemens, Halske & Co. beteiligt seien, fand sich bisher kein Beleg. Das hier besprochene Schriftstück besagt eher, daß eine finanzielle Beteiligung von Newall & Co. nicht stattgefunden hatte.

bei Personalaustausch. Die Gewinnverteilung soll nach dem gleichen Schema wie im Agenturvertrag von 1850 erfolgen, also S&H Berlin 2/3, William Siemens 1/3. Der neue Vertrag soll bis zum Jahresende 1863 Gültigkeit haben.

Wenn im Großen betrachtet die Voraussetzungen für die am 1. Oktober 1858 vollzogene Firmengründung recht günstig lagen — da der englische Markt keineswegs mit Telegraphenbauanstalten und Kabelspezialisten übersättigt war —, so zeigte doch der wiedergegebene Briefwechsel der Brüder Siemens die mannigfaltigen Schwierigkeiten, die trotz beiderseitiger Bereitschaft (Newall — Siemens) bestanden. Sie lagen teils im Bereich des Psychologischen, teils im Bereich des Kaufmännischen. Die Verrechnungsschwierigkeiten zwischen Berlin und London waren dergestalt, daß Wilhelm geneigt war, sich selbständig zu machen. Bei den Lieferungen aus Berlin erhielt er nicht mehr Preisnachlaß als jeder andere englische Fabrikant auch und so konnte er — schon unter Berücksichtigung des hohen britischen Einfuhrzolles von 10 % — unmöglich konkurrenzfähig sein.

Wilhelm an Werner, 10. 12. 1858: „Du schriebst mir neulich, ich möchte einen Vorschlag machen zur Verbesserung unserer gesellschaftlichen Verhältnisse. Um gleichsam eine föderative Macht zu bilden, scheint es mir notwendig, daß die Interessen der Teile möglichst parallel geschaltet werden, da es das Sonderinteresse jeden Teils wird, die anderen Teile zu unterstreichen und zu begünstigen! — Jetzt wird in mancher Beziehung gerade das entgegengesetzte Prinzip verfolgt. Die Interessen laufen gegeneinander und jeder Teil sucht den anderen nach Kräften auszusaugen. In diesem Sinne trat Petersburg gegen mich auf, doch sieht Carl jetzt wohl ein, daß sein Interesse in Gegenseitigkeit oder Association beruht. — Oppenheim illustriert meine Ansicht am Besten! Er kauft von S&H Berlin Apparate für eine engl. Kolonie zu demselben Preise wie Siemens Halske & Co. oder jemand anders. Ich erhalte von derselben oder andern Kolonie einen ähnlichen Auftrag, und um wenigstens 5 % daran zu profitieren, muß ich schon 15 % aufschlagen, d. h. ich habe 10 % mehr zu zahlen wie ein beliebiger direkter Besteller. Die natürliche Folge ist, daß wir versuchen müssen, diese Last los zu werden und selbst fabrizieren, obgleich das gemeinsame Interesse darunter leiden mag. — Hier zu Lande gibt man im Gegenteil selbst Agenten von 10 bis 15 % discount und eine ähnliche Ermäßigung wird nötig, wenn das Geschäft hierselbst gedeihen soll. Ihr würdet dann immer noch denselben Preis schließlich herauskriegen wie von direkten Bestellungen, und ich wäre in den Stand gesetzt, im Notfall auch billig zu verkaufen. — Wenn, wie ich sicher erwarte, wir im Stande sein werden, Isolatoren und Eisenstangen hier billiger wie in Berlin zu schaffen, so wird Herr Haase[37] schon damit kommen, diese Sachen dem Berliner Geschäfte billiger zu stellen wie andern Leuten, wie es auch in der Ordnung wäre, wenn Gegenseitigkeit herrschte. Mein Vorschlag läuft also darauf hinaus, daß, wenn ein Zweig des Geschäftes von einem andern eine Leistung verlangt, es in allen

---

37 Carl Haase (1831 - 1901) trat 1855 als erster Kaufmann bei S&H Berlin ein, wurde 1882 kaufm. Generalbevollmächtigter von Werner Siemens.

Fällen Gewinn und Verlust mit demselben teilt und im Fall einer geordneten Fabrikation eine entsprechende Ermäßigung gestattet. Würde ein ähnliches Prinzip festgestellt, so könnte Oppenheim ruhig los bestellen. Jetzt aber ist meine Stellung nur haltbar als Monopolist und dazu fehlt es an allem legalen Patentschutz in den Kolonien! Dem Dr. Lawrence habe ich einfach die Berliner Preise gegeben, weil es sich nichtz lohnt, Unannehmlichkeiten durch Aufschläge zu bereiten. Ist ein langer Senf geworden, aber die Frage ist prinzipiell von Wichtigkeit."[38]

Werner, dem sehr an einer gesunden Entwicklung der Londoner Filiale lag, dem es auch sehr darum zu tun war, den vielseitigen Bruder bei der gemeinsamen Sache mitwirken zu lassen, ließ von Haase und Meyer einen Vorschlag ausarbeiten, in dem neue sinnvolle Wege der Verrechnung gewiesen wurden. Werner konnte sich brieflich auf ein Resumé dieser Ausarbeitung beschränken. Er erwähnt dabei zum ersten Male die neu eingeführten Akkordarbeiten, die damals in deutschen Fabrikbetrieben etwas zögernd eingeführt wurden und nun auch bei Siemens & Halske Eingang fanden.

Werner an Wilhelm, 18. 1. 1859: „Meyer hat Dir geschrieben, daß wir nicht recht einsehen, warum das dortige Geschäft nur 10 % avance haben soll, nachdem wir mal 15 zugesichert haben. Deine übrigen Vorschläge können bleiben, und Du mußt dich nur schnell und definitiv entscheiden, ob Du 15 % oder Beteiligung am ganzen hiesigen Telegraphengeschäft nach Verhältnis Deiner Bestellungen zum Gesamtumsatz haben willst. Letzteres scheint mir und uns nicht nur am einfachsten, sondern, wie jetzt die Aussichten sind, auch für Dich am Vorteilhaftesten. 15 % Nutzen wollen wir garantieren, wenn Du es wünscht. Schon in diesem Jahre kommen wir jedenfalls durch die jetzt eingeführten Akkordarbeiten höher (wird sich bald herausstellen) und das muß sich um so mehr steigern, je mehr die Akkordsätze ausprobiert sind und je mehr wir zu tun bekommen. Wir haben dann stets gleiches Interesse, ob hier oder dort gearbeitet wird und nur die Billigkeit entscheidet — ein Verhältnis, wie ich es immer angestrebt habe. Doch wie Du willst!"[39]

Erst langsam spielte sich eine alle Seiten befriedigende Verrechnung zwischen Berlin, London und Peterburg ein.

Am 23. Januar 1860 wurde ein englisch-französischer Handelsvertrag (Cobden-Treaty)[40] abgeschlossen. Der englische Einfuhrzoll, insbesondere auf mechanische Apparate, kam damit in Wegfall. Bei der bisher streng geübten Schutzzoll-Politik Englands war das für viele Industrielle und Kaufleute im Ausland kaum

---

38 SAA BB.

39 SAA BB. Dieser Brief ist einer der wenigen, noch vorhandenen Belege für die Einführung der Akkordarbeit bei Siemens.

40 Clapham, Vol. 2, p. 244 - 246; A. L Dunham, The Anglo-French Treaty of Commerce of 1860 and the Progress of the Industrial Revolution in France, Michigan 1930.

glaubhaft. So schrieb auch Werner Siemens skeptisch an Wilhelm, 8. 3. 1860: „Was heißt es: Kein duty (Steuer?) mehr? Der Eingangszoll auf mechanische Apparate ist doch nicht aufgehoben? Das wäre sehr wichtig, und ich würde zum ersten Male sagen, die Engländer sind Freihändler, da sie den bisher mit größter Strenge durchgeführten Schutz der Arbeit haben fallen lassen. Ich weiß bisher nur von Weinen, Seide, Seife und solchen Dingen, bei denen Arbeit nicht das Wesentliche ist! Alle Arbeit ist bisher mit dem großen Schutzzoll von 10 % des Arbeitswertes belastet. Ist die Aufhebung wahr, so schicke uns nur bald ein Verzeichnis der gangbarsten mechanischen Instrumente. Wir wollen dann tüchtig konkurrieren!“ [41]

Und darauf Wilhelms befreiende, bestätigende Antwort, 15. 3. 1860: „Freihandel ist jetzt hier vollkommen Wahrheit! Die letzten Apparate habe ich schon frei herein gekriegt. Maschinen, Uhren, Bronzen, Arbeitszeug ist alles frei. Nur Tabak, Tee, Schnaps u. dergl. zahlt noch Finanzzoll“. [42]

Unterdessen hatte sich in Wilhelms privatem Leben Einiges geändert. Wenn er schon 1844 den festen Entschluß gefaßt hatte, in England zu bleiben und zu wirken, so bekräftigte er dies nun 15 Jahre später dadurch, daß er „am 19. März 1859 zwei Damen an einem Tage den Lehnseid ablegte“, [43] der Königin Victoria und der Dame seines Herzens, Anne Gordon [44], einer Schottin, mit der er sich verlobte und die er am 23. Juli 1859 als seine Frau heimführte. Damit war Wilhelm naturalisierter Engländer geworden; er zog es nun auch vor — wie schon in früheren Jahren bei bestimmten Anlässen — seinen Namen anglisiert zu zeichnen, also „Charles William“, bzw. kurz William.

Die Hoffnungen auf eine Ausweitung des Geschäftes durch die Zusammenarbeit mit Newall wurden nicht enttäuscht. Während sich die Entwicklung der Werkstatt in Millbank Row gut anließ — unter Leitung des Berliner Mechanikers Mittelhausen arbeiteten dort am 1. Januar 1859 acht Mann, am 1. Oktober 1860 betrug deren Zahl incl. Lehrlinge etwa 24 [45] —, war Ludwig Löffler im östlichen Mittelmeer und besonders im griechischen Archipel mit Kabellegungen beschäftigt. Aus den erhaltenen Briefen und Berichten geht hervor, [46] daß ihm und seinen Siemens-Mitarbeitern die Verantwortung für alle technischen Fragen der Kabel, der Kabellegung, der Aufstellung und Inbetriebnahme der Geräte oblag. Die Zusammenarbeit mit dem Elektriker Newalls, Mister Liddell, muß für den offen-

41 SAA BB.

42 SAA BB.

43 Nach Wilhelms eigenen Worten, vgl. Pole (dt.), S. 130. Interessant ist hierbei der Tatbestand, daß Bruder Carl, der 1853 nach Rußland gegangen war, 1855 sich dort mit einer Russin vermählt hatte. Carl war 1859 finnischer, damit also praktisch russischer Untertan geworden.

44 Anne Gordon (1821 - 1901), die Schwester von Lewis D. B. Gordon, des Compagnons von R. S. Newall. Die Ehe war kinderlos.

45 Scott, p. 247.

46 SAA WP Löffler.

bar jüngeren Löffler, der im Fache besser zu Hause war, oft recht schwierig gewesen sein. Die Methoden der Kabelmessung, wie sie Werner Siemens mit großem Erfolg entwickelt und angewandt hatte, waren und blieben für die Engländer unverständlich, woraus sich das geringschätzige Wort vom „scientific humbug" herleitet, das sie für die Arbeiten Werner Siemens' immer wieder bereit hatten.

Im Herbst 1858 hatte Werner Siemens die Vorbereitungen für die im nächsten Sommer zu legende Kabelverbindung Suez-Aden, später dann weiter bis Kurachee, aufgenommen. Es erwuchs damit die schwierige Aufgabe, Apparate für eine Submarineleitung von 3 500 sm zu entwickeln, während man bisher gewohnt war, nur solche für Entfernungen von 700 sm zu liefern (Cagliari-Corfu, damals längste Unterseelinie). Werner Siemens löste diese Aufgabe durch sein später sogenanntes „Rote-Meer-System"[47], bei welchem Batterieströme wechselner Richtung statt der bisher durch Induktion erzeugten Wechselströme angewandt wurden. Besondere Schwierigkeiten bereitete Werner die Entwicklung einer neuartigen Schaltung, die die Bestellerin — die Red Sea Company — gefordert hatte und die erheblichen Mehraufwand an Arbeit und Kosten eintrug. Es stellte sich dann aber heraus, daß die Mühen nicht umsonst gewesen waren. Das neue System hatte durch die neue Relais-Schaltung an Einfachheit und Übersichtlichkeit der Ordnung wie auch an Unempfindlichkeit gegen Temperaturverhältnisse gewonnen.

Im Februar 1859 reiste eine Schar englischer Telegraphisten — die für die Red-Sea-Linie vorgesehen waren — nach Berlin, um sich dort mit der Bedienung der neuen Apparate vertraut zu machen.[48]

Im Hinblick auf die Bedeutung gerade dieser weltwirtschaftlich wichtigen Nachrichtenverbindung, dann aber auch um die neuen Geräte in der Praxis zu erproben und die von Newall hergestellten Kabel bei der Verlegung zu messen, entschloß sich Werner Siemens, selbst an der Kabelexpedition teilzunehmen.

In seinen „Lebenserinnerungen" hat Werner Siemens diese an Abenteuern reiche Expedition lebendig geschildert. Ergiebiger aber dürfte ein Brief sein, den Werner von Bord der „Ellora" am 2. 7. 1859 an William schrieb.[49]

Der englische Regierungs-Ingenieur Lionel Gisborne, der als Beobachter der Kabellegung im Roten Meer beigewohnt hatte und der im Gegensatz zu Newalls Mitarbeiter Liddle von den sehr exakten Fehlerortsbestimmungen von Werner Siemens eine hohe Meinung bekommen hatte, erreichte es später, daß Siemens zur Prüfung des Regierungskabels Falmoth-Gibraltar bestellt wurde. Es wurde vereinbart, daß Siemens künftighin sämtliche Kabel der englischen Regierung

47 WTA Bd. 2, S. 133 ff.; Ehrenberg, S. 138 / 139.

48 Ehrenberg, S. 139.

49 SAA BB. Erstmals wurde dieser Brief im vollen Wortlaut abgedruckt bei W. Heynen, Buch Deutscher Briefe, Wiesbaden 1957, S. 657 -666.

nach seiner Methode prüfen solle. Dieser Auftrag schloß in sich eine hohe Anerkennung, die in englischen Fachkreisen vielfach mit Mißgunst aufgenommen wurde.

Auf Grund der Erfahrungen, die er bei seinen Widerstandsmessungen von Seekabeln hatte, machte Werner Siemens den Vorschlag, zur Herstellung eines reproduzierbaren Widerstandsmaßes sich des Quecksilbers zu bedienen und als Einheit den Widerstand eines Quecksilberfadens von 1 m Länge und 1 qmm Durchmesser bei 0 Celsius anzunehmen. Dieser Vorschlag fand in der wissenschaftlichen Welt allgemeine Annahme und die so festgelegte Einheit wurde als „Siemens-Einheit", S. E., bezeichnet.[50]

Die elektrische Prüfung des Roten Meer-Kabels durch Werner Siemens hatte kein schlechtes Resultat ergeben. Aber die mechanische Qualität des von Newall gelieferten Kabels hatte ihn zu ernster Besorgnis über die Dauerhaftigkeit veranlaßt. Leider sollte sich diese Sorge nur zu bald als begründet herausstellen. — Nachdem im Herbst 1859 eine weitere Kabellegung in Gemeinschaft mit Newall zwischen Singapur und Batavia erfolgt war, an der Werners Bruder Walter teilnahm, wurde im Winter 1859/60 die Fortsetzung des indischen Kabels zwischen Aden und Kurachee aufgenommen. In beiden Fällen hatte Newall in jeder Beziehung einwandfreie Kabel geliefert, die zu Anständen keinen Anlaß gaben. Aber zu jener Zeit traten zwischen Aden und Suez die ersten Kabelbrüche ein. Das Rote-Meer-Kabel war mit unverzinkten Eisendrähten armiert, die nun — da sie in feuchtem Zustand gelagert und von Rost befallen waren — schnell zu Bruch gingen.[51] Nach Beendigung der Kabellegung nach Kurachee — sie erfolgte unter wissenschaftlicher Leitung von William Meyer, der mit 12 Mann daran teilnahm — gedachte man die Fehler im Roten Meer-Kabel zu beheben und bei dieser Gelegenheit die Rückfahrt anzutreten. Die veranschlagten 3 bis 4 Wochen für diese Reparaturen reichten aber in keiner Weise aus, und es wurde Ende Juli, bis die sich endlos hinziehenden Arbeiten erfolglos abgebrochen wurden. Alle Bemühungen, die Schäden zu beheben, waren vergeblich, da immer neue Brüche im Kabel sich einstellten. Am 19. August 1860 traf Löffler wieder in Berlin ein.

Werner und William Siemens waren nun der Zusammenarbeit mit Newall & Co. müde, denn es stand zu erwarten, daß man bei weiteren Mißerfolgen durch die unzulänglichen Fabrikationsmethoden Newalls wissenschaftlichen und technischen Kredit einbüßen würde. Und dieser Kredit hatte, zumal in England, mehr Wert als bares Geld. Nicht zuletzt waren die Formen der Zusammenarbeit mit Newall alles andere als erfreulich. Zwischen William Meyer und der Newallschen

---

50 Die Siemens-Einheit wurde 1868 von der Wiener Internationalen Telegraphenkonferenz zur Normaleinheit des Telegraphenwesens erhoben. Bei den Pariser intern. Elektrotechniker-Kongressen 1881 und 1884 kam man bei Festsetzung der elektr. Einheiten nach dem GGS-System auf die SE zurück und entschied, das neue „Ohm" aus 1,06 SE darzustellen. Vgl. Poggendorffs Annalen. Bd. 110, 1860, S. 1; WSL, S. 166.

51 Brief Carl an Werner, v. 14. 8. 1860, SAA BB.

Schiffsleitung unter Gordon war es im Februar zu heftigen Auseinandersetzungen gekommen, da man den Siemens-Leuten Unfähigkeit auf ihrem eigensten Arbeitsgebiet vorwarf. Meyer verließ in Aden unter Protest das Schiff unter Abgabe eines Schreibens an die Schiffsleitung: 16. 2. 1860: „. . . wir sind zwar im Stande, Fehlergrenzen zu bestimmen, nicht einen Fehlerort. Wie genau, hängt von Verhältnissen ab, welche außer unserer Macht liegen. Je genauer die Meßwerke zu erhalten sind, je günstiger die Fehlerlage für diese Messungen ist, desto genauer können auch wir den Fehler einengen, keinesfalls aber auf 1/2 Knoten, wie das Herr Gordon wieder von Herrn Löffler auf der Singapur-Linie verlangt hat. Wenn Herr Gordon dagegen behauptet, daß englische Ingenieure es könnten, so erwarten wir vorerst den Beweis. Wir wissen aber, gestützt auf Gründe, es ist nicht möglich, sonst würden wir deutschen Ingenieure es schon lange gekonnt haben . . . Im übrigen sind die Herren Löffler und Hansen sich bewußt, daß sie Ihnen gegenüber nicht Diener, sondern die Vertreter der Rechte und Pflichten des laut Kontrakt gleichberechtigten Hauses Siemens & Halske sind und werden sie in meiner Abwesenheit danach handeln.“[52]

Diese Zeilen kennzeichnen schon die erhitzte Stimmung zwischen beiden Parteien; nationale Eifersüchteleien trugen das ihrige dazu bei, um die Zusammenarbeit für beide Teile zu einer Qual zu machen. Werner versuchte mit Brief vom 8. 3. 1860 an William die Einstellung Gordons zu analysieren, die er folgendermaßen beurteilt: „Gordons Eitelkeit ist mehr wie die Newalls dadurch verletzt, daß er nicht als alleinige wissenschaftliche Autorität bei ihren Unternehmungen dasteht. Er sieht nur mehr wie Newall den Nutzen ein, den wir ihm bringen können und ist freier von spezifisch englischen Vorurteilen“.[53]

Nach all dem entschloß man sich im Spätsommer 1860 bei Siemens & Halske, den Vertrag mit Newall vom Jahre 1858 vorzeitig aufzukündigen. Unter Zahlung eines „Reugeldes“ von 1 000 £ und Erlaubnis, die Siemens'schen Prüfmethoden weiterhin zu benutzen, hatte die junge Londoner Filiale ihre Freiheit zurückerworben. — Wenig später hat Newall, der sich selbst schon seit längerer Zeit als „legemüde“ bezeichnete, das riskante Kabelgeschäft aufgegeben.

Die Zusammenarbeit mit Newall & Co. war eine wichtige Episode in der Frühentwicklung der Londoner Firma. Neben den negativen Resultaten war da auch viel Positives. William Siemens hatte die Möglichkeit gehabt, sich im großen technischen Unternehmergeschäft Englands bekannt zu machen, wozu bei seiner Tätigkeit eine Kabelfabrik als Hintergrund unerläßlich war. Die Erkenntnisse, die man unternehmerisch im Zusammenwirken mit Newall & Co. gewann, waren zum späteren Wachstum der Firma notwendig. Und materiell gesehen war der Reingewinn von 36 000 Talern (etwa 5 600 £) pro 1859 und 90 000 Talern (etwa 13 500 £) pro 1860 kein schlechtes wirtschaftliches Ergebnis für den Start.[54]

52 SAA 35 / 12 / Lo 677.
53 SAA 35 / 12 / Lo 677.

Nun gab es zwei Möglichkeiten, das englische Geschäft zu beleben: entweder stärker mit der englischen Regierung zusammenzuarbeiten und sich auf Kabelprüfungen zu spezialisieren, dann brauchte man selbst keine Kabel zu fabrizieren; oder aber man würde selbst zur Kabelherstellung übergehen (was zu erwägen war, da ja Newall & Co. als Kabelleger die Flagge strichen!). Der erste Weg schien im Augenblick der günstigere; durch das gute Einvernehmen mit Gisborne sowie durch Williams Verbindungen zum Board of Trade eröffneten sich Möglichkeiten, die den wissenschaftlichen Interessen der Brüder durchaus entsprachen. Daneben wollte man selbstverständlich auf dem Gebiet des Telegraphengerätebaues, der Herstellung von Isolatoren und eisernen Leitungsmasten weiter tätig sein für den englischen und den stets abnahmefähigen überseeischen Markt.

Trotz dieser klaren Überlegung waren Werner und William in gewisser Hinsicht auf einem toten Punkte angelangt, von dem man längere Zeit nicht loskam. Durch eine zeitweise relative Entschlußlosigkeit, die besonders bei Werner vorlag, der stets bemüht war, mit seinen Überlegungen auch die Interessen Halskes und Carls zu vertreten, waren schon günstige Gelegenheiten verpaßt worden, so z. B. das wiederholte Anerbieten des Anglo-Amerikaners David E. Hughes, der William die alleinige Fabrikation seines neuen, in Frankreich bereits eingeführten Typendruck-Apparates gegen eine Zahlung von £ 5 pro Gerät übertragen wollte. Werner mochte diesem Geschäft nicht zustimmen, da er sich von der Fortentwicklung seines neuen Induktionstelegraphen Größeres versprach — was dann nicht eintraf.[55]

Im März 1861 starb Gisborne. William glaubte an die Möglichkeit, daß die englische Regierung ihn zu seinem Nachfolger bestimmen könnte. Um sich gefällig zu erweisen, bot William an, daß sein Bruder selbst die Prüfung des neuen Regierungskabels Malta- Alexandria übernehmen würde, ja, er stellte gar in Aussicht, daß Siemens, Halske & Co. die Betriebsführung dieses Kabels unter gewissen Bedingungen übernehmen würden. Daß die Regierung hieran interessiert war, wußte William und er gab diese vorsichtige Zusage zunächst ohne die Rücksprache mit Werner. Mehr noch als Werner war aber Carl über dieses Ansinnen erbost, da er nach dem Mißerfolg des Roten Meer-Kabels keine Absicht mehr hatte, mit Kabeln Geschäfte zu machen. Carl an Werner, 13. 4. 1861: „Wilhelm ist wohl des Teufels, daß er nur an einen solchen Vorschlag denken konnte. Was nützen uns die Einnahmen der Depeschen, wenn diese Linie dem Schicksal des Roten-Meer-Kabels verfällt? Wir riskieren unter solchen Bedingungen mehr wie die englische Regierung. — Hoffentlich kommt Dein Protest noch rechtzeitig, andernfalls können wir uns darauf gefaßt machen, unser sauer aus

54 Ehrenberg, S. 151. Die Angaben bei Georg Siemens, Geschichte des Hauses Siemens, Bd. 1, München 1947, S. 54 und Ludwig v. Winterfeld, Entwicklung und Tätigkeit der Firma Siemens & Halske, in den Jahren 1847 - 1897, o. O. 1913, S. 33, über die Höhe des Reingewinns dürften falsch sein.

55 Angebot Hughes an William vom 10. 8. 1860. Georg Siemens, Bd. 1, S. 62 ff.

Polen, Juden und Franzosen herausgequetschtes Geld im Mittelländischen Meer zu versenken. Das wäre doch zu arg!"[56]

Wenn Werner auch versuchte, einen Mittelweg zu finden, so war und blieb die ganze Aktion Williams doch ein Mißerfolg, denn der Auftraggeber mußte den Eindruck gewinnen, daß man sich in der Firma Siemens, Halske & Co. über das Geschäft nicht einig werden könne — wie es ja leider auch der Fall war. Der lachende Dritte wurde die damals immer mehr aufblühende Konkurrenzfirma Glass Elliott & Co., die das Malta-Alexandria-Kabel übernahm. Siemens hatte die erstklassige Qualität dieses Kabels als Beauftragter der Regierung festgestellt und mußte nun zusehen, wie ein anderer das gute Geschäft damit machte. Glass Elliott verdienten — wie William es vorausgesagt hatte — an diesem Kabel enorme Gelder. Während des amerikanischen Sezessionskrieges ergaben sich aus dem ägyptischen Baumwoll-Boom große Gewinne; allein das Jahr 1863 brachte Glass Elliott durch dieses Kabel 20 000 £ Sterling ein! — „Das englische Geschäft kann brilliant werden und würde es vielleicht schon sein, wenn wir so viel Courage gehabt hätten wie William und auf seine Projekte eingegangen wären",[57] so schrieb Werner später an Carl.

Wer konnte es William verübeln, wenn in ihm immer mehr die Absicht sich festigte, bei Ablauf des Kontraktes mit Werner das Geschäft selbständig fortzuführen? Die Stagnation in seiner Filiale hatte ihre Wurzel in Berlin. Halske, aber auch zum guten Teil Carl in Petersburg, waren diejenigen, welche die Übernahme großer Risiken scheuten. Und Werner selbst war zu Überlegungen gekommen, ob man nicht das gesamte Geschäft auflösen solle.

Werner an William, 3. 1. 1861: „. . . Es will nicht mehr recht fort mit der Telegraphie. Auf dem Lande sind die Leute klug geworden, und zur Ausbreitung der Submarinetelegraphie scheint neben einer sicheren Konstruktion noch eine solche Entwicklung des Verkehrs zu fehlen, daß ein Kabel sich schon nach kurzer Zeit bezahlt macht, denn sicher werden submarine Kabel nie werden. Dieser mein erster Eindruck von der Sache gewinnt wieder mehr die Oberherrschaft. Unser hiesiges Telegraphenfabrikationsgeschäft scheint auch zur Neige zu gehen. Der Fehler ist, daß jeder Mechaniker ohne Kapital und Intelligenz uns gewichtige Konkurrenz machen kann. Dadurch ist uns der inländische Markt nach und nach abhanden gekommen. Rußland reicht nicht aus, ist uns auch nur teilweise treu geblieben. Meine Hoffnung war auf England gerichtet. Ich glaubte, wir würden uns dort einen ergiebigen Markt für gute Handarbeit verschaffen können. Die Erfahrung lehrt aber wohl jetzt, daß das ein Irrtum war. Der Verdienst an der Fabrikation ist bei den jetzigen Preisen schon sehr gering, wenn wir vollauf beschäftigt sind, er reduziert sich auf nichts, wenn wir nur sporadisch zu tun haben. Wir gehen daher ernstlich mit dem Gedanken um, die Telegraphenfabrika-

---

[56] SAA BB.

[57] SAA BB.

tion, wenn nicht ganz aufzugeben, doch so zu beschränken, wie das Interesse des englischen und russischen Geschäftes es irgend gestattet. Glaubst Du, daß Löffler recht hatte, wenn er meinte, man arbeite dort billiger als hier? Bitte fasse die Sache ernsthaft ins Auge und schreibe mir, ob und inwieweit du im dortigen Geschäftsinteresse das Fortbestehen des hiesigen Telegraphengeschäftes verlangst ... Natürlich wirst Du Dich nicht schon jetzt irgendwie binden wollen, ich wünsche auch nur Deine Ansicht, wie sie jetzt ist, insoweit zu hören, als dieselbe auf die hier zu fassenden Beschlüsse rückwirken kann. Hat Löffler recht und könnt Ihr dort ebenso billig fabrizieren, so fällt der Grund, welcher bisher für das Fortbestehen des hiesigen Telegraphengeschäftes bestand, mit dem Aufhören unseres Kontraktes fort. Findest Du es dann vorteilhafter, das englische Geschäft allein fortzusetzen, so ist dagegen natürlich unsererseits gar nichts einzuwenden, wir werden Dir im Gegenteil nach Kräften dazu behilflich sein ..."[58]

Dieser Brief konnte William eigentlich nur noch bestätigen in seiner grundsätzlichen Absicht, frei zu werden. Er zählte damals 38 Jahre, also am Beginn der besten Mannesjahre. Aber würde er auch finanziell das Risiko tragen können? Noch sah es nicht so aus.

Erst im Herbst 1862 schien das Tal, durch das die junge Unternehmung nun einmal hindurch mußte, passiert zu sein. Im Auftrage der Ebbw-Vale Company, dem größten aller damaligen Eisenwerke, übernahm William den Bau einer rund 1 600 km weiten Telegraphen-Überlandlinie in Südafrika zur Verbindung von Kapstadt mit der Delagoa-Bay. Das Objekt bezifferte sich auf 20 000 £, an denen William 4 500 £ zu verdienen hoffte. Im Frühjahr 1863 konnte die Linie übergeben werden.[59]

Ohne das Einverständnis seiner Compagnons — das waren in erster Linie sein Bruder Werner und Johann Georg Halske, schließlich aber auch Bruder Carl — konnte der Unternehmer William Siemens in England keine Aufträge größerer, sprich: riskanterer Art hereinnehmen. So war sein Betätigungsdrang nach dieser Richtung hin gelähmt, und er hielt es für angezeigt, die Zeit bis zu einer Änderung in dieser Angelegenheit damit zu nutzen, daß er sich wissenschaftlich und gesellschaftlich weiter bekannt mache. Dies geschah einmal durch Teilnahme seiner wie auch der Berliner Stammfirma an der zweiten Londoner Weltausstellung 1862, bei der man drei Preismedaillen, gewissermaßen als „moralischen" Gewinn, zuerkannt bekam. 1860 war William bereits ordentliches Mitglied der Institution of Civil-Engineers geworden; am 5. Juni 1862 berief ihn die Royal Society in Anerkennung seiner hohen technisch-wissenschaftlichen Verdienste zu ihrem Mitglied.[60]

---

58 SAA BB.

59 Ehrenberg, S. 164.

60 Pole (dt.), S. 135 - 136.

1862 hatte William ein Kabel entwickelt, welches für relativ flaches Wasser bestimmt sein sollte und welches durch seine Konstruktion verhindern sollte, daß Holzwürmer — trotz Armierung mit Eisendraht, Hanf und Guttapercha-Isolierung — bis an die Kabelseele vorbohren könnten.[61] Die Neuerung Williams bestand darin, daß Längsfäden von bestem Manila-Hanf um den in Guttapercha oder Kautschuk isolierten Leiter gelagert werden, um ihm die nötige Tragfähigkeit zu geben, dann aber besonders darin, daß hierum schuppenartig übereinander greifende Kupferblechstreifen das Kabel vor dem Eindringen des Holzwurmes schützen sollten. Die erste sich bietende Gelegenheit, seinen neuen Kabeltyp zu probieren, wollte William wahrnehmen. Er war von dem Wert seiner Konstruktion durchaus überzeugt und trat mit dem Leiter der französischen Staatstelegraphie, M. de Vougy, in Verhandlungen, als dieser sich um einen qualifizierten Unternehmer bemühte, der ein Staatskabel nach Algier zu legen in der Lage wäre. Hierüber gibt ein Telegramm Aufschluß, welches William am 8. 5. 1863 in Paris an Werner aufgab: „Soeben von einer langen Unterredung mit M. de Vougy zurück habe ich nur eben Zeit, vor Post Dir folgende Frage vorzulegen, mit der Bitte, sie mit Halske zu überlegen und mir telegraphisch zu antworten, falls Ihr nicht einverstanden seid. Vor einigen Tagen erhielten wir Aufforderung, umgehend zu sagen, ob wir ein Kabel von der Südküste Spaniens (zwischen Gibraltar und Alicante) und der Westspitze von Algier legen wollten. Unsere Antwort war: 500 000 Frcs, wovon ½ Anzahlung und ½ nach Legung. Die Distanz ist 102 knots und unser Kostenanschlag ca. 14 000 £ (höchstens, da die Regierung Sondagen und Piloten liefert). De Vougy will erst nach Vollendung des Ganzen zahlen. Da Glass & Elliott das ganze Risiko übernehmen, so will er sich auf keins einlassen. Meiner Ansicht nach ist das Risiko beim Legen eines leichten Kabels minimal; denn auf alle Fälle kann man es immer wieder kriegen und verliert am Ende nur Zeit.“[62]

Werner, der zwar schon seit Januar von den schwebenden Verhandlungen mit de Vougy wußte, antwortete bedingt zustimmend und schrieb u. a.:

„Daß man alles im Notfalle wieder aufnehmen könnte, glaube ich freilich nicht. Doch das Risiko ist allenfalls noch erträglich, wenn durchaus keine besseren Bedingungen zu erreichen sind. Eine wirkliche Schwierigkeit besteht in solcher Lage immer in der Unklarheit, welche bei uns über Lage, Mittel etc. des dortigen Geschäftes herrscht. Dazu deine aphoristische, durch die Verhältnisse allerdings bedingte und entschuldigte Kürze, welche gar keinen Einblick in die entscheidenden Gründe und Gegengründe gestattet und Zustimmung oder Ablehnung ganz zu einem blinden Zutappen auf unserer Seite macht! Das stört allerdings die Freudigkeit, mit welcher wir sonst auf derartige Unternehmungen eingehen würden.“[63]

---

61 Die geschlossene Stahldrahtarmierung, die das Eindringen von Holzwürmern ebenso verhindert, war erst um 1875 von Carl Siemens angegeben worden. Sie hat sich später gut eingeführt.

62 SAA BB.

Mit einem Köder glaubte William die Bedenken Halskes — der nichts von derartigen „Abenteuern“ wissen wollte — beschwichtigen zu können, indem er darauf hinwies, daß im Falle des Erfolges dieser Kabellegung Kaiser Napoleon III. tausend weitere Kilometer Kabel des neuen Typs bei Siemens Halske & Co. bestellen würde. Halske behielt aber seinen Standpunkt und wies immer deutlicher darauf hin, daß er sich von dem englischen Geschäft bei dieser Entwicklung, die er nicht gutheißen könne, absetzen werde. Werner hatte sich — wie er William eingestand — zu einer positiven Stellung nur deshalb entschlossen, weil durch gesicherte Bestellungen aus Indien eine gewisse finanzielle Deckung bestand.

Unterdessen begann William, des französischen Auftrages nun gewiß, mit dem zügigen Aufbau einer Kabelfabrik in Charlton bei Woolwich.[64] Die Werkstatt in Millbank Row[65] hätte rein räumlich nicht ausgereicht, diesen Auftrag auszuführen. Dagegen bei Woolwich, am Ufer der Themse, wo auch genügend Gelände für künftige Werkserweiterungen zur Verfügung stand, konnte das fabrizierte Kabel direkt in das Schiff eingeschossen werden. Kaum daß das Fabrikgebäude fertig war, hatte man die Herstellung des Kabels begonnen. Ein für St. Petersburg bestimmtes Kabel, welches nach sehr ähnlichem Prinzip, wie jenes für die Franzosen konstruiert war, gelangte zeitlich früher an seinen Bestimmungsort. Dort sahen es Carl und Werner, der gerade in Rußland weilte. Es erwies sich als unbrauchbar, da eine ganze Reihe Fehler bei der Konstruktion unterlaufen waren, so daß Werner sich um die bevorstehende Expedition im Mittelmeer mit Recht große Sorgen machte[66]. Natürlich bemühte sich William in London nach Bekanntwerden dieser Fehler um Abhilfe, und zwar mit einigem Erfolg. Werners Skepsis aber blieb bestehen. Dann trat eine neue Sorge ein: William wollte seinen neuen Kabeltyp mit einer neuartigen, ebenfalls von ihm entwickelten Maschine verlegen. Es sollte die horizontal liegende Trommel durch die Kraft einer Dampfmaschine gedreht werden. Auch hier meldete Werner erhebliche Bedenken an.

Mit sehr gemischten Gefühlen begannen die Brüder diese erste, selbst zu verantwortende Tiefsee-Kabellegung, die nun zwischen Cartagena in Spanien — wohin bereits eine Landtelegraphenlinie von Frankreich hinführte — und Oran in Algier über eine Entfernung von etwa 220 km erfolgen sollte. Ein von der französischen Regierung bestelltes Schiff, welches am 10. Dezember 1863 in Woolwich das Kabel aufnahm und danach den Namen „Dix Dcembre“ erhielt, fuhr das Kabel und die Meßinstrumente ins Mittelmeer. Anfang Januar traf sich

63 SAA BB.

64 Das älteste Gebäude von 1863 steht noch heute (1959) im Werksgelände von Woolwich, wo es Verfasser sah. Seit 1948 trägt es die Aufschrift „Sir William Siemens Building“.

65 Sie wurde 1866 aufgegeben.

66 Die Torsionserscheinungen eines solchen großen Kupferband-Kabels muß man sich vergleichsweise — wenn auch in verkleinertem Maßstabe — mit den heute üblichen Metall-Schläuchen an Wasserleitungen und dergleichen vorstellen, die bei falscher Verdrallung auch Schaden nehmen.

die Schiffsbesatzung, zu der neben Werner und William auch Frau Anne und der französische Telegraphendirekor M. de Vougy gehörte, in Oran, wo am 14. Januar 1864 die Kabellegung begann. — Der Verlauf dieser dramatischen Kabellegung ist — ebenso wie die schon behandelte im Roten Meere — in Werners „Lebenserinnerungen“[67] eingehend geschildert, weshalb wir uns an dieser Stelle auf eine knappe Zusammenfassung der Fakten beschränken können.

Die Jahreszeit — Januar — war für eine Kabellegung im Mittelmeer grundsätzlich ungünstig. Das Schiff war nach übereinstimmender Ansicht der Brüder Werner und William für die gedachte Aufgabe im Grunde ungeeignet und die riesige Drehtrommel mit senkrechter Welle, auf die das gesamte Kabel aufgewikkelt war und die William im Achterteil des Schiffes hatte einbauen lassen, erschien Werner ganz besonders gefährlich. Dieses System erwies sich denn auch als völlig verfehlt. Die Trommel lockerte sich alsbald in ihren Lagern und drohte mit ihren Schlägen das ganze Schiff zu zerschmettern. Kaum hatte man tiefes Wasser erreicht, da brach das Kabel. Man kehrte darauf nach Spanien zurück, ließ auf Weisung Werners die Trommel ausbauen und darauf das noch vorhandene Kabel in der sonst üblichen Weise in den Laderaum einschießen. Nach zwei Wochen unternahm man erneut den Versuch, dieses Mal im Hinblick auf das verlorene Kabel[68] auf der kürzeren Strecke Oran — Almeria die Legung durchzuführen. Aber das Kabel riß ein zweites Mal und nun mußte fürs erste die Expedition abgebrochen werden.

Eine Briefstelle Werners an Carl, vom 10. 2. 1864, verdient hier wiedergegeben zu werden: „Wie die Untersuchung ergab, war der Hanf an der Bruchstelle gebräunt, was uns einen Augenblick an Bosheit glauben ließ. Doch es scheint eine Schwächung durch Eisenrost gewesen zu sein. Du hast keine Idee, wie ein solcher Ruck einem durch die Glieder fährt! — Bei dem großen Sturme hatte Anne sich mit bewundertem Mut in ihr Schicksal ergeben; als aber das Kabel riß, war ihre Selbstbeherrschung nicht ausreichend; das wirkte stärker wie die Todesfurcht! Wir sind doch sonderbare Geschöpfe! . . .“[69]

Vertragsmäßig mußte das Kabel vom Unternehmer betriebsfähig abgeliefert werden und alle Hoffnung auf eine günstige Abwandlung des Vertrages wurde bald enttäuscht. Es bestand für William nur die Möglichkeit, mit einem neuen Kabel einige Monate später den Legungsversuch zu wiederholen. Dieses Mal reiste William allein. Am 12. September 1864 konnte er telegraphisch berichten, daß die Kabellegung einwandfrei geglückt sei. Aber nach einigen Stunden anstandslosen Betriebes brach auch dieses Kabel, welches — wohl infolge ungenauer Lotungen — zwischen zwei unterseeischen Felsspitzen frei gehangen und durch die Meeresströmung zerstört worden war. So endete die erste große, fir-

67 WSL, S. 146 - 157.

68 Williams Vorstellung, man könnte das gerissene Kabel wieder aufnehmen und erneut verwenden, erwies sich als unmöglich.

69 SAA BB.

meneigene Kabellegung mit einem Mißerfolg, der sich finanziell in einem Verlust von etwa 15 000 £ ausdrückte, was etwa der Hälfte des Geschäftskapitals von Siemens Halske & Co. entsprach.[70]

In treuer brüderlicher Verbundenheit hatte Werner für die Fehler Williams gerade gestanden und die Forderungen der Berliner Firma an Siemens Halske & Co. aus eigenen Mitteln reguliert. Ja, er fand in seinem an William gerichteten Neujahrsbrief für 1865 sogar sehr trostreiche und anerkennende Worte, die in dem Satz ausklangen „Mißerfolge haben ihr Gutes, weil sie vor Übermut bewahren und anspornend wirken!" Beide Brüder waren entschlossen, den Verlust so schnell wie irgend möglich durch einen größeren Gewinn wettzumachen.

Mit dem Ausgang der Cartagena-Oran-Kabellegung war Halskes Absicht, aus der Leitung der englischen Tochterfirma auszuscheiden, zur Tat gereift. Er war ein tüchiger, biederer Handwerker, der sein sauer und sauber verdientes Geld nicht durch Kabellegungen oder andere, ihm gewagt erscheinende Transferaktionen verlieren wollte. Den kühnen, flotten Unternehmungsgeist mag er in früheren Jahren bei Werner und seinen Brüdern vielleicht bewundert haben; er selbst war aber nicht in der Lage, das Geschäft so zu betreiben, das lag nicht in seiner Wesensart begründet. Im Gegenteil: jede weitere Vergrößerung des Betriebes, jede Ausweitung des Geschäftes erschienen ihm bedenklich. Die Werkstatt mit ihren Massenaufträgen, mit ihren befristeten Lieferungen, der Akkordarbeit war ihm zu unüberschaubar geworden. Sein „Künstlertum" war da nicht mehr am Platze, so empfand er es nun mit 50 Jahren. Und da er von Werner wußte, daß dieser auch schon eine Auflösung der gesamten Firma bei Ablauf der Remonteverträge 1867 ins Auge gefaßt hatte, kündigte er an, daß auch er bereit sei, zu diesem Termin aus der Berliner Firmenleitung auszuscheiden.

Für Werner, der fast zwei Jahrzehnte mit Halske als Freund und Compagnon zusammen gewirkt hatte, war diese heraufziehende Entwicklung vom Menschlichen her bitter und schmerzlich. Halske war im Laufe der Jahre ein Bourgeois geworden, und der Wagemut des Unternehmens war nicht seine Sache. So mußten sich die Wege durch Halskes Entschluß — zunächst mindestens in bezug auf die englische Firma — trennen. Im Jahre 1865 fiel der Name „Siemens Halske & Co." und als Firmenbezeichnung trat nun an seine Stelle „Siemens Brothers".

---

70 Ehrenberg, S. 171.

3. Siemens Brothers — Das Gesamtgeschäft

a) Das Familien-Unternehmen. Die Indo-Linie

Das Ausscheiden Halskes aus dem englischen Geschäft hatte eine grundlegende Änderung gebracht. 1860 hatte man die Verbindung mit Newall aufgelöst, nun war auch Halske — der das Risiko der englischen Filiale nicht mehr mitverantworten wollte — ausgeschieden. Gesellschafter waren jetzt nur noch Werner und William Siemens. Die am 1. Januar 1865 neu konstituierte Gesellschaft nahm bald darauf einen neuen Namen an, „Siemens Brothers". Diese Firmierung war klar und spiegelte die Besitzverhältnisse wider, sie ließ auch die Möglichkeit eines späteren Beitritts von Bruder Carl offen, der dann drei Jahre später, nach Ablauf der russischen Remonteverträge, erfolgen sollte.

Die Neuordnung trug nicht nur Halskes Absicht Rechnung, sie war auch erforderlich, um künftighin zügiger geschäftliche Entschlüsse zu fassen. William war froh, nun nicht mehr dreierlei Meinung einholen zu müssen, sondern allein mit Werner Entscheidungen so oder so zu treffen. Auf der Konkurrenzseite hatte sich auch manches verändert. Wir hörten schon, daß Newall & Co. das Kabelgeschäft aufgegeben hatte. Demgegenüber trat nun seit 1859 Henley mit Kabellegungen stärker in Erscheinung, so zum Beispiel 1862 mit der Legung des Persian Gulf-Cables Buschir-Kurachee, welches im Auftrage der englischen Regierung von Siemens-Leuten gemessen und gut befunden wurde. Ganz besonders aber hatte sich Glass Elliott & Co. entwickelt, nicht zuletzt durch die Betriebsführung des Malta-Alexandria-Kabels, welches fast William zugefallen wäre, wenn man in Berlin nicht Bedenken geäußert hätte. 1864 hatten sich die 1846 gegründete Guttapercha-Co. und Glass Elliott & Co. zur machtvollen Telegraph Construction and Maintenance Co. (kurz: Telco) zusammengeschlossen. In Verbindung mit den nach dem Sezessionskrieg sogleich wieder aufgenommenen Bemühungen Cyrus Fields um das Transatlantikkabel war die Telco als alleinige Lieferfirma des Kabels zu einem Auftrage gekommen, der ihr nach außen hin eine Führungsstellung auf dem Seekabelgebiet gab.

Bevor wir der Darstellung über die Entwicklung des englischen Siemens-Unternehmens fortfahren, ist es nötig, einmal die großen verkehrstechnischen Projekte jener Zeit zu beleuchten. Sie alle waren bestimmt von dem Bedürfnis, die großen Länder wie die fernen Erdteile einander näher zu bringen. Das begann zunächst mit der Gründung transatlantischer Dampfschiffahrts-Reedereien, unter denen die Cunard-Linie (gegr. 1838) die älteste ist. Zehn Jahre später, 1847, nahm die HAPAG — zunächst noch mit Segelschiffen — ihren Amerika-Dienst auf. Etwa ein weiteres Jahrzehnt später, also um 1856, wollte man mit einem anderen „Verkehrsmittel" die Erdteile näher zusammenrücken: es entstanden die ersten ernst zu nehmenden Projekte des atlantischen wie auch des anglo-indischen Telegraphen. Daß der Zeitpunkt noch etwas zu früh war, beweist der Mißerfolg des ersten Transatlantikkabels, welches 1858 nach vierwöchiger Tätigkeit stumm wurde und blieb. Erst 1866 gelang es Cyrus Field, ein erstes dauerhaftes und erfolgreiches Atlantikkabel mit dem Riesendampfer „Great Eastern" zu legen. Der Verbesserung der Verkehrslage zwischen England und Frankreich sollte der Bau eines Straßen- und Eisenbahntunnels unter der Meerenge von Dover-Calais dienen, wie er in verschiedenen Entwürfen von Thomé de Gamond,[1] einem französischen Ingenieur, entwickelt und in den Siebziger Jahren tatsächlich begonnen worden war.[2] Im gleichen Sinne sollte der Mont-Cenis-Tunnel geographische Hinternisse für den Weltverkehr beseitigen helfen. Diesem ersten Alpendurchstich folgte bald der Bau des noch gewaltigeren St. Gotthard-Tunnels und am Ende des Jahrhunders der Bau des nahezu 20 km langen Simplon-Tunnels. In Nordamerika überwand man die große Landmasse zwischen New York und San Francisco durch den Bau des ersten transamerikanischen Schienenstranges, der Union Pacific Railroad, die am 10. Mai 1869 festlich in Betrieb genommen wurde und als Triumph der Technik über Raum und Zeit galt.[3] Im gleichen Jahre noch beendete Ferdinand de Lesseps den Bau des Suez-Kanals, durch den der Seeweg von Europa nach Indien erheblich verkürzt wurde.

Die sechziger Jahre waren eine Zeitspanne der Verwirklichung gewaltiger geotechnischer Projekte, die unser Weltbild maßgeblich veränderten und allen Menschen die Bedeutung und die Möglichkeiten moderner Technik eindringlich vor Augen führten. Die Brüder Siemens waren bestrebt, auf ihrem Arbeitsgebiet entschieden an der Verbesserung des Weltverkehrs mitzuwirken. Und ihr Beitrag, die Herstellung einer großen, direkten Überland-Telegraphenverbindung von England nach Indien in den Jahren 1868 - 1870 fügt sich würdig ein in die Serie der hier genannten Fortschritte. Durch die Indo-Linie war es möglich, nahezu 11 000 km weit auf direktem Wege zu telegraphieren, zwischen London und Calcutta.

Der Sepoy-Aufstand im Jahre 1857, den die Engländer blutig niedergeschlagen hatten, wurde von Politikern und Geschäftsleuten in London als ein Signal dafür verstanden, daß es nun an der Zeit sei, schnelle Nachrichtenverbindungen nach Indien zu schaffen. Wie, das war den meisten wahrscheinlich noch nicht ganz

---

1 Joseph Aimé Thomé de Gamond (1807 — 1876), französischer Hydrotechniker und Schöpfer des ersten technisch reifen Kanaltunnel-Projektes, für das er seit 1833 kämpfte. Jahrbuch der Erfindungen, Leipzig 1877, S. 453.

2 Der Grund für den Abbruch der Tunnelbau-Arbeiten 1883 ist in politischen Differenzen zwischen England und Frankreich zu erblicken. S. v. Weiher, Franzosen wollten den Tunnel bauen — Geschichte der Kanaltunnel-Projekte, in: Brüsseler Zeitung, vom 25. März 1942.

3 S. v. Weiher, Union-Pacific. Entwicklung der ersten transamerikanischen Eisenbahn, in: (Zeitschrift) „alles", Baden-Baden, Februar 1950, S. 89 - 95.

klar. Indien war damals noch von der Ostindischen Company verwaltet worden; es ging nun in den Besitz des britischen Reichsverbandes über und wurde 1877 zur Kronkolonie erklärt. Damit war die Königin von England, Victoria, Kaiserin von Indien geworden.

Wie schon in einem früheren Kapitel berichtet, fanden bereits 1856 zwischen den Brüdern Siemens und Dr. O'Shaughnessy, dem Leiter der indischen Telegraphen, die ersten Besprechungen über die mögliche Linienführung und den Betrieb eines großen Überland-Telegraphen nach Indien statt. Daß dieses Projekt damals nicht weiter verfolgt wurde, hing wohl ursächlich damit zusammen, daß man nach den erfolgreichen Seekabellegungen im Mittelmeer sich entschloß, den ausnahmslos englischer Kontrolle unterstehenden Seeweg für eine Submarine-Telegraphenverbindung nach Indien zu wählen, statt über fremde Länder auf Freileitungen zu telegraphieren, wo immer wieder einmal durch politische oder militärische Ereignisse die Verbindung in Frage gestellt sein würde. Der Ausfall des Roten-Meer-Kabels kurze Zeit nach seiner Fertigstellung erwies jedoch die Fragwürdigkeit jener Überlegung.

1862 bereiste der englische Major Stewart[4] Persien und Kleinasien, um die Linienführung für eine in Aussicht genommene Landtelegraphen-Linie nach dem Orient zu erkunden. Im nächsten Jahre nahm Stewart im Auftrage seiner Regierung und technisch unterstützt durch einige Siemens-Beamte den Bau einer türkisch-persischen Telegraphenlinie auf, die dann von Teheran noch fortgeführt wurde bis Bushir am Persischen Golf. Hier war — wie wir schon gehört haben — 1862 eine Seekabel-Verbindung nach Kurachee und damit ein Anschluß an das indische Telegraphennetz geschaffen worden. Im gleichen Jahre 1862 hatten Werner und Carl Siemens die russische Regierung veranlaßt, eine Telegraphenlinie vom Kaukasus über Tiflis nach Teheran zu legen. Somit bestanden bei Fertigstellung der englischen und russischen Linienbauten 1865 bereits zwei Überland-Linien nach Indien.[5] Rasch bürgerte sich die Gewohnheit ein, indische Baumwolle telegraphisch zu bestellen und wichtige Geschäftskorrespondenz telegraphisch zu führen, wodurch das Risiko sehr verringert, die Schnelligkeit der Umsätze außerordentlich vergrößert wurden.[6]

Nach kurzer Zeit der Betriebsführung auf der russischen wie auf der englischen Linie konnte über den technischen und wirtschaftlichen Wirkungsgrad geurteilt werden. Der eine wie der andere waren schlecht. Die Depeschen brauchten auf beiden Wegen lange Zeit, oft sogar Wochen, und gelangten dann womöglich

4 Patrick Stewart (1832 - 1865), Anglo-indischer Offizier, seit 1858 Major des bengalischen Geniekorps. War seit 1853 ständiger Vertreter von Dr. William O'Shaughnessy in der Leitung der indischen Telegraphie. 1863 wurde er Direktor des anglo-indischen Telegraphen, dessen Linienführung durch Persien er im Jahre 1862 recognosciert hatte. DNB Supp. III, 1901, p. 358 - 360.

5 Telegraph Map of the Eastern World in: The Illustrated London News, 8. July 1865. Originalabdruck in SAA 36 / Lh 835.

6 Ehrenberg, S. 175 - 176.

verstümmelt oder verfälscht zu ihrem Empfänger. Das englische Parlament bestellte daraufhin eine Untersuchungskommission, die diesen unzulänglichen Betrieb in einem Bericht[7] darstellte. Interessant ist die Tatsache, daß trotz der festgestellten Mängel diese Nachrichtenverbindung doch immer wieder gewählt wurde, obschon die Gebühr von 5 £ für eine Depesche von 20 Worten recht hoch war. Auf der türkisch-persischen Linie, die die Engländer gebaut hatten und die jedenfalls technisch etwas besser war als die nördliche russische, wurden in den Jahren 1865 und 1866 täglich rund 200 Depeschen befördert.

Diese Nachrichten veranlaßten die Brüder Siemens, eine neue Überlandverbindung mit Indien, nach grundsätzlich sinnvolleren technischen und wirtschaftlichen Gesichtspunkten in Vorschlag zu bringen. Werner erkannte wohl als erster der Brüder die sich hier eröffnenden Geschäftsmöglichkeiten. William schrieb am 2. 9. 1865 an Werner: „Laß die Sache nur ja tüchtig betreiben. Es wird bei weitem das beste Unternehmen sein, was wir je gehabt haben und vielleicht haben werden. Für eine Linie von London nach Teheran will ich mich anheischig machen, hier das Geld schnell zusammenzubringen; das Unternehmen wird großartig verdienen und außerdem großes geschäftliches Ansehen für uns schaffen".[8] Nur mit Begeisterung und gutem Willen war dieses gewaltige Vorhaben indessen nicht zu schaffen. Die von den Brüdern Siemens vorgesehene Streckenführung würde über englisches, preußisches, russisches und persisches Gebiet führen. Jede Regierung mußte zunächst einmal um eine Konzession ersucht werden. Bei der allgemeinen politischen Situation, wie sie in den sechziger Jahren bestand, waren die Aussichten nicht einmal ungünstig. Trotz allem stand und fiel das Gesamtprojekt mit den Genehmigungen.

Carl an William, 6. 10. 1865: „Es ist nicht möglich, das Geschäft in der Weise, wie Du es aufzufassen scheinst, zu machen, weil die russische Regierung niemals einer englischen Gesellschaft den Betrieb ihrer eigenen Linien übertragen wird. Sie ist nicht abgeneigt, uns, welche sie kennt und zu welchen sie Vertrauen hat, damit zu betrauen, aber Fremde wird sie nicht zulassen . . . Die russische Regierung ist zur Zeit gewiß die einflußreichste in Persien und wird von dieser Seite darauf hinarbeiten, daß die Perser der Pariser Konvention[9] beitreten, also die reduzierten Tarife annehmen. — England ist nicht Freund, sondern Konkurrenz, es wünscht nicht, daß die englischen Depeschen über Rußland gehen".[10]

Fürs erste erschien die Verhandlungsbasis in Rußland günstig. Auch William erkannte, daß seine vermeintlichen Beziehungen, in Persien vorwärts zu kommen,

[7] Report from the select committee on East India Communications together with the proceedings of the committee, minutes of evidences and appendix ordered by the House of Commons to be printed 20. Juli 1866.

[8] SAA BB; Ehrenberg, S. 177.

[9] 1865 fand in Paris eine internationale Telegraphenkonferenz statt, die sich besonders mit der Angleichung der verschiedenen Depeschentarife befaßte. Am 17. 5. 1865 wurde bei dieser Gelegenheit der Welttelegraphenverein gegründet.

[10] SAA BB; Ehrenberg, S. 177.

nicht sehr aussichtsreich wären. Dagegen begünstigte der inzwischen verhandelte Report der Untersuchungskommission das Vorgehen der Brüder. Der Report forderte eine einheitliche europäische Verwaltung für den Telegraphenverkehr nach Indien und stellte bei Einrichtung einer gut funktionierenden Telegraphenverbindung eine unabsehbare weitere Entwicklung des Depeschenverkehrs in sichere Aussicht. Major Champain, der in London als Bearbeiter der türkisch-persischen Linie in dieser Untersuchungskommission ein gewichtiges Wort mitzureden hatte, empfahl, die Direktion der durch Rußland zu führenden Linie aus diplomatischen Gründen der Verwaltung einer wohlbekannten Londoner Firma anzuvertrauen, womit er sich auf Siemens bezog.

Der Kriegsausbruch von 1866 unterbrach für mehrere Monate weitere Verhandlungen. Im Oktober 1866 wurde General v. Lüders als Nachfolger Guerhardts russischer Telegraphendirektor. Mit ihm hatten die Brüder Siemens bereits seit dem Jahre 1850 Fühlung; Lüders war der Firma Siemens & Halske durchaus freundlich gesonnen, und mit seiner Unterstützung hoffte man, in der Frage der russischen Konzession schon weiterzukommen. Als Carl jedoch berichtete, daß Lüders keine Initiative ergreife, um das Unternehmen bei seinem vorgesetzten Minister, dem Grafen Tolstoi, zu empfehlen, entschloß sich Werner, in Berlin zunächst bei dem Obersten v. Chauvin[11], dem Leiter der preußischen bzw. nun norddeutschen Telegraphie vorstellig zu werden. Werner an Carl, 24. 1. 1867: „Ich habe gestern Chauvin vorgeschlagen: 1. Wir bilden eine Gesellschaft für eine London-Teheran-Linie mit ca. zwei Millionen (Taler) Kapital. 2. Die Gesellschaft baut eine direkte submarine Linie von London (bis) zu einem preußischen Küstenpunkte (Helgoland, Holstein oder Jadebusen) und eine zweite von der Krim nach Suchum-Kaleh. 3. Die preußische und die russische Regierung verpflichten sich, der Gesellschaft zwei (nach Bedarf künftig mehr) direkte 5 mm dicke Leitungen im Anschluß an die submarinen Linien zu bauen, die ausschließlich für die direkte Korrespondenz dienen, die russische Regierung bis Teheran. 4. Die Gesellschaft verpflichtet sich, der preußischen und russischen Regierung die Mittel zur Anlage dieser Linien, wenn sie es verlangen, zu zahlen. 6. Dieses Geld wird zu 6 % verzinst und amortisiert aus den Einnahmen der betreffenden Linien, welche die Regierung erhält, nach Bestreitung ihrer vorher anzugebenden Remontekosten, also ohne alles Risiko für die Regierung. Die preußische und russische Regierung erhalten ihre vollen tarifmäßigen Beförderungsgebühren für alle durchgehenden Depeschen. Die englische Regierung verpflichtet sich zu einer wesentlichen Herabsetzung ihres Tarifs nach Fertigstellung der neuen Linie. 7. Die Telegraphenbeamten etc. bleiben im Dienste der russischen Regierung. Die Gesellschaft liefert alle Apparate auf ihre Kosten und remontiert sie fortwährend, zu dem Zwecke stellt sie auf jeder Translationsstation einen Mechaniker

[11] Franz Alphons Desiderius von Chauvin (1812 - 1898), Preußischer Ingenieuroffizier. 1856 wurde er als Nachfolger Nottebohms Chef der preußischen Staatstelegraphie. Mit Siemens & Halske unterhielt er ein gutes Verhältnis. E. Feyerabend, Handwörterbuch des elektrischen Fernmeldewesens, Berlin 1929, Bd. 1, S. 200.

an, der jedoch unter Kommando des betreffenden Stationschefs bleibt. 8. Die Konzession und die Verträge werden auf 25 Jahre abgeschlossen. — Ich denke, die russische Regierung muß hierauf eingehen, da sie ohne eigenes Geld sehr einträgliche Linien erhält, ohne alles Risiko. Will sie uns Bau und Remonte (S&H St. Petersburg) übertragen, so hat sie auch gar keine weiteren Scherereien davon. Sie behält volle Macht und Einsicht in alle Sachen und Depeschen und kann ihre vorhandenen Linien zur Lokal-Korrespondenz benutzen. — Ich bin überzeugt, daß sich bei schneller und sicherer Beförderung der Depeschen — und dafür wollen wir schon sorgen — die Zahl der täglichen indischen Depeschen bald auf etliche Tausend täglich belaufen wird. Mit Schnellschreibern, von denen stets 1 Draht hin- und einer herarbeitet, läßt sich eine solche Zahl (ich denke gut 2 000 p. Draht) leicht bewerkstelligen. Die Einnahmen können also bald kolossal werden und den Regierungen wie der Gesellschaft großen Gewinn bringen. — Ich freue mich besonders darauf, mal eine lange Normallinie herzustellen und in Gang zu bringen, welche zeigt, was die Telegraphie jetzt wirlich zu leisten imstande ist. — Suche doch zu ermitteln, ob General Lüders diesem Plane nicht prinzipiell abgeneigt ist und welches der richtige Weg ist, dort vorzugehen. Chauvin hat ihn rückhaltlos adoptiert und will auch für seinen Minister einstehen . . . Geldbeschaffung anlangend, so ist der Prospektus brilliant, da gar nicht daran zu zweifen ist, daß wir allein hier in Berlin sogleich das Geld bekommen. Ich ziehe aber eine limitierte Kompagnie vor, mit wenigen Teilnehmern und ja nicht unter 100 000 Taler Einzahlung. Ich glaube, es wird leicht sein, in Berlin, Petersburg und London auf diese Weise das Geld zusammenzubringen. Das würde die Sache ganz in unserer Hand lassen."[12]

General Lüders war den Brüdern Siemens durchaus wohlgesonnen, und es war auch grundsätzlich seine Absicht, ihren Plan zu fördern. Aber er konnte, erst wenige Wochen im Amt, so forsch noch nicht auftreten, um bei dem Grafen Tolstoi den entscheidenden Schritt zu tun. Carl aber ließ nicht locker, er schrieb am 28. 3. 1867 an Werner: „Heute war ich mal wieder bei Lüders und habe ihn in Feuer und Flammen für die indische Linie gefunden. Tolstoi hat schon von der preußischen und sogar von der englischen Gesandtschaft Vorstellungen erhalten . . . die Konzessionierung scheint hier durchzugehen, aber nur, wenn Preußen dasselbe tut."[13]

Unterdessen kam auch William in England einen Schritt weiter. Werner hatte von der englischen Regierung eine schriftliche Zusage erbeten, darin sie sich bereit erklären solle, der Firma Siemens in England, Persien und Indien jede tunliche Hilfe zu gewähren, auch ihre eigenen Tarife herabzusetzen, wenn das Unternehmen zustande käme.

Der englischen Eigenart und Diplomatie entsprechend wurde eine im Ganzen unverbindliche Antwort erteilt. Doch William riet Werner, sich damit zu begnü-

[12] SAA BB.

[13] SAA BB; Ehrenberg, S. 185.

gen. William an Werner, 16. 3. 1867: „Es wundert mich eben nicht, daß du die Versprechungen der englischen Regierung unzureichend findest ... Es ist sehr viel gewonnen, daß das Ministerium in direkte Korrespondenz mit uns getreten ist und die Forderungen im Prinzip anerkannt hat. Ein englischer Minister tut nie mehr, aus Furcht, seinen Nachfolger zu kompromittieren; aber mit Champain für uns ist dies als absolutes Versprechen zu betrachten.“[14]

Gegen Ende April 1867 trafen in St. Petersburg Champain (England), v. Chauvin (Preußen) und v. Lüders (Rußland) zusammen, um in Schlußverhandlungen über die Konzessionierung der indischen Linie einzutreten. Auf der Grundlage einer von Werner herrührenden Denkschrift des preußischen Gesandten kam man ein gutes Stück weiter. Champain versuchte durch die Feststellung, die englische Regierung werde die Gebühr der persisch-indischen Strecke auf die Hälfte reduzieren, dem russischen Vertreter eine ähnliche Geste nahezulegen. Aber v. Lüders war gebunden und beharrte bei der Taxe von 5 Frcs. pro Depesche zu 20 Worten. Wenn auch die Verhandlungen noch keineswegs beendet waren, so stand doch so gut wie fest, daß Rußland mitmachen würde. Fürst Gortschakoff, damals Kanzler des russischen Reiches, und dann auch der Kaiser entschieden sich schließlich aus politischen Gründen zur Erteilung der Konzession.

Am 24. 5. 1867 konnte Werner einen ausführlichen Brief mit Detailangaben über den Abschluß der Verhandlungen mit Rußland an William senden, der das Thema mit folgenden Sätzen abschloß: „Soviel ist sicher, daß Preußen wie Rußland und England den lebhaften Wunsch, sogar die bestimmte Absicht haben, die direkte Linie England-Indien zustande zu bringen und daß sie manche Opfer bringen werden, um die Sache durchzuführen. — Wir müssen jetzt entscheidende Schritte tun. Uns jetzt zurückzuziehen, ist wirklich gar kein Grund vorhanden.“[15]

Nun war noch eine Vereinbarung mit Reuter und der Electric and International Telegraph Co. zu treffen. Beide besaßen Unterseekabel durch die Nordsee. Reuter und die Electric Co. hatten ausschließliche Landungsrechte für ihre Kabel an der preußisch-hannoverschen Nordseeküste. Sie unterhielten gemeinsam ein Kabel zwischen Lowestoft und Emden, welches sie für den Zweck der Indo-Europäischen Telegraphenverbindung zur Verfügung stellten. Als Preis für die Durchgangsverbindung London-Lowestoft-Emden sollte ihnen die zu errichtende Indo-Gesellschaft pro Depesche zu 20 Worten 4,5 Francs entrichten, worauf die Brüder Siemens eingingen.

Das schwierigste Problem jedoch, welches noch zu lösen war, bildete die persische Konzession. Hier sollte sich Walter Siemens bewähren, jener jüngere Bruder, von dem wir schon gehört hatten, daß William ihn sich 1858 zur Seite stellen wollte. Walter saß schon seit einigen Jahren in Tiflis, wo er die Interessen seiner Brüder beim Ausbau des russischen Telegraphennetzes im Kaukasus,

14 SAA BB.
15 SAA BB.

daneben das 1864 von Werner und Carl erworbene Kupferbergwerk Kedabeg betreute und überdies als Konsul die Interessen Preußens (bzw. des Norddeutschen Bundes) in Tiflis vertrat.

Die Mission, die man Walter übertrug, war von besonderer Wichtigkeit; sie verlangte viel diplomatisches Geschick und dazu Kenntnis orientalischer Handelssitten. Nun hatte Walter, im Kaukasus lebend, schon mancherlei über persische Sitten und Geschäftspraktiken gehört, die so sehr verschieden gegenüber denjenigen im Kaukasus nicht waren. Carl schrieb über dieses Thema manch launigen Satz an Werner, als man sich mit der Vorbereitung von Walters Reise näher zu befassen hatte. Einige dieser Briefstellen mögen dies illustrieren: 15. 7. 1867: „Der Schah hat seinem Onkel, welcher Telegraphenminister (ist), alle persischen Linien geschenkt und letzterer würde sie gern gegen Geld losschlagen . Viel Geld auf einmal zu zahlen, soll nicht ratsam sein, weil der Herr Onkel sehr verschwenderisch ist, und er könnte unser Feind werden, wenn er alles Geld totgeschlagen und nichts mehr von uns zu kriegen hat." 27. 7. 1867: „Walter muß sich nun aber mit Geschenken introduzieren; das ist so die orientalische Sitte ... Blank müssen die Geschenke sein ... glänzend, nach viel aussehend, aber leicht transportierbar. Ein persischer Minister soll sogar sein Zimmer mit europäischen Wagenlaternen ausstaffiert haben ..."[16]

Mitte Oktober 1867 reiste Walter, zu Pferde 1 700 Werst weit, von Tiflis nach Teheran. Nach der Ausstattung und dem Troß, den er mitführte, hätte man ihn für einen Botschafter halten können. Seine Stellung als norddeutscher Konsul kam ihm bei dieser Mission sehr zustatten. Als er in Teheran eintraf, war er bereits über Carls Vermittlung durch den russischen Geschäftsträger bei den persischen Regierungsstellen bestens avisiert. Das erleichterte ihm das Auftreten in einer ihm ungewohnten, fremden Welt ungemein. Inzwischen versuchten die Engländer, die Perser für eine Linie Bender Abbas nach Bushir zu begeistern. Da aber seit alter Zeit der russische Einfluß in Persien vorherrschte, zeigte man sich wenig geneigt, diesem Projekt der Engländer näherzutreten. Statt dessen war man recht aufgeschlossen, als man — den persischen Gefühlen Rechnung tragend — in Erwägung zog, Bau und Betriebsführung einer privaten, neutralen Unternehmung zu übertragen. So war der Zeitpunkt für Walters Besuch besonders günstig, obschon die Verhandlungen, die er zu führen hatte, sich wochenlang hinzogen.

Das Interesse der Perser an den verschiedenen Telegraphenlinien bestand einmal in der willkommenen Einnahmequelle, da Geld dort zu Lande stets Mangelware war, zum andern in der Aufrechterhaltung einer dem Hofe dienenden Lokalkorrespondenz. Ali Kuli Mirza, der besagte Onkel des Schahs, der „Telegraphen-Prinz", war durchaus interessiert, daß die von den Russen vor Jahren gebaute Linie Djulfa-Teheran mit den von Rußland bereits ein zweites Mal (!) gelieferten

16 SAA BB.

Materialien wieder aufgebaut werde. Schwierig wurden die Verhandlungen aber über die Frage der Benutzungsrechte dieser zu remontierenden Linie. Gegen Jahresende 1867 hatten Walters Bemühungen endlich Erfolg: Die Brüder Siemens konnten eine neue Linie Djulfa-Teheran neben der alten verfallenen bauen gegen die Verpflichtung, den innerpersischen Telegraphenverkehr kostenlos zu übernehmen und für jedes Transit-Telegramm zu 20 Worten eine Abgabe von 10,5 Francs zu entrichten.

Interessant waren die Beobachtungen Walters über das Verhalten der Russen und Engländer in Teheran. Der russische Geschäftsträger Senowieff tat alles mögliche, um Walter zu helfen, begleitete ihn überall und lud Leute, mit denen er zu konferieren hatte, zu Tisch. Walter sprach auch zuversichtlich die Hoffnung aus, man werde an Senowieff künftighin eine sichere Stütze haben. Sein Urteil über die Engländer war wesentlich nüchterner. Walter an Werner, 10. 1. 1868: „Ich überzeugte mich immer mehr, daß die Verwaltung auf den englischen Linien eine durchaus lässige ist. Die Chefs, Goldsmid, Champain, Smidt sind immer auf Reisen und jetzt schon seit längerer Zeit alle drei außer Landes. Dabei erhalten sie Gehälter von 5 000 und 3 000 £, die unteren Beamten im Verhältnis“.[17]

Über die Perser sprach Walter mit größerer Befriedigung als am Anfange seines Besuches, als er sie noch nicht richtig zu beurteilen verstanden hatte:

„Die Perser haben mit Russen und Engländern jetzt viel Verdruß gehabt, wohl meist aber nicht immer durch ihre Schuld. Sie sind sehr mißtrauisch gegen beide und daher sehr geneigt, mit uns zu verhandeln. Es ist mit der persischen Regierung sehr gut auszukommen, wenn man kein Geld von ihr verlangt“.

Walter wurde im Verlaufe seiner Mission auch dem Schah vorgestellt. Einige etwas respektlose Bemerkungen in seinen Berichten über den Schah, z. B. „er ist ein ganz gemütlicher Kunde“ lassen erkennen, daß es mit dem Nimbus dieses orientalischen Potentaten — jedenfalls für Europäeraugen — nicht weit her gewesen sein mag. Es war durchaus im Sinne des Protokolles, daß Walter bei der Abschiedsaudienz dem Schah „namens des Hauses“ zwei Jagdgewehre sowie eine Schreibtischgarnitur schenkte. Im ganzen gab er für Geldgeschenke etwa 1 300 £ aus, was er mit Recht als verhältnismäßig wenig bezeichnete. Der Schah unterzeichnete die Konzession am 10. Januar 1868, und damit hatte Walter seine Aufgabe erfüllt. Mitte Januar 1868 kehrte Walter Siemens wieder nach Tiflis zurück.

Mit der persischen Konzession war auch die russische rechtskräftig geworden, und mit dem Bau konnte begonnen werden.

Am 9. April 1868 wurde die „Indo-European Telegraph Company“ als eine Aktiengesellschaft englischen Rechts in London mit einem Kapital von 450 000 £ Sterling gegründet. Der gleichzeitig herausgegebene Prospekt[18] erläuterte dem

---

17 SAA BB.

zeichnungslustigen Publikum die Geschäftsgrundlage. Nach den Beschlüssen der Internationalen Telegraphenkonferenz hätten sich die beteiligten Länder dahingehend geeinigt, daß eine Depesche von 20 Worten von England nach Indien nicht mehr als 87,5 Frcs kosten dürfe. Die Abgaben würden sich dann folgendermaßen verteilen:

Reuter und Electric Co.	London-Emden	4.50 Frcs.
Preußen	Emden-Thorn	2.50 Frcs.
Rußland	Thorn-Djulfa	5.00 Frcs.
Persien	Djulfa-Teheran-Bushir	10.50 Frcs.
Kabel Bushir-Kurachee		24.50 Frcs.
Indien (Pauschalbetrag)		11.25 Frcs.
	Summa	58.25 Frcs.

Somit würde die Gesellschaft 29.25 Frcs. für sich buchen können. Bei Zugrundelegung von 200 Depeschen je Tag und den voraussichtlichen Einnahmen aus dem innerrussichen Verkehr ergäbe das, bei vorsichtiger Schätzung, jährlich etwa 3 712 500.00 Frcs. Betriebs- und Unterhaltungskosten pro Jahr dürfe man mit 1 500 000.00 Frcs. veranschlagen, so daß sich ein Gewinn von 2 212 500.00 Frcs. bzw. 88 500 £ Sterling zur Verteilung an die Aktionäre ergäbe. Bei dem zu erzielenden Aktienkapital von 450 000 £ wären das nahezu 20 % Dividende.

Diese Kalkulation war einleuchtend. Die Engländer, bei denen man eigentlich das größte Interesse an dieser Gesellschaft hätte erwarten können, verhielten sich kühl und abwartend.[19] Aber auf dem Kontinent, insbesondere in Norddeutschland, war demgegenüber die Beteiligung sehr lebhaft. Es gelang Werner Siemens, das ganze Kapital ohne Vermittlung von Bankhäusern in wenigen Tagen zu beschaffen. Die Siemens-Firmen in Berlin, London und St. Petersburg hatten selbst als Garantieleistung für guten Bau und guten Betrieb der Linie auch ein Fünftel der Kapitalsumme übernehmen müssen.

Die Konzessionsrechte, die sie in den verschiedenen Ländern erwirkt hatten, übertrugen die Brüder Siemens nun der neuen Gesellschaft und übernahmen dafür von dieser den Bauauftrag für eine Pauschalsumme von 400 000 £ Sterling. Gleichzeitig übernahmen sie die Unterhaltung der Linie für einen Jahresbetrag von 34 000 £, zunächst auf die Dauer von 12 ½ Jahren, bei Nichtkündigung auf weitere 12 ½ Jahre.

Das, was William drei Jahre zuvor prophezeit hatte, war eingetreten: die Indo-Europäische Telegraphenlinie wurde das größte Geschäft, welches die Firma bis dahin abgeschlossen hatte.

---

18 SAA 35 / Lk 232. Fotokopie als Anlage 5, S. 188.

19 Das hing jedenfalls damit zusammen, daß gleichzeitig eine neue Gesellschaft, die British Indian Telegraph Co. Anstalten machte, mit dem Riesenschiff „Great Eastern" das Rote-Meer-Kabel zu erneuern.

Nun stand, nachdem die Konzession erteilt und das Kapital gesichert waren, dem Bau der Linie nichts mehr im Wege. Auf der 4 700 km langen, speziell zu errichtenden Strecke Thorn — Teheran wurde an mehreren Stellen gleichzeitig mit der Arbeit begonnen. Es war jedoch darauf Rücksicht zu nehmen, daß man in Rußland praktisch nur im Sommer den Bau zügig voranbringen konnte, wohingegen in Persien — wegen der zu großen Sommerhitze — im Winterhalbjahr der Schwerpunkt der Arbeiten liegen mußte.

Werner an William, 27. 2. 1868: „Unsere ganze Aufmerksamkeit muß dahin gerichtet sein, bis Anfang Juli d. J. das gesamte Linienmaterial für Persien zur Verschiffung zu bringen. Es wird dann mit Ende des Sommers (Oktober) an der persischen Küste[20] sein. Wir können den Linienbau in Persien dann im nächsten Winter unter günstigen Verhältnissen durchführen. Gelingt es nicht, bis Ende Juli das persische Material zu verschiffen, so muß es in Nishnij Nowgorod überwintern und kann erst im nächsten Sommer in Persien eintreffen. In der heißen Zeit kann man nicht bauen; wir würden daher erst frühestens Ende 1869 mit der persischen Linie fertig werden. Das hätte noch den Nachteil, daß wir auf der ganzen Linie gleichzeitig bauen müssen, also mit sehr vielen Leuten etc. Es hängt also alles von rechtzeitiger Herstellung des persischen Materials ab".[21]

Nachdem alle Einzelheiten des Bauplanes und des zeitlichen Ablaufes der einzelnen Phasen im Juni 1868 in einer mehrtägigen Konferenz in Berlin bei Werner Siemens mit den Vertretern der Indo-Gesellschaft, v. Chauvin, v. Lüders, Löffler und den verschiedenen Bautrupp-Führern durchgesprochen und festgelegt waren, konnte mit dem eigentlichen Bau begonnen werden.[22]

Besondere Schwierigkeiten bereitete das Transportproblem für die nach Persien bestimmten Güter. Die dort erforderlichen Eisenmasten,[23] Leitungsdrähte — man verwendete auf der Überlandlinie 6 mm starke Eisendraht-Doppelleitungen — und Isolatoren gelangten über den Seeweg von England nach St. Petersburg und von da per Bahn nach Nishnij-Nowgorod. Dann wurde mit Flußkähnen die Fracht Wolga-abwärts gebracht. Ab Astrachan erfolgte per Seeschiff der Transport von Norden nach Süden über das Kaspische Meer nach Persien. Von Rescht aus mußten die Lasten mit selbstentwickelten Spezialwagen — die in zerlegtem Zustande mitgeführt wurden — über das unwegsame Elburs-Gebirge auf die iranische Hochebene geschafft werden. Das Gewicht des Leitungsdrahtes für den persischen Bauabschnitt betrug allein 10 000 Zentner; dazu wären also noch zu addieren die (unbekannten) Gewichte der eisernen Leitungsmasten und der Isola-

---

20 Bei Rescht und Astara am Kaspischen Meer.

21 SAA BB.

22 William konnte selbst nicht an der Konferenz teilnehmen, da er mit wichtigen Entwicklungsarbeiten am Siemens-Martinstahl-Prozeß in seinem Stahlwerk Landore gebunden war. Ihn vertrat Löffler.

23 In Polen verwendete man Fichten, im südl. Rußland besonders Eichen als Telegraphenmasten. Für das kaukasische und persische Gebiet hatte man sich für eiserne Masten entschieden. Insgesamt waren 70 000 Telegraphenmasten für die Indo-Linie zu liefern.

toren. Den Bauleitern der drei Abschnitte, Rußland, Kaukasus und Persien hatte Werner Siemens in klarer Erkenntnis der vielen unberechenbaren Faktoren einer solchen Aufgabe weitgehende Selbständigkeit in ihren Arbeitsdispositionen zugestanden. Er konnte das mit dem Gefühl absoluter Verläßlichkeit tun, da all diese Männer sich bereits in kritischen Situationen, sei es in Rußland, sei es auf dem Mittelmeer, bewährt hatten.

Sehr umstritten war die Linienführung an der östlichen Schwarzmeerküste. Das kaukasische Küstengebirge fällt dort auf weite Strecken steil ins Meer ab, und zu jener Zeit bestand dort in dieser von wilden Räuberstämmen unsicheren Gegend noch nicht einmal eine halbwegs vernünftige Straße, an der entlang man eine Telegraphenlinie mit der Möglichkeit einer Remontierung hätte anlegen können. So entschied man sich schließlich, die Verbindung von Suchum bis zum östlichen Ende des Schwarzmeers durch ein Küstelkabel zu führen, für welches William — sehr zum Leidwesen Werners — sein kupferarmiertes System empfahl, mit dem man 1864 solches Pech im Mittelmeer gehabt hatte. William übernahm es selbst, die Schwarzmeer-Kabelverbindung herzustellen.

Im Hochsommer 1868 trat in Wien die Internationale Telegraphen-Konferenz zusammen, auf der Werner Siemens sein für die Indo-Linie entwickeltes Telegraphensystem bekannt machte und auch die von ihm in Anwendung gebrachte Quecksilber- Widerstandseinheit definierte. Beide Vorträge fanden den allgemeinen Beifall und Werner Siemens reiste, noch vor Beendigung der Tagung, wieder nach Berlin zurück. Wenige Tage später besuchte ihn der russische Telegraphendirektor v. Lüders, der bis zum Schluß den Sitzungen in Wien beigewohnt hatte und berichtete, daß England, Rußland, Persien und die Türkei übereingekommen seien, neue ermäßigte Höchstgebühren für den Depeschen-Transitverkehr nach Indien einzuführen. Der Taxpreis sei jetzt von 87,5 Francs auf 71 Francs reduziert worden. Außerdem ständen nun Persien für die Strecke Djulfa — Teheran eine Abgabe von 5 Frcs. und der britisch-indischen Telegraphenverwaltung für Teheran — Bushir eine solche von 8,5 Frcs. zu.

Diese Hiobsbotschaft muß Werner Siemens, dessen Bautrupps auf der viele tausend Kilometer langen Linie arbeiteten, sehr betroffen haben. Denn nun war seine ganze Kalkulation auf den bis dahin gültigen Tarif von 87,5 Frcs. aufgebaut. Mit Recht machte er Lüders ernste Vorhaltungen, daß er sich zu solchen Abmachungen bereit gefunden hätte, wo er doch die Rückwirkung auf die Wirtschaftlichkeit der Indo-Linie hätte voraussehen müssen. Das allerdings war dem wakkeren kaiserlich-russischen Staatsbeamten noch nicht klar gewesen. Lüders stellte etwas kleinlaut in Aussicht, daß man die russische Forderung um 1 bis 1,5 Frcs. pro Depesche herabsetzen könnte. Aber damit allein war die Situation natürlich nicht zu retten. Nun stand alles auf dem Spiel — war es doch den Brüdern sofort klar, daß diese Bestimmung nur von der Konkurrenz eingebracht und durchgefochten war, um der Indo-Linie den Todesstoß zu geben, bevor sie praktisch in Erscheinung treten konnte.

An dem Tarifsatz von 71 Francs war nun nichts mehr zu ändern, und man mußte überlegen, wie man der Lage wieder Herr werden könne. Die Brüder beschlossen, gegen die persischen Forderungen entschieden Einspruch zu erheben und den Persern die Zubilligung der 5 Francs, die sie sich — im Widerspruch zu der gegebenen Konzession — von den Feinden der Indo-Linie in Wien hatten geben lassen, wieder zu entreißen.

Da Walter Siemens, der mit den persischen Verhältnissen schon vertraut war und sich in der Materie schon auskannte, kurz zuvor tödlich verunglückt war, beriet man hin und her, wer nun nach Teheran gehen könne, um das Schiff der Indo-Linie wieder in gutes Wasser zu lenken. Der Retter in der Not wurde Georg Siemens, der Sohn des Justizrates Johann Georg Siemens, welcher 1847 Mitbegründer und einige Jahre stiller Teilhaber der Telegraphenbauanstalt Siemens & Halske war. Georg hatte bereits vor Monaten bei den Gründungsverhandlungen der Indo-Gesellschaft Beweise für seine Fähigkeit als Jurist geliefert, und er war seither Syndikus der Firma.

Nun stand Georg ein schwerer Weg bevor. Mit europäischen Methoden war in Persien nichts zu erreichen — das hatte schon Walters Mission erwiesen. Damals aber — erst ein knappes Jahr zuvor! — unterstützten Russen wie Engländer Walters Vorgehen. Aber davon konnte bei Lage der Dinge nun keine Rede mehr sein. Der britische Gesandte, von Georg um Unterstützung angegangen, zog sich geschickt von jeder Hilfeleistung zurück, indem er sich darauf berief, daß die Regierung Ihrer Majestät ihm keine Weisungen in dieser Richtung erteilt hätte. Der russische Geschäftsträger zeigte nur dann Interesse, wenn es sich um eine gegen England gerichtete Aktion handelte. Die Perser selbst waren durch die Geschäftigkeit, die in den letzten Jahren um ihre Telegraphenlinie entstanden war, nur noch geldgieriger geworden. Georg schrieb darüber ziemlich verdrossen nach Berlin.

Georg wußte, daß das gewaltige Unternehmen, welches Werner, William und Carl aufgerichtet hatten, mit dem Ergebnis seiner Mission in Persien stand oder fiel. Natürlich konnte man nicht erwarten, daß die Perser auf ihren soeben zugestandenen Gewinn ganz verzichten würden, und man beabsichtigte, ihnen eine natürlich niedrigere, dafür aber jährlich fest zuzusichernde Summe pro Jahr zuzugestehen. Ferner wollte man eine Konzession erlangen für eine Linie Schiras — Bender Abbas, um auf diese Weise auf dem Landwege näher nach Indien heranzukommen und damit die Kosten für das relativ teure Persische Golf-Kabel einzusparen.

Monate zähen Bemühens waren indessen ins Land gegangen, ohne auch nur den geringsten Fortschritt in den Verhandlungen zu erzielen. Da entschloß sich Georg, der die Abneigung der Perser gegen die Engländer nun zur Genüge hatte studieren können, zu einer List: er bot die gerade im Bau befindliche neue Linie Djulfa — Teheran den Briten zum Kauf an, und zwar so, daß die Perser von diesem Vorhaben Kenntnis erhalten mußten.[24] Noch ehe die britisch-indische

Telegraphenverwaltung in der Lage war, sich zu dem Angebot zu äußern, bemühten sich nun die Perser, mit Georg Siemens ins Gespräch zu kommen und diesen Schritt zu verhindern. Denn es war der persischen Regierung weitaus angenehmer, mit den Vertretern der harmlosen, halb-deutschen Unternehmung zu tun zu haben als mit den auf persischem Boden ewig rivalisierenden Großmächten England und Rußland. Nun war das Eis gebrochen, und die Verhandlungen zwischen Georg und der persischen Regierung kamen zu dem angestrebten Ergebnis, welches zur Rettung der Indo- European Telegraph Co. so dringend nötig war. Diese erhielt nun die Konzession zum Bau der Linie Schiras — Bender Abbas. Und Persien erklärte sich einverstanden, mit einer Ablösung der 5 Francs-Depeschen-Taxe durch eine jährliche fixe Zahlung in Höhe von 12 000 Tomans (= nahezu 6 000 £ Sterling).

Acht Monate hatte Georg Siemens in Persien zugebracht. Sein zähes Durchhalten wurde durch den Erfolg seiner Mission reichlich belohnt. Das Intrigenspiel englischer, russischer und persischer Interessenten hatte er nur langsam durchschauen können. Dann aber gelang es ihm, die Situation zu meistern, und durch das Ergebnis seiner Verhandlungen die Vollendung der Indo-Linie wirtschaftlich zu sichern. Am 25. 5. 1869 meldete Georg telegraphisch die Unterzeichnung der persischen Konzession nach Berlin.[25]

Es bleibt noch ein Wort zu sagen über den technischen Teil der nahezu 11 000 km weiten Telegraphenverbindung London-Calcutta, die am 12. April 1870 ihre Generalprobe bestand.[26] Weder mit den damals üblichen Morse-Schreibtelegraphen noch mit den Hughes-Typendruckern ließ sich eine Entfernung von 6 000 km (London-Teheran) in einem Zuge überbrücken. Auf Grund seiner Erfahrungen, die er bei der Suche nach einer geeigneten Konstruktion eines Typenschnellschreibers gesammelt hatte, hatte Werner Siemens einen Morseapparat besonderer Art entwickelt, der nach dem Prinzip des polarisierten Relais arbeitet und auch die Empfindlichkeit eines Relais aufweist. Dieser Apparat mußte dann auch in der Lage sein, das aus einem Streckenabschnitt entnommene Telegramm selbsttätig auf den nächsten zu übertragen, wobei zur Kontrolle das durchlaufende Telegramm mitgeschrieben wird. Die Gebeeinrichtung, durch die nun der Lochstreifen gezogen wurde, war so eingerichtet, daß die von einem Induktor mit Doppel-T-Anker erzeugten Stromstöße wechselnder Richtung genau mit dem Takt der vom Lochstreifen gesteuerten Stromschließungen übereinstimmen. Neben dieser maschinellen Sendung mit Stromstößen war aber auch das Geben mit der gebräuchlichen Morsetaste möglich.[27]

---

24 K. Helfferich (1. Aufl.), Bd. 1, S. 150 ff.

25 K. Helfferich (1. Aufl.), Bd. 1 , S. 158.

26 Die wichtigsten Punkte der Indolinie waren: London - Lowestoft - Emden - Berlin - Thorn - Warschau - Shitomir - Odessa - Kertsch - Suchum - Tiflis - Djulfa - Teheran - Bushir - (später Bender Abbas) - Kurachee - Bombay - Calcutta.

27 Dieser letzte Absatz entspricht der Darstellung bei G. Siemens, Bd. 1, S. 79 - 80; WTA, Bd. 2, S. 294 ff.

Nachdem die Indo-Linie einige Wochen mit gutem Erfolg geabeitet hatte und die Brüder auf gesunde, wirtschaftliche Entwicklung mit Recht hoffen durften, traf ein neuer Schicksalsschlag das große Werk. Am 1. Juli 1870 zerstörte ein Erdbeben das Schwarzmeer-Kabel. Eine genaue Untersuchung ergab, daß es an mehreren Stellen gleichzeitig gebrochen und eine Reparatur daher unmöglich sei.

Inzwischen war durch einen Straßenbau über das Küstengebirge die zweite Möglichkeit einer telegraphischen Verbindung günstiger geworden. Man entschloß sich daher, ab Suchum Kaleh die Linie auf Eisenmaste zu verlegen.[28] Nach halbjähriger, sehr mühsamer Bautätigkeit konnte die Linie zu Beginn des Jahres 1871 wieder, und nun für Jahrzehnte, endgültig dem Betrieb übergeben werden. Bis 1931 war die Indo-Linie — mit Ausnahme der durch den Weltkrieg bedingen Unterbrechung, 1914 - 1921 — ununterbrochen in Betrieb und hat technisch wie wirtschaftlich gut gearbeitet.

Die Betriebseinnahmen der Indo-Europäischen Telegraphenlinie entwickelten sich in aufsteigender Linie, wie folgende Zahlen[29] zeigen:

1870	25 268 £ Sterling	1877	58 668 £ Sterling
1871	48 949 £ Sterling	1878	85 234 £ Sterling
1872	37 079 £ Sterling	1879	86 359 £ Sterling
1873	54 897 £ Sterling	1880	98 732 £ Sterling
1874	79 466 £ Sterling	1885	116 150 £ Sterling
1875	76 864 £ Sterling	1890	113 807 £ Sterling
1876	80 775 £ Sterling	1900	151 643 £ Sterling

Bevor wir im chronologischen Ablauf der Geschichte der Firma Siemens Brothers fortfahren, müssen wir noch einmal auf eine grundlegende Veränderung in der Konstitutierung der Gesamtfirma zurückblicken.[30]

Halske war 1864 aus der Leitung der englischen Tochterfirma ausgeschieden. Er hatte damals schon darauf hingewiesen, daß er am Jahresende 1867 sich auch von der Leitung des Berliner Stammhauses zurückzuziehen gedenke. Man hatte also genügend Zeit, um sich mit einer Neuordnung des Geschäftes eingehend zu befassen. Alle nur denkbaren Kombinationen und Möglichkeiten wurden in Erwägung gezogen, sogar sehr ernsthaft auch die Auflösung der Berliner Firma.

Am 23. August 1867 schlossen die Brüder Werner, William und Carl Siemens mit Johann Georg Halske einen Auseinandersetzungsvertrag, der im wesentlichen

28 Im Zweiten Weltkrieg wurden von den in die Krim und in den Kaukasus vorrükkenden deutschen Truppen noch reihenweise die alten eisernen Telegraphenmasten mit der Firmenbezeichnung „Siemens-Brothers" angetroffen, auf denen noch Leitungen verkabelt waren. Mündlich bestätigt durch Gen. Feldmarschall E. v. Manstein am 27. 7. 1959; Deutsche Nachrichten-Truppen, Bd. 19, Juli 1943, S. 119.

29 Ehrenberg, S. 264.

30 Werner Siemens' Erfindung der Dynamomaschine und ihre Auswirkung auf England, ebenso wie Williams hüttentechnische Arbeiten (Landore usw.) sollen später behandelt werden.

folgendes bestimmt: Mit dem 31. 12. 1867 tritt Halske aus dem Geschäft aus. Er läßt den größeren Teil seines Guthabens als Darlehen im Geschäft. Der Rest wird ihm im Jahre 1868 bar ausgezahlt. Das von Werner und Carl Siemens mit Halske betriebene Geschäft in St. Petersburg wird zum 31. 12. 1867 völlig aufgehoben. Seine Abwicklung übernimmt Carl Siemens.

Außer diesem Vertrage wurde gleichen Tages noch eine besondere Vereinbarung mit Halske getroffen, die sein weiteres Verhältnis zur Firma regelte: Halske bleibt der Firma auch weiterhin ein treuer Freund und Berater. Er hat das Recht der Büchereinsicht und behält sein Zimmer im Geschäftshaus. Er beläßt 360 000 Taler seines Anteils am Gesellschaftsvermögen als Darlehen im Geschäft, hiervon 300 000 ohne Realsicherung, den Rest als 1. Hypothek auf dem Hause Markgrafenstraße 94.[31] Für sein Darlehen erhält Halske 5 % Verzinsung, außerdem aber einen Gewinnanteilszuschlag von 10 % bis zum Tage der Rückzahlung. Das Darlehenskapital ist von Seiten Halskes bis zum 1. 1. 1873 unkündbar, von da ab ist einjährige Kündigung gestattet. Siemens & Halske können entweder das ganze Kapital oder jährlich mindestens 100 000 Taler zurückzahlen. Tritt von 1873 bis 1879 keine Kündigung ein, so ist das ganze Kapital am 1. Januar 1880 zurückzuzahlen. Weitere Bestimmungen dieses Vertrages sind für unsere Betrachtung unwichtig.

Am 19. April 1876 wurde dieser Vertrag dann folgender Änderung unterworfen: Halskes Guthaben, welches am 1. Januar 1876 2 195 005 Mark betrug, wird mit 5 % verzinst, der Gewinnanteil hört aber mit dem 1. 1. 1876 auf. Das Guthaben wird in Teilzahlungen von 200 000 bis 500 000 Mark jährlich bis zum Jahre 1881 zurückgezahlt, so daß mit dem 31. 12. 1881 die Forderungen Halskes an die Firma erloschen sein werden.

Am 24. August 1867 wurde der Gesellschaftsvertrag verhandelt und unterzeichnet. Mit ihm wurde eine Idee verwirklicht, die Werner Siemens schon seit den Tagen seiner Jugend als Fernziel sah: ein großes Gesamtgeschäft von internationaler Bedeutung sollte erstehen, im Stile der frühkapitalistischen Groß-Unternehmung der Fugger oder des Geschäftshauses Rothschild[32]. Diese Firmengründung auf Familienbasis sollte nun, im Blick auf das große Werk der Indo-Europäischen Telegraphenlinie, Wahrheit werden. Der grundlegende Vertrag vom August 1867 trat am 1. Januar 1868 in Kraft. Er hatte ohne nennenswerte Änderungen[33] bis zum 31. Dezember 1880 Gültigkeit[34].

---

31 Geschäftshaus von S&H Berlin, 1852 - 1905.

32 Als typischer Unternehmer großen Stiles konnte Werner Siemens am 25. Dezember 1887 an seinen Bruder Carl schreiben: „Ich habe von Jugend an für die Gründung eines Weltgeschäftes à la Fugger geschwärmt, welches nicht nur mir, sondern auch meinen Nachkommen Macht und Ansehen in der Welt gäbe und die Mittel, auch meine Geschwister und nähere Angehörige in höhere Lebensregionen zu erheben". SAA BB.

33 Hier wäre zu bemerken, daß Carl im Oktober 1869 nach London übersiedelte, um William in der Leitung der aufstrebenden Firma Siemens Brothers zu unterstützen. In Würdigung seiner verdienstvollen Arbeit wurde - nach Paragraph 8 des neuen Gesell-

b) Die Wirtschaftswelt nach 1870. Gründerschwindel

Die siebziger Jahre des Neunzehnen Jahrhunderts begannen für Europa mit einer Verschiebung des politischen Schwergewichtes, die — von vielen weitsichtigen Politikern vorausgesehen — nun plötzlich durch den für Deutschland glückhaften Ausgang seines Waffenganges mit Frankreich eine Tatsache geworden war. Das deutsche Volk, welches durch Bismarck seine politische Einigkeit erlangte, barg in sich auf wohl allen Gebieten der Kultur und der Wissenschaft eine Fülle aufgestauter Energie und Schöpferkraft, die sich nun entfalten konnten. Aus dem Volke der Dichter und Denker war eine Nation von Realisten geworden, die mit ausgeprägtem Wirklichkeitssinn an die Meisterung der brennenden Zeitprobleme ging. Diese Zeit geistigen Wandels in Deutschland wurde später von E. Friedell sehr trefflich charakterisiert: „In Berlin regieren nicht mehr Fichte und Hegel, sondern Siemens & Halske“.[1]

Der Deutsch-Französische Krieg von 1870/71 hatte auch die englische Politik, aber nicht nur sie, vielleich mehr noch die englische Wirtschaft vor neue Probleme gestellt. Einiges von der selbstsicheren Behaglichkeit der fünfziger und sechziger Jahre war den Menschen schon verloren gegangen. In jenen glücklichen Zeiten hatte England noch für einen Erdball fabriziert, dem es auch jetzt noch um ein Menschenalter voraus war. Im Jahre 1870 war der Außenhandel des Vereinigten Königreiches von Großbritannien genau so groß wie derjenige Frankreichs, der deutschen Länder und Italien zusammen. Den Außenhandel der Vereinigten Staaten überstieg der Außenhandels Englands damals um das Drei- bis Vierfache.[2]

Noch im Revolutionsjahr 1848 hatten sich die Briten glücklich gefühlt, daß ihr Land allen anderen an Wohlstand, Ordnung und Freiheit überlegen wäre. In den drei letzten Jahrzehnten des 19. Jahrhunderts wuchsen Deutschland und die Vereinigten Staaten von Amerika als Industriemächte in eine ebenbürtige Stellung mit England hinein. Die ungleich größeren natürlichen Hilfsquellen Amerikas sowie die wissenschaftliche und technische Bildung des deutschen Volkes, die dem Wirken weitsichtiger Regierungen zu danken war, machten sich mit jedem Jahre mehr spürbar. Es war also zu erwarten, daß die bürgerliche Freiheit, die Freihandelslehre und das individualistische „Hilf Dir selbst“ nicht mehr genügen würden, um der neuen Lage zu begegnen. Das unbestimmte Gefühl, es könnte einmal kritisch werden, führte zu einer Verbesserung der technischen Ausbildung in England. Es bewirkte auch ein stärkeres Interesse an den überseeischen Besitzungen[3]. Denn nun trat Deutschland auf mit eigenen, neugegründeten Industrien.

---

schaftsvertrages - sein Anteil mit dem Williams gleichgesetzt. Beide erhielten demnach 30, Werner 40 % des Gewinnes.

34 Original SAA Dokumentenmappe, Abschrift als Anlage 6, S. 191.

1 E. Friedell, Kulturgeschichte, Bd. 3, Neuzeit, München 1932, S. 415; Georg Siemens, Bd. 1, S. 72.

2 Trevelyan (dt.), S. 512.

3 Trevelyan (dt.), S. 534.

Und 1884 rückte das Bismarck-Reich in einem gewissen Grade ein in die Gruppe der Großmächte mit kolonialen Interessen. Beide Erscheinungen waren nicht angetan, zur Ruhe und Beschaulichkeit beizutragen. Die imperialistische Bewegung Englands, die in den Neunziger Jahren offen zu Tage treten sollte, nahm hier ihren Ursprung.

Welches waren die Fakten, die die „deutsche Gefahr“ für die Engländer so bedrohlich erscheinen ließ? Es war kein Kriegspotential, keine Waffen. Es war ganz allgemein der Aufschwung der Wirtschaft, der zwangsläufig durch Überwindung der Kleinstaaterei einsetzte und sich in einer Belebung von Handel und Wandel ausdrückte. Die französische Kriegsentschädigung in Höhe von 5 Milliarden Francs[4] und ihre rasche Mobilisierung durch die internationale Finanz hatte die „Gründerjahre“ eingeleitet und ähnliche Entscheidungen gezeitigt, wie sie in England bereits ein Menschenalter früher, im Gefolge der industriellen Revolution, aufgetreten waren. Damals, am Beginn der Eisenbahnaera, geriet England unter der wenig gewissenhaften Führung des „Eisenbahnkönigs“, George Hudson[5], in die Spekulationsmanie der Eisenbahn-Gründungen, bei denen viel Geld an Schwindler und Bankrotteure verloren wurde. Jetzt, nach 1871, regte das französische Geld die Spekulation mächtig an: Henry Bethel Strousberg[6] kann wohl als Prototyp des bedenkenlos handelnden Unternehmers der deutschen Gründerjahre gelten. Fast gleichzeitig, im Jahre 1875, mußte er in Deutschland, Österreich und Rußland — wo er ebenfalls „industriegründend“ tätig war — den Bankrott anmelden.

Wie in den vierziger Jahren in England, so überdauerte nun in Deutschland dasjenige die hektische Zeit, was Kraft und Substanz hatte, was lebensfähig war. Deutschland war auf dem Wege seiner Industrialisierung ein gutes Stück weiter gekommen.

Georg Siemens, Werners Neffe, von dem wir im letzten Kapitel hörten, daß durch den Erfolg seiner Mission in Persien die Indo-Linie gerettet wurde, war 1870 erster Direktor und fortan der spiritus rector der Deutschen Bank geworden. Dieses Finanzinstitut hatte es sich zur Aufgabe gemacht, die deutsche Industrie und besonders deren Tätigkeit im Ausland nachhaltig zu fördern.[7]

---

[4] Festgesetzt bei den Friedenspräliminarien am 26. 2. 1871. Franz Gutmann, Das französische Geldwesen im Kriege, Straßburg 1913, S. 199.

[5] George Hudson (1800 - 1871), englischer Eisenbahn-Unternehmer. DNB, Vol. 28, p. 145; Clapham, Vol. 1, p. 390 - 393, p. 417 - 419; Trevelyan (dt.), S. 509.

[6] Henry Bethel Strousberg (1823 - 1884). Er hatte sich als Kaufmann in einem Londoner Export-Importgeschäft praktische Kenntnisse erworben, kam 1861 nach Deutschland zurück, wo er zunächst in Ostpreußen, Preußen, dann auch in Ungarn und Rumänien Industrieunternehmungen und Bahnbauten aufzog. Das Jahr 1873 erschütterte seine Stellung; 1875 mußte St. in drei Ländern den Konkurs anmelden. H. B. Strousberg. Dr. Strousberg und sein Wirken (Selbstbiographie). Berlin 1876.

[7] Helfferich, 2. Aufl., S. 42 ff.

Unter dem Eindruck der Reichspolitik Bismarcks entwickelte sich Berlin zu einer repräsentativen Hauptstadt, in der sich Kultur, Wissenschaft und Wirtschaft in großzügiger Weise entfalten sollten. 1877 war Berlin Millionenstadt geworden (zur gleichen Zeit zählte London etwa 3,5 Millionen Einwohner). Technik und Wirtschaft erfuhren nun die jahrzehntelang entbehrte Förderung eines machtvollen Staatswesens. Die „angewandten Naturwissenschaften“ wurden salonfähig, und in den Familienzeitschriften schrieb man mit Stolz über die Erfolge der deutschen Industrie. 1873 wählte die Berliner Akademie der Wissenschaften Werner Siemens zu ihrem Mitglied, bewußt unter Hinweis auf seine technischen und technisch-wissenschaftlichen Verdienste. Er war der erste „Techniker“, dem diese Mitgliedschaft zuerkannt wurde.[8] Und 1877 entstand, zum Schutze geistiger Urheberrechte an technischen Erfindungen, das Reichspatentamt, eine Institution, an der ebenfalls Werner Siemens durch Entwurf und Mitwirkung an der Ausarbeitung des ersten Reichspatentgesetzes verdienstvollen Anteil hatte.

Die siebziger Jahre wurden für Siemens & Halske jene Zeit, in der sich die „angewandte Elektrizitätslehre“ um neue Arbeitsgebiete bereicherte: Eisenbahnsignal- und Sicherungstechnik und Fernsprecher sowie die ersten praktisch brauchbaren Maschinen der jungen Starkstromtechnik traten in Erscheinug. Im Spätjahr 1866 hatte Werner Siemens das dynamoelektrische Prinzip entdeckt. Aber erst durch die Trommelanker-Dynamomaschine von Friedrich v. Hefner-Alteneck[9] (1872) war es möglich geworden, auf wirtschaftliche Weise elektrisches Licht (Bogenlicht) zu erzeugen und elektrische Kraft auf große Entfernungen zu übertragen.

Am Ende der siebziger Jahre war durch das neue Hinzutreten der Starkstromtechnik zur elektrischen Nachrichtentechnik ein modernes Ingenieurfach geworden, das bezeichnenderweise von Werner Siemens den Namen *„Elektrotechnik“* erhielt. Damals sandte er dem deutschen Generalpostmeister Stephan eine Empfehlung, alle Interessenten an dieser neuen Wissenschaft in einem „Elektrotechnischen Verein“ zu sammeln. Dieser technisch-wissenschaftliche Verband kam 1879 zustande. Er wurde die Keimzelle des 1893 gegründeten „Verbandes Deutscher Elektrotechniker“ VDE.[10]

Die Neuordnung des Gesamtgeschäftes, aber auch persönliche Verhältnisse[11] führten dazu, daß Carl im Oktober 1869 nach England übersiedelte, um

---

8 Fr. Heintzenberg, Werner Siemens, der erste Ingenieur in der Akademie der Wissenschaften, in: Siemens-Mitteilungen, Nr. 226, Sommer 1944, S. 19 - 21.

9 Friedrich v. Hefner-Alteneck (1845 - 1904), Elektrotechniker, Schüler des Beuth'schen Gewerbeinstitutes Berlin, trat 1867 bei S&H als Arbeiter ein, zehn Jahre später war er Leiter der Konstruktionsabteilung. 1972 erfand er die Trommelankermaschine, 1878 die Differential-Bogenlampe. 1883/84 bestimmte er die Lichteinheit der „Hefner-Kerze“. 1890 schied er bei S&H aus. Fr. Heintzenberg, Fr. v. Hefner-Alteneck, in: Abhandlungen u. Berichte des Deutschen Museums, München 1951.

10 G. Dettmar, Die Entwicklung der Starkstromtechnik in Deutschland, Berlin 1940, S. 287 - 289; WSL, S. 262 - 263.

dort neben William an der Leitung des Londoner Hauses aktiv teilzunehmen. Der Bau der Indo-Linie hatte die Brüder Siemens in England zu großem Ansehen gebracht. In London und Woolwich war nun eine zweite Führungskraft, insbesondere mit den spezifischen Fähigkeiten Carls, dringend erforderlich.

William, das zeigte sich schon unmittelbar nach Carls Übersiedlung, zog sich immer mehr vom eigentlichen Geschäftsbetrieb zurück. Gewiß war er bei allen wichtigen Entscheidungen auf dem Plane, vertrat auch energisch seine eigenen Ansichten. Aber im ganzen sah er es nicht ungern, daß Carl für ihn die Geschäftsführung erledigte. Wissenschaftliche Arbeiten auf wärmetechnischem Gebiet, die ständige Überwachung von Stahlverhüttungsversuchen, die er seit 1869 in seinem großen Versuchswerk Landore vornahm, sodann die Konstituierung und Präsidentenschaft der von ihm mitbegründeten Society of Telegraph Engineers and Electricians (1872)[12], Sitzungen in der Royal Society und anderen wissenschaftlichen und technisch- wissenschaftlichen Verbänden, schließlich viele andere Verpflichtungen des gesellschaftlichen und öffentlichen Lebens, ließen ihn zu geregelter betrieblicher Arbeit gar nicht mehr kommen.

Die erste Aufgabe, die Carl in England zufiel, war Schlichter im Streite zwischen differierenden Geschäftsgepflogenheiten Londons und Berlins zu sein. Carl verbesserte das Verhältnis der beiden Firmen merklich, ohne jedoch völlig gewisse Mängel abstellen zu können, die sich aus purer Eifersüchtelei der leitenden Kaufleute auf beiden Seiten immer wieder ergaben. Noch am 10. 7. 1872 schrieb Carl an Werner: „Mein Geschäft als Zwischenperson ist eigentlich das Allerundankbarste. Ich bemühe mich nach besten Kräften, nach allen Seiten hin Ruhe und Frieden zu stiften und kriege immer von den Hieben was ab.“[13]

Es darf nicht vergessen werden, daß auch zwischen den Brüdern manches Mal erhebliche Spannungen zu überbrücken waren. Und hier war meist Carl der unparteiische Vermittler.

Carl erkannte, daß es nicht nur wirtschaftlich nötig, sondern auch aus Gründen des Prestige wichtig sei, sich wieder aktiv am Seekabelgeschäft zu beteiligen. Die jahrelangen Erfahrungen auf dem Gebiet sollte man doch nicht ungenutzt liegen lassen. Voraussetzung aber war eine unverzügliche Erweiterung der Kabelfabrik in Woolwich, insbesondere durch Erstellung einer eigenen Guttapercha-Fabrik. Es hatte sich bereits wiederholt gezeigt, daß die ehemalige Guttapercha Co., die seit 1864 einen Teil der mächtigen Telco bildete, bei ihr bestellte isolierte Kupferadern nicht liefern wollte.

---

11 Carls Frau, Marie geb. v. Kapherr, war, nachdem sie in Tiflis keine Genesung gefunden, hatte, im Februar 1869 in Berlin gestorben.

12 Pole (dt.), S. 277; Journal of the Society of Telegraph Engineers, Vol. 1, 1872/73, p. 19 ff. (= Inaugural Address of the President, Mr. Ch. W. Siemens).

13 SAA BB.

Werner zeigte zunächst wenig Interesse für eine derartige Vergrößerung des Werkes in Woolwich, der das Risiko großer Seekabellegungen nach den Mißerfolgen nicht mehr auf sich nehmen wollte. Mag sein, daß er als Ältester der Brüder die Spannkraft zu solchen Wagnissen nicht mehr in sich verspürte, jedenfalls nicht in jener Zeit, die ihm menschlich und im Berufsleben viel Schweres aufgebürdet hatte. Es zeigte sich aber bald, daß dies bei Werner nur eine vorübergehende Müdigkeit war.

Im Februar 1870 kam Carl zu einem großen Auftrag für eine dänische Gesellschaft, die ein nordchinesisches Kabel von 2 300 Seemeilen Länge bestellte. Es war — wie gesagt — Februar und die Hälfte des Kabels sollte bis Ende April, die restliche bis Ende Juli 1870 geliefert werden. Damit war der Widerstand Werners gefallen, und er erklärte sich mit der geplanten und bereits in allen Teilen vorbereiteten Erweiterung der Kabelfabrik einverstanden. Man war wegen der Eile des Auftrages gezwungen, unter dem zuerst gebauten Dache mit der Herstellung des Kabels zu beginnen, noch bevor die Wände aufgerichtet wurden.

Carl an Werner, 6. 4. 1870: „Von der neuen Kabelfabrik gehen bereits zwei Maschinen, und über 300 Knoten sind fertig. Es war ein höllisches Stück Arbeit, alles gleichzeiig fertig zu machen. Das erstaunt selbst die Engländer.“ [14]

Von dem nordchinesischen Kabel (dessen Verlegung die dänische Firma selbst übernahm) erwartete Carl einen Reingewinn von 30 000 £ Sterling, wogegen der Erweiterungsbau der Kabelfabrik nur etwa 15 000 £ Sterling betragen hatte. Dann aber setzte ein Stillstand ein, indem 1871 praktisch keine Kabelaufträge eingingen.

Trotzdem konnte Werner Carl seine Anerkennung nicht versagen, da er überzeugt davon war, daß das in Woolwich investierte Kapital nicht vertan war. Am 11. 5. 1872 schrieb er an Carl: „Der Londoner Abschluß ist wirklich über Erwarten gut in Anbetracht des Stilliegens der Kabelfabrik. Es steckt aber im Londoner Geschäft jetzt abscheulich viel Geld, mit den jetzt requirierten 5 000 £ circa 700 000 Taler, also mehr als in Berlin und St. Petersburg zusammen inclusive des Grundbesitzes an beiden Orten und der hiesigen großen Neubauten und Einrichtungen.“ [15]

Das Jahr 1872 markierte den Tiefpunkt der Krise; es endete mit einem Verlust.

---

[14] SAA BB.

[15] SAA BB.

c) Kampf um transatlantische Kabel. „Globe“ contra „DUS“

Am 7. März 1871 hatte Werner in Berlin einen bemerkenswerten Brief an seine Brüder geschrieben. „Bei der gestrigen Generalversammlung der Deutschen Bank (bei welcher Georg Mitdirektor ist) fragte mich der dritte Direktor, ein geschickter Jude, der lange in Shanghai gewesen war, ob wir geneigt wären, uns bei einem direkten deutsch-amerikanischen Kabel, wofür in Amerika jetzt große Meinung und viel Geld vorhanden wäre, beteiligen würden. Er sei direkt zur Anfrage beaufragt. Da auch hier jedenfalls in nächster Zeit ein Gründungsfieber eintreten wird — Geld wird aus Frankreich ja disponibel werden — so hat die Sache einige Chancen. Wie denkt ihr darüber?“[1]

Derartige Bemühungen amerikanischer Kreise begegnete man auch in England. Das für die Siemens-Firmen Günstige an diesem amerikanischen Interesse war die Tatsache, daß das gewünschte Kabel nicht von einem Trabanten der mächtigen Telegraph Construction and Maintenance Company gelegt werden sollte, die sich in England ein weltweit reichendes Monopol für Seekabel (aber auch für Landtelegraphenlinien!) zu errichten trachtete. Diese kühne, aber von den Amerikanern gemiedene Finanzgruppe stand unter der speziellen Leitung von John Pender[2], einem Unternehmertyp „mit napoleonischen Wesenszügen“, der zunächst Direktor der Magnetic Telegraph Co., seit 1864 aber Chairman der Telcon war. Mit diesem Kabelring, den er zusammengebracht hatte, beherrschte Pender die drei bestehenden Atlantikkabel[3] und hielt, da er konkurrenzlos war, den Depeschenpreis hoch: das Wort kostete über den Atlantik 4 Shilling (also 4 Mark). Zur Pender-Gruppe gehörte auch die Eastern Telegraph Co., die den überwiegenden Teil des Kabelverkehrs nach Indien und Ostasien beherrschte und danach trachtete, die Siemens'sche Indo-Linie in ihren Besitz zu bringen. Daß hierzu günstige Aussichten bestanden, werden wir noch hören.

Nun waren die Amerikaner mit ihrem Wunsch nach sogenannten „ringfeien“ Atlantikkabeln nicht allein. Es gab auch in London und der übrigen Welt breite Handelskreise, die einer gesunden Konkurrenz unter den Kabelgesellschaften das Wort redeten und daraus eine kontinuierlich sich entwickelnde Verminderung des Depeschen-Tarifs erwarteten. Denn, daß die Telegraphie mit fremden Erdtei-

---

1 SAA BB. Der Direktor der Deutschen Bank war Hermann Wallich (1833 - 1928).

2 John Pender (1816 - 1896), englischer Unternehmer, 1855 einer der Hauptaktionäre der Atlantic Telegraph Co.; 1865/66 neben Cyrus Field leitender Unternehmer der atlantischen Kabellegungen mit dem „Great Eastern“. Trat 1864 an die Spitze der Telegraph Construction & Maintenance Co., Gründer des Kabelringes. DNB, Suppl. III, p. 258 - 259.

3 Es handelte sich hier um das Kabel, welches 1865, vom „Great Eastern“ gelegt, gerissen war. Im folgenden Jahre wurde mit dem gleichen Riesenschiff ein zweites, erfolgreiches Kabel gelegt. Und am Ende dieser Expedition reparierte man auch das im Vorjahr verlorene Kabel. Es gab mithin zwei Irland-Neufundland-Kabel. Das dritte wurde 1869 für die Franzosen von Brest nach St. Pierre bei Neufundland gelegt. Es wurde 1873 von der Anglo Co. übernommen. A. Röper, S. 14 und S. 98.

len erst am Anfang ihrer großen Zeit stand, also sich noch ungeheuer entwickeln würde, war jedem weitsichtigen Geschäftsmanne klar.

Wenn wegen der Anfrage amerikanischer Kabelinteressenten in Berlin 1871 nichts geschah, dürfte dies auf Werners Einstellung zurückzuführen sein, der nur sehr zögernd auf solche weitgesteckten Probleme und gewagten finanzpolitischen Objekte einging. Die Verluste von Cartagena und erst kürzlich mit dem Schwarzmeer-Küstenkabel waren noch in ihm sehr wach. Als nun auch amerikanische Kreise bei Siemens Brothers in London ihre Fühler ausstreckten, um mit ihnen wegen Atlantikkabel zu verhandeln, war es wieder Werner, der eindringlich zur Vorsicht mahnte: Werner schrieb seinen Brüdern am 5. 4. 1872: „Arbeit für die Kabelfabrik, wenn auch mit mäßigem Gewinn, ziehe ich meinerseits großen mit Opfer und Risiko verbundenen Selbstanlagen vor . . . seid recht vorsichtig und bedenkt den philosophischen Wahlspruch: ‚Vermögen ist leicht zu erwerben, aber schwer zu konservieren!'"[4]

Carl aber glaubte es bei Lage der Dinge durchaus vertreten zu können, wenn Siemens Brothers mit den Amerikanern ernsthaft über ein solches Objekt verhandelten. Ein Verlustgeschäft sollte es für die Brüder nicht werden, das war auch ihm klar. In diesem Sinne schrieb er am 29. 4. 1872 an Werner: „In New York sind 200 000 £ gesichert, und ein hiesiges (Londoner) Haus hat allein 100 000 £ versprochen. Würde Deutschland auch 200 000 £ sicher nehmen, und man könnte das gleiche im Prospektus sagen, so ist gar kein Zweifel, daß der Rest hier gezeichnet würde. Ein Drittel der europäisch-amerikanischen Korrespondenz soll Deutschland bis jetzt liefern, und dadurch ist Deutschlands Beteiligung an dem Unternehmen von so großem Gewicht".[5] Am 1. 5. 1872 ergänzte er seine Ausführungen noch durch folgenden Satz: „Man kennt hier ziemlich genau den Charakter deutscher Geschäftsleute und weiß, daß die Aktienzeichner ihr Eigentum protegieren werden."[6]

Viel versprachen sich die Brüder in London von einem Gespräch Werners mit Georg Siemens, der damals, als erster Direktor der Deutschen Bank, bereits durch sein kritisch-abwägendes Urteil bekannt war. William und Carl wollten ihren Ruf nicht als Kabelfabrikanten behalten, sie wollten nun auch als Kabelunternehmer der mächtigen Telcon-Gruppe Penders gegenübertreten. Mit einem Transatlantikkabel ließ sich nicht nur ein wirtschaftlicher, sondern auch ein moralischer Erfolg erringen.

Georg Siemens war längere Zeit verreist; aber dann wandte er sich gleich dem wichtigen Problem seiner Oheime zu. Zur besseren Beurteilung der finanziellen Grundlage in Amerika ließ er sich die Namen der dortigen Hintermänner von William nennen. Sie schienen Georg nicht ganz befriedigend. So suchten die

4 SAA BB.
5 SAA BB.
6 SAA BB.

Brüder in London neue Verbindungen. Das amerikanische und das Londoner Kapital schienen nun gesichert, es kam nur noch darauf an, daß Werner für die Bereitstellung der deutschen Quote von 200 000 £ Sorge trage. Aber daraus wurde zunächst nichts. Hören wir den vollen Wortlaut dieses Themas in Werners Brief vom 21. 9. 1872, der zugleich ein Dokument aus der Zeit des Gründungsschwindels ist: „. . . hat auf Euren Wunsch die Aufforderung zur Teilnahme an der Übernahme der 200 000 £ Sterling verschickt, glaubt aber auf keine günstigen Antworten rechnen zu können. In der Tat ist der Zeitpunkt jetzt für Deutschland ungünstig. Die Leute haben sich an unzähligen in die Milliarden gehenden Unternehmungen und Zeichnungen den Magen verdorben und sehen nun mit Angst den Zahlungsterminen der französischen Anleihe entgegen. Daß die Hauptbank bereits Discont auf 5 und Lombard auf 6 % erhöht hat, weißt Du aus früherer Geschäfts-Korrespondenz. Disconto- Gesellschaft und Bleichröder sollen schon sehr klamm sein und hat jedes sich ein Darlehen von 15 Millionen von der Regierung geben lassen. Alles Vorboten eines großen Sturmes, der sicher bald über ganz Europa gehen und alles nicht ganz solide wegfegen wird! Jeder Kapitalist hält natürlich jetzt auf Realisierung und kündigt alle Kredite. Es ist für ihn lohnender zu warten, bis der kommende Geldmangel gute ältere Unternehmungen ihm billig zuführt. Aus alledem kann man wohl ziemlich sicher schließen, daß Deutschland sich gegenwärtig so gut wie gar nicht an der Kabelzeichnung beteiligen wird. Nun schrieb mir Carl gestern, daß wir im Notfall die Hälfte der 200 000 £ Sterling zeichnen müßten. Das hat mir einen tödlichen Schreck eingejagt. Es ist das absolut unmöglich. Aus dem letzten Geschäftsbrief wirst du unseren sehr ungünstigen status ersehen haben. Die große eingetretene Änderung kommt her:

1. Von unseren hiesigen großen Ausgaben durch Verdoppelung der Telegraphen-Fabrik[7] und durch Neuanlage der Kontrollapparate-Fabrik zur Ausführung der großen russischen Bestellung.
2. London ist Berlin und Petersburg ca. 100 000 Rubel in laufender Rechnung schuldig geblieben.
3. Es ist viel Geld aus dem Geschäfte gezogen durch das leidige Kedabeg, durch Eure Stahlfabrik, durch die Vergrößerung von Fritz' Glasfabrik[8], zu der ich ihm Geld gegeben habe.

[7] Man hatte kürzlich das Nachbargrundstück Markgrafenstr. 92/93 dazu erworben und befand sich noch mitten im Ausbau.

[8] Die Kontrollapparate-Fabrik war errichtet worden zur Massenfabrikation eines von einem Polen Mentschinsky und Werner Siemens entwickelten Alkoholmessers, der in Rußland ein gutes Geschäft wurde. — Fritz' Glasfabrik ist diejenige, die dieser von Bruder Hans 1867 in Dresden übernommen hatte. Er führte wenig später dort die Flaschenglasfabrikation nach seinem neuen Regenerativ-Ofen-Verfahren mit großem Erfolg ein.

Gegenwärtig haben wir nur so viel Reservekapital in Aktien, wie wir notwendig für das laufende Geschäft und Vollendung der neuen Betriebseinrichtungen[9] gebrauchen. Eine Zeichnung von 700 000 Taler würde also ganz in der Luft schweben, und wenn der Finanzsturm sich schnell über Europa verbreitet, so könnte uns die Sache zum Umkippen bringen! Zu berücksichtigen ist dabei noch, daß Halske jetzt jeden Tag Rückzahlung verlangen könnte. Er wird es unter gewöhnlichen Verhältnissen nicht tun, doch könnte eine so starke Beteiligung an einem immerhin riskanten Kabelunternehmen — bei dem wir bisher so wenig glücklich gewesen sind — ihn zu anderer Anschauung bringen! Ich bitte Dich daher dringend, lieber Bruder, entweder die Kabelanlage bis nach dem ausgebrochenen Sturme zu verschieben oder kein Geldobligo dabei zu übernehmen. Es ist schon fraglich, ob wir Mittel und Kredit genug haben werden, ohne eigene Zeichnung die Fabrikation des Kabels durchführen zu können. Wir müssen dann suchen, Kedabeg loszuwerden oder fremdes Geld hinein zu bekommen. Ebenso müßte ich suchen, bei Fritz einen Ersatzmann zu finden, und Ihr könntet auch aus den Stahlunternehmungen wohl Geld flüssig machen. Zu alledem ist aber eine obwaltende Krisis ein schlecht gewählter Zeitpunkt! . . ."[10]

Trotz dieses Briefes gelang es Carl, Bruder Werner zu einer Beteiligung zu bewegen, zwar nur in Höhe von 50 000 £. Und die Deutsche Bank war bereit, ihrerseits 35 000 £ unterzubringen. So war man auf bestem Wege, doch noch das Unternehmen auf die Beine zu bringen. Da traten neue Schwierigkeiten auf, deren Einzelheiten aus den Bruchstücken noch vorhandener Unterlagen und Aufzeichnungen nur schwer zu rekonstruieren sind. Aus einem vertraulichen Briefwechsel Löfflers mit Haase, dem Berliner Kaufmann von Siemens & Halske, erfahren wir, daß William am 8. November eine Konferenz mit John Pender hatte, bei der es um eine dreijährige Verpachtung der Indo-Linie ging. Möglicherweise hatten die beiden Männer auch über ihre divergierenden Interessen auf dem Gebiet der Atlantikkabel gesprochen — aber es liegen keinerlei Belege für diese Annahme, geschweige denn für irgendwelche Veränderungen vor.

Mitten hinein in diesen Konkurrenzkampf, der ja im Wesentlichen in England ausgetragen wurde, erschien plötzlich der bekannte amerikanische Finanzmann Cyrus West Field, der „Vater des transatlantischen Kabels". Ihm schwebte ein noch höheres Ziel vor wie John Pender: er wollte, den englischen Kabelring übertrumpfend, einen einzigen machtvollen Welt-Trust für Kabel begründen. Dieses phantastische Unternehmen sollte den anmaßenden Namen „Globe" tragen.

---

9 Es wird hier die Kenntnis vorausgesetzt, daß Werner Siemens zum Teil sein Vermögen und auch Rückstellungen des Geschäftskapitals von S&H in Beteiligungen und Aktien anderer Gesellschaften investiert hatte. - Zu den „neuen Betriebseinrichtungen" gehörte besonders der „amerikanische Saal", in dem die neuen, aus USA eingeführten Werkzeugmaschinen eingesetzt wurden.

10 SAA BB.

Als der „Globe-Schwindel“ seinem Höhepunkt zutrieb und sich eine endgültige Klärung der deutschen Finanzbeteiligung für ein Siemens-Atlantikkabel noch immer nicht ergab, war Carl fast am Ende seiner Energie. Er fühlte sich — stets zur Hypochondrie neigend — jetzt wirklich krank, und es gab Augenblicke, in denen er für den sofortigen Verkauf der gesamten Londoner Unternehmung einschließlich der Indo-Linie zu haben gewesen wäre.

Werner konnte, mit Berliner Augen die Angelegenheit betrachtend, diesen Stimmungsumschwung nicht ganz begreifen. So schrieb er an Carl, am 14. 12. 1872: „Ich verstehe nicht, wie man jetzt, wo die Cyrus Field'sche Sache im Werke ist, unser Machtfundament aufgeben kann, ... Ihr müßt darin auch mit hiesigen Anschauungen rechnen. Deutsche Aktionäre wollen anders behandelt sein wie englische, die ihren Leithämmeln blind folgen. Hier will jeder für sein Geld selbst urteilen und wenigstens frei räsonieren!“[11]

Gegen Jahresende 1872 sollten sich aber die düsteren Wolken am Himmel von Siemens Brothers plötzlich lichten: im harten Konkurrenzkampf hatten William und Carl Fabrikation und Legung eines Kabels an der brasilianischen Küste (Rio de Janeiro — Montevideo) übernommen. Das war zwar kein Atlantikkabel, auch die kaufmännischen Bedingungen waren nicht so hell begeisternd — aber immerhin bedeutete es für Woolwich wieder Arbeit und für die Unternehmung Rückgewinnung des Prestiges. Am 17. 12. 1872 berichtete Carl darüber an Werner: „Zu verdienen gibt es leider nicht viel bei diesem Geschäft, aber es nützt uns wenigstens indirekt sehr bedeutend; denn bevor wir nicht ein größeres Kabel gelegt haben, rechnet man uns nicht als voll.“[12] Und am 21. 12. 1872 konnte William — der aus gesundheitlichen Gründen für Seekabellegungen wenig geeignet war — Werner froh berichten: „Carl will die Legung übernehmen mit Ricketts, und da die Tiefen gering und Kabel stark sind, so wird die Gefahr nicht groß sein.“[13] Carl hatte also plötzlich seine Gesundheit wiedererlangt!

Um die Jahreswende 1872/1873 traten die amerikanischen Kabelprojekte wieder in den Vordergrund. Die Verhandlungen gestalteten sich so aussichtsreich, daß William sich bereits zu der bekannten Werft C. Mitchell & Co. in Newcastle begab zu grundlegenden Besprechungen über den Bau eines speziellen Kabelschiffes.[14] Das Jahr 1873 sollte wieder neue Geschäfte bringen. Zeitweilig war sogar von zwei zu legenden Atlantikkabeln die Rede. Unter Berücksichtigung des kurz zuvor übernommenen Auftrages für das brasilianische Kabel war aber daran aus rein räumlichen Erwägungen nicht zu denken. Nach der Verzweiflung, in der sich zumindest Carl befunden hatte, war es ein Aufatmen, daß man nun

[11] SAA BB.

[12] SAA BB.

[13] SAA BB.

[14] Das zu erbauende Kabelschiff „Faraday“ wurde nicht - wie man oft liest - das erste Kabel-Spezialschiff der Welt. Diesen Ruhm genießt das 1872 erbaute, allerdings weniger bedeutsame S. S. „Hooper“. Pole (dt.), S. 216.

gleich mehrere große Projekte auf sich zukommen sah. Aus diesem Gefühl heraus schrieb Carl am 31. 1. 1873 an Werner einen vielleicht nicht ganz zuende gedachten Brief: „Gestern und heute habe ich fast fortwährend in der City zugebracht. Die Zeit ist außerordentlich günstig für amerikanische Kabel und wir sind in embarras de richesse. Was wirst du sagen, wenn wir nächstens *zwei* amerikanische Kabel auf einmal übernehmen? Wenn beide Parteien ihr Geld finden, muß es so kommen, weil wir gegen jede verpflichtet sind, da wir Geld in Überfluß haben und genug Guttapercha[15] im Markte ist, so werden wir die Sache bewältigen können. Ich bin sehr dafür, eine günstige Gelegenheit zu benutzen und unser hiesiges Geschäft an eine Compagnie zu verkaufen; haben wir drei Kabelkontrakte zu brillanten Preisen, so ist das eine prächtige Gelegenheit dazu. Wäre ich ganz gesund, so würde ich vielleicht anders denken."[16]

Wir werden noch hören, daß das unselige Wort von den „drei Kabeln" bittere Folgen zeitigte.

Die drei zur Zeit bestehenden Atlantikkabel führten von (London via) Irland nach Neufundland, also auf kanadisches Territorium. So lag es nahe und war durchaus plausibel, daß man in Amerika von künftigen, neuen Kabeln erwartete, daß sie möglichst direkt nach den Vereinigten Staten führen sollten. In Sonderheit war man an einer Verbindung mit dem jungen, aufstrebenden Deutschen Reiche interessiert, mit dem sich laufend neue Wirtschaftsbeziehungen ergaben. Der amerikanisch-europäische Depeschenverkehr bezog sich zu einem Drittel allein auf Deutschland.

Aus heute nicht mehr ganz ersichtlichen Gründen war das von Amerika im Frühjahr aufgenommene Gespräch wegen eines deutsch-amerikanischen Kabels nicht mehr weitergeführt worden[17]. Im folgenden Jahr war mit den „ringfreien" Siemens Brothers in London verhandelt worden, und nun sollte es mit der Konstituierung einer Gesellschaft zum Bau eines Atlantikkabels Ernst werden.

Im Hinblick auf die finanzielle Situation hatte sich gegenüber 1871 einiges geändert. Frankreichs Kapitalmarkt[18] sollte den Löwenanteil übernehmen. Die Lage schien besonders günstig, die Aktien der beiden damals vorhandenen Gesellschaften mit Atlantikkabeln standen 50 bzw. 60 % über pari und erbrachten 7 - 8 % Dividende. Der Verkehr war stark gewachsen und wuchs weiter. Eine

---

[15] Nach einem Brief Löfflers an Carl Frischen vom 3. 3. 1874 war der Hauptmarkt für Guttapercha London und Amsterdam. In den verschiedenen Docks und Lagerhäusern Londons lagen am Jahresende 1873 insgesamt 1 633 Tons Guttapercha. 1873 wurden 2 195 Tons Guttapercha in London importiert. SAA 35 Lk 252.

[16] SAA BB.

[17] Man könnte sich vorstellen, daß Amerika — wenn schon Siemens & Halske nicht bereit gewesen wären, darauf einzugehen — mit Felten & Guilleaume wegen Anlage eines deutsch-amerikanischen Atlantikkabels ins Gespräch gekommen wäre. Doch ist darüber nichts nachweisbar.

[18] Das Pariser Konsortium wurde geführt durch Corneille und David & Co.

Tarifermäßigung hatte die Bruttoeinnahmen in vier Jahren schon um 40 % gehoben, doch der Tarif war noch immer hoch.

Die Begründer der neuen Gesellschaft hatten die Absicht, den Depeschentarif weiter stark zu ermäßigen und ein direktes USA-Kabel zu legen. Den höheren Kosten eines solchen, längeren Kabels stand eine zweckentsprechende, bessere Brauchbarkeit gegenüber. Man rechnete auf eine Bruttoeinnahme von 16 000 £ und auf einen Reinertrag von 10 %. Das Aktienkapital wurde auf 1 300 000 £ festgesetzt. Davon wurden 800 000 £ vom Gründerkonsortium fest übernommen:

	275 000 £	in Frankreich
	125 000 £	in Deutschland
	125 000 £	in Belgien
	175 000 £	in England
	100 000 £	in den U.S.A.
Summa	800 000 £[19]	

Die Firma Siemens übernahm selbst 50 000 £. Dagegen wurde die Herstellung und Legung des Kabels der Firma Siemens-Brothers am 8. Februar 1873 für den Preis von 1 100 000 £ Sterling übertragen. Verwaltungs- und Aufsichtsrat stellten englische und amerikanische Kreise, die finanzielle Führung übernahm — wie schon gesagt — Frankreich, wohingegen die technische Führung der deutsch-englischen Siemens-Firma übertragen wurde: William Siemens wurde zum Consulting Director und Georg v. Chauvin zum Betriebsleiter (Manager und Electrician) bestellt.

Werner Siemens, auch Neffe Georg, schienen mit dieser Zusammensetzung ganz zufrieden, was aus einem Briefe Werners an Carl vom 12. 2. 1873 zu spüren ist: „Es ist jedenfalls ein großes Resultat und Kompliment für Euch, wenn Ihr auch mit diesem großen Unternehmen durchdringt.“[20]

Als um den 22. Februar 1873 Cyrus Field wieder in London erschien, konnte man in London recht unerfreuliche Bemerkungen über Siemens Brothers vernehmen. Es ging das Gerücht um, die Siemens-Leute hätten sich mit Kontrakten belastet, die sie nicht einhalten könnten. Die Konkurrenz sorgte für schnelle Verbreitung dieser Parole, und so drang sie auch nach Berlin. Hören wir, was Werner darauf an Carl am 25. 2. 1873 nach London schrieb:

„Sehr alarmiert haben mich die Londoner Briefe. Wir werden geschildert als ehrenwerte Leute, welche Schwindelgeschäfte treiben, d. h. mehr übernehmen als sie zu leisten fähig sind. — Jedenfalls habt Ihr Euch zu weit vorgewagt. Es sollte gar nicht vorkommen können, daß man uns waghalsige Spekulationen über unsere Kräfte vorwerfen könnte! Es widerstreitet das unserer ganzen Vergangen-

---

19 SAA 38 / 8 / 2, F. 76.

20 SAA BB.

heit und schadet unserem Rufe gewaltig. Es ist wahr und unzweifelhaft, daß Kontrakte über ca. 14 Millionen[21] bei gegenwärtig fluktuierenden Materialpreisen und bei immerhin wesentlichem Legungsrisiko unsere Kräfte bedeutend übersteigen. Das darf aber nicht sein, und namentlich ich habe nicht Lust, das Resultat meines ganzen Lebens aufs Spiel zu setzen wegen zweifelhaften Gewinnes, der mich im Grunde nicht allzusehr interessiert. Es ist ja natürlich, daß durch Tantiemen pp Beteiligte, die das große Risiko nicht tragen und daher weniger beachten, immer disponiert sind, vor allen Dingen große Gewinnchancen herbeizuführen. Unser Interesse muß aber in erster Linie konservativ sein. Ich bitte Dich dringend, in dieser Richtung entscheidend einzugreifen. Ich dächte, wir könnten uns mit dem brasilianischen Kabel für jetzt genügen lassen; es ist mehr als reichlich für unseren jetzigen Besitzstand, namentlich unsere disponibeln Mitteln; ist das glücklich gelegt, so werden sich wahrscheinlich bessere Chancen zu neuer Tätigkeit finden, weil man uns dann mehr vertraut als jetzt. Ich rate also, die jetzige gute Gelegenheit zu benutzen, um das oder vielmehr die amerikanischen Kabel *definitiv* fallen zu lassen. Lieber einen sicheren Verlust, der dadurch kommen würde, ertragen! Der Schwindelruf, in den wir geraten, ist mir schrecklich und ganz unerträglich! — Womöglich gib mir ein beruhigendes Telegramm, aus dem ich schließen kann, daß Ihr die unsere Solidität anzweifelnden Geldmenschen mit einem Fußtritt zum Henker geschickt habt!"[22]

Und am 26. 2. 1873 — nachdem er mit Georg Siemens gesprochen hatte — greift Werner nochmals zur Feder und schreibt nach London: „Die Leute — und auch Georg — sind entsetzt über unser gewaltiges und nicht zu übersehendes Risiko. . . . Sag nicht, es kann gar kein Malheur eintreten. Es sollte auch keines bei den spanischen Kabel-Legungen eintreten, und an die schnelle Zerstörung des Schwarzen-Meer-Kabels hätte auch niemand vorher denken können . . . Man muß immer das Ungüngstigste noch ertragen können, denn einmal kann man nur sterben. Diesen Nachweis des Ertragens des *ungünstigsten* Resultates, das vorkommen kann, müßt Ihr führen, wenn ich zustimmen soll. Ich würde mich lieber totschießen, wie ertragen, daß ich meine Verbindlichkeiten nicht erfüllen könnte, und gegen alle Schätze der Welt übernehme ich nicht das Kleinste Existenzrisiko."[23]

Dieser Brief charakterisiert Werner Siemens in vortrefflicher Weise. Doch Werner war — wie so viele andere — auf die Ente, die da aus London kam, hereingefallen. Ganz so schwarz war der Himmel nicht, und Carl suchte die schweren Besorgnisse zu zerstreuen. Aber es scheint, daß sich Werner nicht zufrieden gab. Einige Tage später kam er, zusammen mit Georg, nach London. Hier fanden denn beide, daß die Sorgen übertrieben waren. Nun konnte, am 12. März 1873, der Prospekt der zu gründenden „Direct United States Cable Compa-

21 Also auch Werner dachte wohl an die gleichzeitige Übernahme von 3 Aufträgen.

22 SAA BB.

23 SAA BB.

ny“ veröffentlicht werden.[24] Die Presse verhielt sich im ganzen gleichgültig und beschränkte sich auf die Mitteilung der Tatsachen, nur die „Times“ konnte eine geringschätzige Bemerkung sich nicht verkneifen: es sei schon so viel Geld für Kabel in den Ozean geworfen worden, daß gar keine Veranlassung für ein neues Kabel zu erkennen wäre. — Der Absatz der Shares enttäuschte die Brüder. Zweifellos beeinflußt durch die übermäßige Propaganda der „verdammten Field'-schen Clique“ ging es mit der Zeichnung nur sehr müde voran. Man erzielte nur ein Ergebnis von 10 — 15 % des Aktienkapitals, und auch die Brüder mußten ihre gezeichneten Aktien einzahlen. Die Field-Gruppe begann nun, große Mengen der DUS-Aktien in der Baisse zu kaufen.

Im Mai 1873 zeigte es sich, daß die finanzkräftige Field-Gruppe es durchaus in ihrer Hand hatte, das ganze Unternehmen zu schlucken. So sehr man diese Entwicklung auch bedauern mochte, so zufrieden mußte man sie aber angesichts der trüben wirtschaftlichen Situation hinnehmen. Insbesondere Werner Siemens, als einer der Pioniere der elektrischen Telegraphie, haßte den „Globe“ aus ganzem Herzen; er schrieb nach London am 28. 4. 1873: „Ich muß gestehen, daß ich diese Monster-Interessenvereinigung hasse, da der Fortschritt durch sie leidet und das Publikum erst recht. Müssen wir uns aber (bezüglich der Indo-Linie) von ihr fressen lassen in unserem Interesse, so sehe ich doch gar nicht ein, warum der Globe nicht unsere Linie direkt nach direkten Verhandlungen verspeisen soll. — Will der Globe unser atlantisches Kabel übernehmen ... so bin ich ganz damit einverstanden ... Jedenfalls müßte die Übernahme aber vor und nicht erst nach glücklicher Legung stattfinden. Haben wir mal Kosten und Risiko getragen, so müssen wir auch die Vorteile haben.“[25]

Im gleichen Sinne hatte sich auch bei William eine neue Meinung gebildet. Alle 3 Brüder waren Realisten und mußten den Möglichkeiten, die ihnen bevorstanden, mutig ins Auge schauen. Am 6. 5. 1873 schrieb William an Werner: „Um meine Abneigung gegen ein großes Monopol zu dementieren, schrieb ich an Cyrus Field und traf ihn und andere Mitglieder zufällig gestern Abend in Gesellschaft. Die Leute sind nicht abgeneigt, auf meine Vorschläge zur Mäßigung und Obenanstellung des public advantage einzugehen wie es auch Klugheit gebieten muß ... und ich fühle auch, daß ich eine Machtstellung (im Globe) erhalten könnte ... Sonst ist es aber hohe Zeit, daß ich mich ganz davon zurückziehe, und dann heißt es, ‚guerre à l'outrance!'' Haben wir die Kraft, einen solchen Kampf durchzuführen, nach Osten und nach Westen? Und wird ein solcher Kampf zu besseren Resultaten führen, als eine Mitwirkung? Für ersteres spricht der Ehrgeiz, aber reichen die Kräfte aus und werden die Aktionäre schließlich befriedigt werden? Ich bezweifle beides ... Ich habe jetzt schon erklärt, daß die Indo-Europäische Linie nicht unter pari in den Globe eintreten könnte

---

[24] Der Prospekt der DUS-Co. selbst ist nicht unter den Akten des Siemens-Archivs. Erwähnt in SAA 38 / 8 / 2, F. 78.

[25] SAA BB.

... Unsere Direct Atlantic Co. steht nur auf ziemlich schwachen Füßen und die ganze Gefahr ruht auf unseren Schultern."[26]

Auch bei Werner mußte sich das Bild vom Globe immer mehr verschieben, und wie wir sehen werden, bemühte er sich aufrichtig, aus der Not eine Tugend zu machen, nicht im billigen Sinne des laisser faire, sondern abwägend, was besser, was schlechter werden könnte. So schrieb er am 9. 5. 1873 nach London: „... Für den allgemeinen Kampf gegen den Globe fehlen uns hinlängliche tüchtige Kräfte und auch ausreichendes Kapital. Im begrenzten Falle der Indo-Europäischen Linie könnten wir ihn durchführen, da wir die Regierungen und die Macht hinter uns haben ... Da wir dem Globe mit dieser Macht und der fast unbegrenzten Preis- Konkurrenzfähigkeit unserer Linie ganz unverhältnismäßig mehr schaden könnten, wie dem geringen Aktienkapital entspricht, so wird er sich wohl nicht lange besinnen, die Aktien zu pari zu nehmen ... die Aktionäre werden in der Mehrzahl die Absorbierung al pari mit den submarinen Linien annehmen, und wir haben weder das Recht noch die disponibeln Mittel und Kräfte, sie gegen ihren Willen glücklich zu machen. Im übrigen erkenne ich die Vorteile des Globe auch an. Verwaltung und systematische Durchführung des Linien-Systems werden besser werden mit ihm. Dagegen wird künfig auch nur England die telegraphische Weltherrschaft erhalten, und ich fürchte, die Welt-Telegraphie wird dem Fortschritt ziemlich verschlossen sein, schon weil nur die Globe-Beamten Erfahrungen sammeln können und die sie sekretieren."[27]

Bei dieser Entwicklung würde logischerweise auch die Kabelfabrik in Woolwich dem Globe zufallen. Noch war der Höhepunkt der internationalen Börsen- und Handelskrisis nicht überschritten. Und jeder versuchte mit äußerster Kraft, seine Werte zu erhalten.

Der Indo-Telegraph Co. erging es in diesen krausen Zeiten nicht besser. Mehrfach mußte man befürchten, daß ihr Managing Direktor Andrews mit der Konkurrenz gemeinsame Sache mache und sie der Eastern Telegraph Co. zuspiele. Mit besonders wachsamen Augen verfolgte hier Löffler das Ränkespiel, und man darf wohl sagen, daß es seinem zähen Kampfe mit zu danken war, daß William und Carl Siemens in schwachen Augenblicken durch seinen kritischen Rat gestärkt wurden und standhielten. Die privaten Geschäftsbriefe, die Löffler in Stunden der Verzweiflung 1872 - 74 an seinen Freund Haase nach Berlin sandte, legen hierfür Zeugnis ab.

Im Januar 1873, also im Zeitpunkt der großen Abschlüsse, konnte Löffler erleichtert berichten, daß die Indo-Verkaufs- bzw. Verpachtungskrise einschlafe. Bei der nun im Februar folgenden Generalversammlung der Indo-European Co. erhob Löffler sich zu einer Rede[28], in der er auf die Rentabilität der Linie einging

26 SAA BB.

27 SAA BB.

28 Rede, gehalten von L. Löffler in der Generalversammlung der Aktionäre der Indo-Europäischen Telegraphengesellschaft, London, am 28. 2. 1873. SAA WP Löffler.

und gegen Aufweichungserscheinungen im eigenen Lager Stellung nahm. Es war Löffler jedoch nicht gelungen, Andrews zu stürzen, was er gern getan hätte, um Georg v. Chauvin[29], einen befähigten jüngeren Beamten von Siemens Brothers, an seine Stelle zu delegieren. Der wirtschaftlich magere Abschluß der Indo-Linie pro 1872 war kein Einzelfall. So ziemlich alle Telegraphen-Gesellschaften hatten den „price fall“ spüren müssen. Und wenn die Telcon statt der sonst üblichen 25 % nur 15 % auswarf — und damit für dieses schlechte Jahr erstaunlich gut abschnitt — dann nur unter Zuhilfenahme eines Reservefonds, der über 10 % beigesteuert haben soll. — Die Absichten der Eastern Lines, die Indo-Linie zu übernehmen, bestanden aber weiter. Löffler schrieb an Haase am 29. 3. 1873: „Eine gemeinsame Betriebsführung der Indo- und Eastern-Linie halte ich für das allerunzweckmäßigste und würde lieber für Verkauf als hierfür stimmen ... Ebenso bin ich gegen jede Abmachung, welche der Eastern das Recht gibt, sich in den Besitz von Indo-European Shares zu setzen, denn dann würden unsere 85 000 £ gefährdet sein, zumal unsere Gegner kein Mittel scheuen würden, um für ihre Vorteile zu wirken. Gegen diese Finanzleute ist Strousberg ein unschuldiges Kind. — Die einzige Lösung der Frage liegt in der Übernahme des Betriebes durch uns, und dies in vollem Umfange zu erreichen, muß unser Ziel für die Zukunft sein; hierbei werden nicht nur wir, sondern auch die Shareholders sich gut und besser stehen als bei Verkauf oder Amalgamation, in welcher Form dieselben auch angetragen werden.“[30]

Vierzehn Tage später berichtete Löffler dann, daß sein Günstling, G. v. Chauvin, am 1. 4. 1873 als Manager und Electrician zur neuen Direct United States Telegraph Co. bestellt wurde und daß man mit dieser Wahl die DUS „in tüchtigen und zuverlässigen Händen“ wisse. Am 21. 4. 1873 holte Löffler zu einem langen Bericht an Haase aus, dem wir Sätze entnehmen, die so etwas wie ein Glaubensbekenntnis zur Stärke von Siemens Brothers, insbesondere zu Werner Siemens widerspiegeln: „Häufig wie auch jetzt wieder, wird mir der Vorwurf gemacht, daß ich fortwährend daran arbeite, das Geschäft selbständig, unabhängig von anderen Geschäften dieser Art zu stellen, daß ich fortwährend gegen andere kämpfe. Ja, das ist wahr, aber, wenn wir klein sind und groß werden wollen, so glaube ich, geht das nur dadurch, daß wir soviel wie möglich auf eigenen Füßen stehen, und da es das Interesse vieler ist, uns nicht groß werden zu lassen, so können wir nur durch Bekämpfung unserer uns Hindernisse in den Weg legenden Gegner dahin gelangen. Sind wir erst groß genug, so wird auch dieses Kämpfen aufhören; um aber die bereits erlangte Größe nicht zu verkleinern, sollten wir eben auch die Indo European, die ja einen Teil unserer eigenen Größe mit ausmacht, nicht fallen lassen. Auch weiß ich sehr gut, daß ich in diesen Kämpfen

---

[29] Georg von Chauvin (1846 - 19 . .). Trat 1868 ein in das Laboratorium von Werner Siemens, wirkte 1869 mit beim Bau der Indo-Linie im Kaukasus, 1873 Managing Director der DUS Cable Co., 1887 Director von Siemens Brothers & Co. Ltd., 1899 - 1925 Managing Director von Siemens Brothers & Co. Ltd. J. D. Scott, p. 225 ff.

[30] SAA WP Löffler, Briefe an Haase.

Dr. Werners (Siemens) Ansichten teile, der ja bei den vielen Ungerechtigkeiten, die wir von englischen Gegnern hier erleiden, oft genug zum Krieg auffordern und viel weiter gehen würde als ich.

Und hat uns denn diese Unabhängigkeit, nach der ich stets gestrebt, nicht von Jahr zu Jahr weitere Geschäftserfolge gebracht? Sind wir erst groß genug, so daß wir den ersten Geschäften dieser Art gleichbürtig stehen, so gibt es nicht mehr in der Art zu kämpfen und werde auch ich dann für Vereinigung sein. Denn dann können wir für derartige Abmachungen auch die eigenen Bedingungen vorschieben.... Wenn irgend etwas mich in dieser Richtung überhaupt beeinflußt hat, so ist es meine Zuneigung zu Werner Siemens, meine Achtung für dessen energisches Vorwärtsgehen in solchen Sachen. ...“[31]

Am Ende des Geschäftsjahres 1873 zeichnete sich eine ganz gute Entwicklung der Indo-Linie ab, indem sich die Zahl übermittelter Depeschen um 60 % gegenüber dem Vorjahre gehoben hatte. Die Konkurrenz, die Eastern Co. (Pender-Gruppe), hatte demgegenüber nicht nur keinen Gewinn, sondern sogar einen kleinen Rückgang zu spüren.“ ... Jede Depeschen-Zunahme bedeutet Dividende, da die Unkosten nicht, wenigstens nicht im gleichen Verhältnis höher werden. — „Ich glaube, daß die mageren Jahre der Indo-European-Co. hinter uns liegen, und wir augenblicklich auf dem Höhepunkt stehen.“[32] Kein Wunder, daß die Eastern Co. wieder mit Vereinigungs-Plänen auftrat. Diese Mal in Gestalt eines „Traffic-Arrangements“. Auch hier gelang es Löffler noch einmal, die Interessen der Indo-Linie zu verteidigen.

Doch kehren wir wieder zur Betrachtung der Entwicklung der DUS Co. zurück, die jetzt im Brennpunkt des Interesses stand und — technisch, wirtschaftlich und finanziell — zu allerlei Mutmaßungen Anlaß gab: die bösen Befürchtungen, daß man bald im „großen Globe-Magen“ Platz finden würde, sollten sich in den Sommermonaten 1873 wieder zerstreuen.

Am 20. 9. 1873 berichtete Löffler: „Vor der Cyrus Field'schen Globe-Verbindung fürchtet sich jetzt hier niemand mehr, da die Leute, trotz ihrer enormen Anstrengungen und ihres großen Einflusses, mit ihren ursprünglichen Ideen vollständig abgefallen sind, und die Globe- und Trust-Co., die sie ins Leben gerufen haben, kaum lebensfähig zu sein scheint und nichts weiter ist, als eine Erweiterung der schon seit 2 Jahren existierenden Submarine Cable Company. Neue Anstrengungen dieser Leute sind fürs erste nicht zu erwarten.“[33]

Im Augenblick befaßte sich der Globe mit dem Ankauf von Aktien der verschiedensten Kabelgesellschaften, um seinen Einfluß möglichst überall gleichzeitig geltend zu machen. Die beiden Atlantikkabel-Gesellschaften wurden verschmol-

---

31 SAA WP Löffler, Briefe an Haase.

32 SAA WP Löffler, Briefe an Haase.

33 Original nicht mehr nachweisbar, Text zitiert in den Korrekturfahnen des nicht erschienenen 2. Bandes von Ehrenberg, SAA 38 / 8 / 2, F. 82.

zen zur Anglo-American Telegraph Co.; sie erlangten damit das atlantische Kabelmonopol. Es zu brechen, war Aufgabe des Siemens'schen DUS- Kabels.

Mit Beratung durch den Schiffsbaumeister William Froude[34] und gestützt auf die Erfahrungen der gemeinsamen Kabellegungen in früheren Jahren mit Werner und Löffler entwarf William das Kabelschiff, welches nun seit Sommer 1873, auf der Werft von Mitchell & Co. in Newcastle, gebaut wurde. £ 130 000 sollte dieses erste große Spezialschiff für Kabellegungen kosten. Bei einer Wasserverdrängung von 4 917 BRT, einer Länge von 111 m, einer Breite von 15,95 m, einem Tiefgang von 8 m sollte es bei voller Ladung eine Geschwindigkeit von 10,5 Knoten aufweisen.[35]

Am 17. Februar 1874 wurde das Schiff vom Stapel gelassen, wobei William's Frau Anne den feierlichen Taufakt vollzog. Es erhielt den Namen „Faraday“ zur Ehrung des großen englischen Naturwissenschaftlers, der 1831 das Induktionsgesetz aufgestellt hatte. Nicht nur die spezifisch kabeltechnischen Deck- und Unterdeck-Anlagen, sondern auch die navigatorischen Besonderheiten zeichneten die „Faraday“ aus; sie besaß an Bug und Heck je ein Leitwerk, sodann Doppelschrauben-Antrieb durch zwei nebeneinander liegende Maschinen.[36]

Inzwischen war man auch in Woolwich mit der Herstellung des Kabels zügig vorangekommen. Es bestand aus einem starken Kupferleiter, der konzentrisch in 111 Kupferdrähten und darum gepreßten 4 Lagen Guttapercha gebettet war. Darum war Manilahanf gesponnen. Die Schutzhülle bestand aus Eisendrähten, von denen jeder für sich mit 5 Lagen Manilahanf geschützt war. Diese Konstruktion entsprach nahezu der seit 1866 allgemein üblichen Tiefseekabel-Form; sie war vom Verwaltungsrat der DUS-Gesellschaft vorgeschrieben. Wir werden später hören, daß Carl Siemens aus praktischen Erfahrungen heraus zu einer zweckmäßigeren Kabelkonstruktion gelangte.

Mitte April 1874 ankerte die „Faraday“ vor dem Kabelwerk Charlton bei Woolwich. Hier waren von den insgesamt erforderlich 3 060 sm Kabel bis Mitte März 1874 etwa die Hälfte fertiggestellt. Bei der Fabrikation wurde die Leitfähigkeit mit Hilfe von Thomson'schen Spiegelgalvanometern alle 10 Minuten gemessen, sodann bei der Einladung in den Kabeltank alle 30 Minuten. Das Kabelwerk beschäftigte damals um die 2 000 Arbeiter. — Am 2. Mai 1874 wurde das Schiff und das Werk einigen 100 Gästen gezeigt, am 16. Mai lief das Schiff unter Führung Carls aus. Schon 1871 hatte Werner in einem Brief an Carl zum Ausdruck

---

34 William Froude (1810 - 1879), englischer Schiffsbaumeister, hat sich hohe Verdienste erworben um die Entwicklung der Schiffsschraube, deren Antriebswirkung er in Modellversuchen studierte. DNB, Vol. 20, p. 291 - 292.

35 Garratt, One hundred years of submarine cables, London 1950, p. 37; Pole (dt.), S. 216 ff.; Zeitschrift des Vereins Dt. Ingenieure, Bd. 49, 1905, S. 1397 ff.

36 Diese Maschinenanordnung war für Hochseeschiffe bisher unbekannt. Lediglich die Flußschiffahrt, so z. B. auf dem Mississippi, kannte derartige Typen, die schon von Ferne erkennbar waren durch ihre neben-, nicht hintereinander stehenden Schornsteine.

gebracht: „Ich glaube, daß Du Dich zehnmal besser zur Leitung einer Kabelexpedition eignest wie wir beiden anderen, weil du ruhiger und bedächtiger bist.“[37]

Zur Expedition gehörte natürlich auch Ludwig Löffler, übrigens der einzige an Bord, der praktische Erfahrungen besaß, sowie mehrere Elektriker und Arbeiter, schließlich die Schiffsbesatzung. Etwa zur gleichen Zeit, als die „Faraday“ auslief, hatte man im brasilianischen Kabel starke Fehler gefunden, die zu beheben waren. — Die erste Teil-Expedition diente der Kabellegung von Torbay bei Halifax (Neuschottland) nach Rye Beach bei Porthmouth (New Hampshire). Bei Beginn der Legung zeigte sich, daß nicht alles in genügendem Maße vorbereitet war, so z. B., daß kein genügend leistungsfähiges Bremsdynamometer vorhanden war. Zur Behebung eines Fehlers brauchte man — da inzwischen Nebel die Arbeit erschwerte — volle 14 Tage. Postverzögerungen nach Europa bereiteten dort große Sorge. Und als am 2. Juli 1874 ein Reuter-Telegramm aus Halifax in der „Times“ erschien und besagte, daß die „Faraday“ mit einem Eisberg zusammengestoßen und total verloren sei, können wir uns die Stimmung bei William und Werner vorstellen. Letzterer erhielt die Nachricht aus London übermittelt, als er im Begriffe war, in der Berliner Akademie der Wissenschaften seine Antrittsrede zu halten. Hierüber schreibt Werner Siemens in seinen „Lebenserinnerungen“:[38] „Es erforderte nicht geringe Selbstbeherrschung von meiner Seite, niedergedrückt von dieser schrecklichen Kunde, doch meinen unaufschiebbaren Vortrag zu halten! Nur wenige intime Freunde hatten mir die gewaltige Erregung angesehen. Freilich hoffte ich vom ersten Augenblicke an, daß es ein Liebeswerk unserer Gegner wäre, diese Schrecksekunde in Amerika, woher sie telegraphiert war, erdichten zu lassen. Und so stellte es sich bald heraus.“ Tags darauf meldete ein Telegramm von Carl, via Porthmouth — London, daß alles an Bord wohlauf und Reparatur erfolgreich beendet sei.

Die liebe Konkurrenz hatte immerhin zweierlei erreicht. Einmal, daß die DUS-Aktien fielen, dann, daß sich die Arbeit in Neuschottland verzögerte. Man erwartete dort das Hilfsschiff „Ambassador“, welches, mit Material unterwegs, der Hiobs-Botschaft wegen andere Weisungen erhalten hatte. Schließlich kam am 5. August 1874 die „Faraday“ wieder in England an. Bei aller Freude über die Wiederkehr, die sich unter anderem in einem Glückwunsch- Telegramm Werners ausdrückte, mußte dieser Carl und Löffler doch einen Vorwurf machen: „Du hast Recht, den elekrischen Teil habt Ihr viel zu leicht behandelt. Es ist das der gewöhnliche Fehler der Kabelleger, bis sie durch Schaden klug geworden sind! Wir hätten aber davon frei bleiben sollen, da gerade wir zuerst den elektrischen Teil der Legung früher zu Ehren gebracht haben. Ich ließ Newall 1858, trotz Schimpfen und Toben, mal 5 Stunden halten vor dem Abgange, weil die Signale nicht völlig befriedigen und sicher gewechselt wurden. Abzufahren, bevor Signale

[37] SAA BB. Die gleiche Feststellung trifft Werner auch in seinen Lebenserinnungen. WSL, S. 242.

[38] WSL, S. 244.

und Messungen vollkommen eingeübt sind und fehlerlos gehen, ist geradezu ein Verbrechen, und es wundert mich das von Löffler ungemein, der doch alte Erfahrungen darin hatte. Dann der alte und immer wiederkehrende Fehler, daß man denselben nicht bei sich, sondern bei der anderen Station sucht! Es ist übrigens auch ein großer Rückschritt, daß Ihr nicht eine Kontaktuhr am Ufer angewendet habt, wie wir immer früher mit vollkommenem Erfolge —. Da Ihr wahrscheinlich die schönen von Meyer und mir ausgearbeiteten Instruktionen dort nicht mehr zur Hand habt, so schicke ich unser letztes Exemplar.“[39]

Nach längeren Umständen konnte am 1. September 1874 ab Irland, Ballinskellig Bay, mit der Auslegung des Hauptkabels begonnen werden. Folgen wir hier wieder den „Lebenserinnerungen“ von Werner Siemens (S. 242): „Der schwierige steile Abfall der irischen Küste zu großer Meerestiefe war glücklich überwunden, und den elektrischen Prüfungen zufolge der Zustand des Kabels untadelhaft. Da trat plötzlich ein kleiner Isolationsfehler ein, so klein, daß nur außerordentlich empfindliche Instrumente, wie wir sie anwendeten, ihn konstatieren konnten. Nach hiesiger Kabellegungspraxis würde man diesen Fehler unberücksichtigt gelassen haben, der ohne jeden Einfluß auf die telegraphische Zeichenbildung war, doch wir wollten eine ganz fehlerfreie Kabelverbindung herstellen und beschlossen daher, das Kabel bis zu dem Fehler, der noch dicht hinter dem Schiffe liegen mußte, wieder aufzunehmen. Dies ging auch zunächst, trotz der großen Meerestiefe von 18 000 Fuß, ganz gut vonstatten, wie uns vom Schiffe laufend telegraphiert wurde. Plötzlich flog die Skala unseres Galvanometers aus dem Gesichtsfelde — das Kabel war gebrochen! Gebrochen in einer Tiefe, aus der das Ende wieder aufzufischen ganz unmöglich schien. — Es war ein harter Schlag, der unser persönliches Ansehen wie unseren geschäftlichen Kredit schwer bedrohte. Die Nachricht durchlief noch in derselben Stunde ganz England und wurde mit sehr verschiedenen Empfindungen aufgenommen. Niemand glaubte an die Möglichkeit, aus so großer Tiefe ein abgerissenes Kabelende wieder aufzufischen, und auch Bruder Wilhelm riet telegraphisch, das verlegte Kabel aufzugeben und die Legung von Neuem zu beginnen“.[40]

Aber Carl an Bord der „Faraday“ verlor den Mut nicht, und Werner war selbst überzeugt, daß er nicht zurückkehren würde, ohne den Versuch einer Auffischung des Kabels unternommen zu haben. Als Jahrzehnte später Prof. Ehrenberg Studien zu seinem Werk über die Unternehmungen der Brüder Siemens betrieb, berichtete ihm Carl hierzu folgendes: „Eingedenk dessen, daß es uns so leicht geworden war, Halifax gegenüber das Kabel aus einer Tiefe von 500 Faden zu heben, entschloß ich mich, auch hier den Versuch zu machen.[41] Die Tiefenmessung

39 SAA BB, Werner an Carl, 11. 8. 1874. Anleitung zur Fehlerortsbestimmung 1860 = SAA 35 Lk 253, 14.

40 WSL S. 242.

41 Carl gestand Werner später, daß er während des ununterbrochenen Niederlassens des Ankers, der sieben Stunden brauchte, um den Meeresgrund zu erreichen, erst eine

ergab 2 683 Faden; der Montblanc hätte also dort stehen können, ohne bemerkt zu werden. Das Meer war zum Glück ruhig und der Meeresboden glatt. Wäre nicht ein Zahnrad an der Kabelhebungsmaschine zerbrochen gewesen, so wären wir schon nach 24 Stunden wieder flott gewesen; das Einsetzen des Ersatzrades dauerte allein schon 24 Stunden, so daß wir erst nach 48 Stunden die Kabellegung fortsetzen konnten."[42]

Werner Siemens in seiner Meßstation in Ballinskellig Bay beobachtete unterdessen die steten Schwankungen der Skala seines Galvanometers, um eventuell daraus Schlüsse zu ziehen, die auf Bewegung des Kabels durch den Suchanker schließen ließen.

„Solche Anzeichen traten auch häufig ein, ohne weitere Folgen zu haben, und es vergingen zwei bange Tage, ohne irgendwelche Nachrichten von dem Schiffe. Auf einmal eine heftige Spiegelschwankung! Das Ende des Kupferdrahtes mußte metallisch berührt sein. Dann mehrere Stunden lang schwaches, regelmäßiges Zucken des Spiegelbildes der Skala, woraus ich auf stoßweises Heben des Kabelendes durch die Ankerwinde schloß. Doch stundenlang darauf folgende Ruhe ließ die Hoffnung wieder sinken. Da wiederum starke Spiegelschwankung durch Schiffsstrom, die mit nicht enden wollendem Jubel des Stationspersonals begrüßt wurden. Das Unglaubliche war gelungen. Es mußten viele günstige Verhältnisse zusammentreffen, um dies möglich zu machen. Guter sandiger Meresgrund, gutes Wetter, zweckmäßige Einrichtungen für das Suchen und Heben des Kabels und ein gutes, leicht lenkbares Schiff mit einem tüchtigen Kapitän fanden sich hier glücklich zusammen und machten mit Hilfe von viel Glück und Selbstvertrauen das unmöglich Erscheinende möglich."[43]

Selbst Carl war von diesem Erfolge überrascht; aber in England hatte die Konkurrenz bereits das Leichentuch über das Kabel gedeckt und jubelte „it es a rotten cable!" — so berichtete Carl.

Wenige Tage nach dem Kabelbruch vom 6. September 1874 — man schrieb den 11. September — erfolgte bei stürmischem Wetter und über felsigem Meeresgrund ein neuerlicher Kabelbruch.[44] Über zwei Wochen mühte man sich vergeblich, auch diesen Schaden zu beheben; aber es war alles vergeblich. Am 27. September stellte man die Versuche ein, die „Faraday" nahm wieder Kurs auf Woolwich.

---

klare Vorstellung von der Meerestiefe erlangte und die Hoffnung auf guten Erfolg verlor. Damit erklärt es sich, daß er sich vorher leicht entschlossen hatte, die Hebung des Kabels zu versuchen.

[42] SAA 38 / 8 / 2, F. 92.

[43] WSL, S. 242.

[44] Über diesen zweiten Kabelbruch hat Werner Siemens in seinen Lebenserinnerungen nichts berichtet. Möglicherweise hatte er das im Alter vergessen. R. Ehrenberg erhielt hiervon authentische Kunde durch Carl Siemens.

Nun untersuchte man noch einmal alle Möglichkeiten mit wissenschaftlicher Gründlichkeit. Es darf nicht verhehlt werden, daß über diese selbstkritischen Untersuchungen im Brüderkreis die Bereitschaft zu weiterer treuer Zusammenarbeit auf eine harte Probe gestellt wurde. Man ermittelte tatsächlich, daß die konstruktive Beschaffenheit des Kabels zu einigen Wünschen Anlaß gäbe und hoffte nur, daß weitere Katastrophen vermieden werden könnten.

Am 25. Oktober 1874 lief die „Faraday“ wieder aus. Am 2. November wurde das Kabel an einer geeigneten Stelle wieder gehoben und angespleißt. Es zeigte sich sogleich guter Stromdurchgang, und die Expedition konnte aufs neue fortgesetzt werden. Als man sich noch etwa knappe 300 Knoten von Neufundland befand, ereignete sich ein neues Unglück: bei heftigem Nordoststurm war man wegen eines geringen Fehlers genötigt, das Kabel zu kappen und an einer Boje festzumachen. Dabei verwickelte sich die Bojenkette in die eine der beiden Schiffsschrauben und das angehängte Kabel riß ab. Da es bei der stürmischen Wetterlage früh dunkelte, konnte man erst am anderen Tage den Schaden näher untersuchen, die Schraube von der Kette befreien und mit halber Kraft nach Harbour Grace, Conception Bay, Neufundland, einlaufen.

Noch bevor die Panne behoben war, hatte William die etwas verwegene Idee, vor dem Board der DUS Company ein zweites Kabel in Vorschlag zu bringen, welches im Sommer 1875 zu legen wäre. Aber man entschloß sich, diese Frage denn doch lieber bis zu einem psychologisch günstigeren Zeitpunkt zurückzustellen. Die Wetterverhältnisse waren außergewöhnlich schlecht, und es wurde Weihnachten. Die Hoffnung der Brüder, zu diesem Termin eventuell doch noch fertig zu werden, ging nicht in Erfüllung. Carls Brief vom 22. Dezember 1874, den er von Bord der „Faraday“ an die Brüder schrieb und den er um die Jahreswende in London schätzte, endete mit der Feststellung: „Habt Geduld! Es geht der Weg durch Nacht zum Licht!“ — Er war also entschlossen, durchzuhalten. Und Werner beschloß dieses düstere Jahr mit der Feststellung: „Wir müssen jetzt den Kopf oben behalten, und — komme was da wolle — unsere Verpflichtungen streng erfüllen und das Geschäft bestens fortführen“.[45]

Am 18. Januar 1875 erschien Carl wieder in London, um einige Lehren im Kabellegen reicher. Die Nichtvollendung des DUS-Kabels im alten Jahre und die Katastrophe des brasilianischen Kabels — es wurde zweimal geliefert, aber beidemale, durch Schiffsuntergang der „Gomos“ am 25. Mai 1874 und des als Ersatz mit neuem Kabel gesandten Dampfers „La Plata“ am 24. November 1874,[46] verloren — hatte den Brüdern einen finanziellen Verlust von 3,5 Millionen Mark eingetragen. Man wußte aber jetzt mehr über das Verhalten des Kabels bei seiner Legung und glaubte im neuen Jahre die Pannen durch bessere Leistungen wieder wettzumachen.

---

45 SAA BB.

46 Pole (dt.), S. 220 - 232. Beim Untergange der „La Plata“ waren 58 Todesopfer zu beklagen.

Unter Leitung von Webb wurde Ende Februar 1875 das dritte brasilianische Kabel an Bord des „Ambassador" nach Südamerika verschifft, dort ohne Zwischenfälle ausgelegt und erfolgreich übergeben.

Am 4. April 1875 war die „Faraday" — wieder unter dem Kommando Carls — ausgelaufen, um nun das DUS-Kabel vor Neufundland wieder aufzunehmen und zu vollenden. Die schlechte Wetterlage wie auch der Befund des aufgenommenen Kabels führten aber zu einer neuen Verzögerung der Arbeiten. Am 9. Juni 1875 war jedoch die Verbindung Irland — Torbay (Neu-Schottland) zum ersten Male geglückt; die Zeichen kamen in beiden Richtungen sehr deutlich an. Dann aber wollte Carl noch an der Ausbesserung eines relativ geringfügigen Fehlers arbeiten, und damit traten neue Verzögerungen ein. Das Kabel war für fast vier Wochen stumm, die Aktien fielen.

Anfang August 1875 kam Carl mit der „Faraday" wieder nach Woolwich, um neues Ersatzmaterial zu holen. Die Stimmung der drei Brüder — Werner, der durch Krankheit in der Schweiz aufgehalten war, kam erst etwas später nach London — war ziemlich gedrückt. Man beschloß nun, Löffler allein nach Neufundland zu schicken.

Am 22. August 1875 kam Löffler an der Fehlerstelle an, führte an den defekten Punkten des Kabels die Reparaturen durch und konnte am 5. September 1875 die Verbindung Irland — Torbay wieder herstellen. Dann kehrte er — wie ein Feldherr nach siegreicher Schlacht — nach Woolwich zurück.

Ein besonders Werner erfreuendes Gutachten über das Kabel erstattete Sir William Thomson, der große englische Gelehrte: „Ich bin erfreut, sagen zu können, daß das Kabel tadellos isoliert ist, daß ferner die elektrostatische Kapazität und der Kupferwiderstand eine Leitungsfähigkeit bezeugen, welche für ein atlantisches Kabel von solcher Länge als eine sehr bemerkenswerte und wertvolle zu bezeichnen ist."[47]

Am 15. September 1875 war der Verkehr der DUS Company eröffnet worden. Schon am ersten Tage veranstalteten die Börsenleute Wettrennen auf den 4 konkurrierenden Kabeln, wobei das neue die alten Kabel um über eine Stunde schlug. Man sendete bis zu 19 Worte pro Minute.[47a] Der Kurs der DUS Aktien stieg auf 11 £.

Die großartige Entwicklung des DUS-Kabels wurde aber am 27. September 1875, also nach 12 Tagen einwandfreien Betriebes, jäh unterbrochen. Die „Faraday", die sofort zur Reparatur auslaufen sollte, wurde durch verschiedene Umstände aufgehalten. Die Gründe schilderte William in seinem Brief vom 10. 10. 1875 an Werner: „Die Lloyd Surveyors machen uns viel zu schaffen und sind ganz augenscheinlich von der Anglo Co. bezahlt, um uns zu verhindern, das Kabel

---

47 Sir William Thomsons Bericht gedruckt in SAA 15 / Lh 319.

47a SAA 38 / 8 / 2 F. 115.

diesen Winter noch zu verbinden. Es sind am Vorderteil einige Nieten lose und leck geworden, und da haben sie erst allerhand unsinnige Verstärkungen oktroyiert, und dann urplötzlich erklärten sie, das Schiff müßte erst in den dry dock. Am Vorabend dieser Erklärung gingen die DUS-Aktien 3 £ herunter, die Spekulation war daher dem Ausspruch vorausgegangen. Löffler hat einen großen Kampf mit diesen Kerlen an Bord gehabt, und erst nachdem er ihnen ihre Karten aufdeckte, ließen sie ihre Prätensionen fallen.“[48] Und am 18. 10. 1875 schrieb William weiteres zu diesem Thema. „... Das Ganze scheint ein Komplott zwischen einzelnen Surveyors von Lloyd und vom Board of Trade und Spekulanten der Stock Exchange (mit Anglo Co.) zu sein, denn die Preise tanzen auf und ab, immer im Vorgefühl der Dinge, die da kommen sollen. Hilft ihnen aber alles nichts, und schließlich gewinnen wir an Prestige.“[49]

Einen weiteren Bericht sandte William an Werner zwei Tage später: „Endlich ist die Faraday entschieden in See, aber nicht ohne neuen Aufenthalt! Diesmal war die Admiralität angespannt, das Schiff im Dock anzuhalten, im Augenblick, als es bei hoher Flut auslaufen sollte. Der Kläger war der Eigentümer einer Barke, welche wir beim Einlaufen ins Dock vor 4 Wochen beschädigt hatten. Er hatte 90 £ Entschädigung verlangt, und wir hatten 40 £ geboten, und die Ausgleichung ging ihren gewöhnlichen Gang. Ob er unter den Umständen ein gesetzliches Recht hatte, zu einer solchen Gewaltmaßregel zu greifen und ein Depositum von 400 £ als Kaution zu verlangen, ist noch nicht ganz klar. Die Hauptaufgabe ist ihm Konspiration mit anderen, uns zu hindern und Schaden nachweisen zu können; denn darauf steht Zuchthaus für ihn und seine Mitkonspiratoren. Glücklicherweise konnten sie an Bord 400 £ Bargeld mustern, und wir verloren nur eine Tide, sonst hätte es uns noch eine Springtide und somit 14 Tage kosten können. Schließlich werden wir die Herrschaften doch mal zu Buche bringen, und ich bereite bereits eine Zusammenstellung aller dieser Zwischenfälle vor, um sie einstweilen dem Board of Trade und der Admiralität mitzuteilen.“[50]

Bei allem Verständnis für die Verlegenheit, in die sich die übertrumpfte Monopolgesellschaft durch das DUS-Kabel gesetzt sah, muß man die Methoden, zu der sie jetzt griff, scharf verurteilen. Richard Ehrenberg, der die unveröffentlichte Darstellung der Seekabelunternehmungen der Brüder Siemens hinterlassen hat und als Kenner darüber urteilen kann, konstatierte, daß die Mittel, welche die Konkurrenz damals gegen das DUS-Kabel anwendete, „zu den dunkelsten Geschehnissen der gesamten neueren Wirtschaftsgeschichte“[51] gehören.

Am 5. November 1875 wurde der „Bruch“ des Kabels ausgebessert; er lag im flachen Wasser. Der Betrieb erfolgte gegen eine Gebühr von 3 sh, auf die

48 SAA BB.
49 SAA BB.
50 SAA BB.
51 SAA 38 / 8 / 2, F. 116.

sich die Anglo Co. und die DUS Co. geeinigt hatten. Aber durch Rabatt-Gewährung — die der Anglo Co. durch Parlaments-Beschluß untersagt war — stand die DUS-Linie wieder besser da. Die Folge war, daß die Anglo Co. drohte, sie werde am 1. Januar 1876 den 1 sh-Tarif einführen, wenn die DUS Co. nicht aufhören würde, Rabatte zu gewähren.

Aber von jeher hatte die DUS Co. dem Publikum billigste Bedienung und Bekämpfung des Monopols versprochen, und sie hielt ihre Absicht, dies zu tun, auch gegenüber dieser Drohung aufrecht.

Die Einnahmen der DUS Co. vergrößerten sich täglich. Wenngleich das DUS-Kapital nur 15 % von dem der Anglo Co. ausmachte, hatte sie bereits jetzt 30 % des gesamten atlantischen Depeschen- Verkehrs an sich gebracht.

Am 10. Dezember 1875 erfolgte abermals ein Kabelbruch. Für Carl und William war es jetzt ziemlich klar, daß es sich um eine mutwillige Zerstörung der Linie handelte, übrigens örtlich unfern der Stelle des letzten Bruches. Am 13. Dezember 1875 schrieben die Brüder an Werner. Zunächst Carl: „Es scheint, nach den bisher eingegangenen Messungen zu urteilen, kaum 100 Meilen von Torbay in ungefähr 60 Faden Wasser zu sein. Da die Fischerei längst aufgehört hat, so ist es so ziemlich unzweifelhaft, daß wir es dieses Mal mit einer böswilligen Zerstörung zu tun haben. Vielleicht wirkt Cyrus Field dort drüben in dieser Richtung. Wir werden uns erkundigen, ob er oder seine Freund viele Anglos gekauft haben. Jedenfalls werden wir jetzt einen Preis, und zwar £ 1 000 ausschreiben für denjenigen, welcher uns zur Entdeckung des Täters verhilft." Und nun schrieb William: „Der neue Bruch des DUS-Kabels ist ein unangenehmer Schlag und macht eine neue Weihnachtsexpedition nötig ... die Meinung ist ziemlich allgemein verbreitet, namentlich in Amerika, daß es absichtlich gebrochen ist."[52]

Nun begannen die Angriffe der Konkurrenz wirksam zu werden. Durch Verbreitung unwahrer Berichte suchte man das Ansehen der DUS Co. in der Öffentlichkeit systematisch zu ruinieren.

Carl berichtete über diese Machenschaften an Werner mit Brief vom 16. 12. 1875: „Du glaubst gar nicht, wie die Leute hier bemüht sind, uns zu schaden. Das DUS-Kabel wird auf alle nur mögliche Weise verleumdet."[53] Und am 20. 12. 1875 berichtet er weiter: „Der Streit zwischen uns und der Construction Company fängt jetzt an, lebhaft zu werden. Die Hunde verbreiten alle nur möglichen Gerüchte über das Kabel. Der Daily Telegraph brachte am Sonnabend ... einen albernen Artikel über das Kabel, auf welchen wir geantwortet haben. In der nächsten Generalversammlung der DUS soll das grobe Geschütz gegen diese Bande von Gaunern losgefeuert werden."[54]

---

52 SAA BB.

53 SAA BB.

54 SAA BB.

Da man bemerkte, daß neue Schikanen gegen das Auslaufen der „Faraday“ zur Reparaturfahrt vorbereitet wurden, mußte sich diese am 21. Dezember 1875 ganz heimlich und leise aus der Themse schleichen. Selbst die DUS-Gesellschaft hatte von dem so frühen Auslaufen keine Kenntnis; man glaubte allgemein, daß die Ausfahrt erst nach dem Jahreswechsel in Frage käme.

Bereits am 10. Januar 1875 war der Schaden behoben und damit der Depeschenverkehr der DUS Co. wieder klar. Nun wurde der Konkurrenzkampf nur noch wütender. Am 23. Januar 1876, gerade als die „Faraday“ von der zweiten Reparaturfahrt zurückkehrte und Bericht und Beweis liefern konnte, daß das Kabel — gleich dem früheren — zweifellos durch Menschenhand zerstört worden war, erfolgte der dritte Bruch.

Um den Gerüchten der Konkurrenz entgegentreten zu können, bemühte die DUS Co. nun Sir William Thomson und F. J. Bramwell um ein fachmännisches Gutachten über die Art und den Befund der Kabelbrüche. Es kam zu dem Ergebnis, „daß die Brüche durch gewaltsame Anwendung eines Werkzeuges verursacht worden sind und nicht dadurch, daß es schwächer geworden ist oder an irgendeiner Stelle gescheuert oder abgerieben ist.

Die peinliche Sorgfalt, welche angewendet worden ist, um auch den geringfügigsten Fehler aus dem Kabel zu entfernen, ist der Hauptgrund für die Verzögerung der Vollendung des Kabels gewesen. Dieser Verzug war nicht nutzlos; denn den Vorsichtsmaßregeln, welche die Vollendung der Legung verzögerten, ist die außerordentlich vollkommene elektrische Beschaffenheit des Kabels, wie es jetzt liegt, zu verdanken. Wir sind der Ansicht, daß die Unternehmer alle Anerkennung für die unermüdliche Beharrlichkeit verdienen, mit der sie — gleichviel wie groß immer die Tiefe des Meeres, wie geringfügig auch der Fehler — nichts unvollkommen ließen, und für die vorzüglichen Mittel, an Material sowohl wie an Personal, mit welchen sie ihre Operationen, oft im schlechtesten Wetter und zum großen Teil im Winter ausgeführt haben, und für den Erfolg, den sie schließlich erreicht haben, der Gesellschaft ein durchaus vollkommenes Kabel zu geben.“[55]

Inzwischen hatte die „Faraday“ auch den dritten Bruch, wiederum in der Gegend von Halifax, behoben. Der Befund zeigte hier, daß das Kabel unversehrt zur Oberfläche gebracht und dann mit einer Axt durchgehauen war. Dies wurde öffentlich festgestellt. Es erfolgte kein Widerspruch — aber von seiten der DUS auch keine Klage![56]

Die Kabelbrüche hörten erst auf, nachdem man sich entschlossen hatte, die „Faraday“ für unbestimmte Zeit in Halifax zu stationieren. Aber auch dann war

[55] Report von Sir W. Thomson und F. J. Bramwell vom 21. 2. 1876 in SAA 15 / Lh 319.

[56] Ein von Ed. H. Lushington am 10. 3. 1876 verfaßter Bericht über die Sabotageakte gegen das DUS-Kabel wurde am 28. 3. 1876 der DUS-Co.-Generalversammlung vorgelegt. Deutsche gedruckte Übersetzung in SAA 15 / Lh 319. Kopie als Anlage 7, S. 194.

der Konkurrenz-Kampf noch nicht beendet. 1877 gelang es schließlich durch Aktienerwerb, die Unabhängigkeit der DUS-Co. aufzuheben und sie dem „Kabelring" einzuverleiben. Carl schrieb Werner darüber am 7. 4. 1877: „Gestern sind wir nach einer fünfstündigen Sitzung die DUS richtig los geworden. Wilhelm geriet dabei in Sturm und hat die Pendersche Klique ganz gehörig verfeuert. Drei der Direktoren sind zu Verrätern geworden und sind mit in den neuen Board aufgenommen." Und William schrieb gleichen Tages: „Gestern habe ich den Todeskampf der DUS gekämpft. Pender hatte zwar die absolute Majorität in seiner Tasche; aber es lag mir doch daran, mich klar und deutlich über alle ihre Gemeinheiten auszusprechen und beiläufig die Anschuldigungen gegen uns zu widerlegen."[57]

Mit dem Übergang der Direct United States Cable Co. in den Kabelring John Penders war ein dramatisches Kapitel in der Geschichte der Siemens-Unternehmungen zum Abschluß gekommen. Die Brüder Siemens hatten damit ein großartiges Beispiel an kühnem Unternehmergeist und Bereitschaft, einmal Angefangenes zu Ende zu führen, geliefert. Wer konnte es ihnen verdenken, daß sie nun nach vieljährigem Abwehrkampf gegen eine gewissenlose, ihnen völlig wesensfremde Konkurrenz das Gefühl der Erlösung empfanden von einer Aufgabe, die fast übermenschliche Kräfte erforderte.

Werners Interesse an dieser wie auch an ähnlichen Unternehmungen entsprang nicht so sehr dem Erwerbstrieb als dem Bedürfnis, eine schwere, wissenschaftliche Aufgabe nach besten Kräften zu meistern.

William besonders muß an dieser wie auch an der mit zahlreichen Todesopfern verbundenen brasilianischen Kabellegung psychisch schwer getragen haben.[58] Verständlich ist sein abgrundtiefer Haß gegen den Kabelring, der in seiner scharfen Abrechnung mit Pender Entspannung fand.

Carl schließlich, der aus unternehmerisch-richtigen Erwägungen stets für den Abschluß eines Kabelvertrages gekämpft hatte, zögerte nicht, als Nicht-Fachmann die Verantwortung für die eigentliche Kabellegung zu tragen. Seine unermüdliche Bereitschaft, den Kampf mit den Elementen und den technischen Pannen bis zum glücklichen Ende zu führen, ist besonders hoch zu werten.

Auch Löfflers Einsatz verdient Anerkennung. Wir wissen aus früheren Darlegungen, daß er eine ausgeprägt selbstsüchtige, materielle Ader hatte, die sein Tun und Handeln leitete. In der Stunde der Gefahr hatte Löffler sich als Fachmann, aber auch als Gefolgsmann der Brüder Siemens ausgezeichnet bewährt.

In seinen „Lebenserinnerungen"[59] beschließt Werner Siemens das Thema des DUS-Kabels mit folgender Feststellung: „Die glückliche Vollendung des amerikanischen Kabels hob das Londoner Geschäft auf eine viel höhere Stufe des

---

57 SAA BB.

58 Pole (dt.), S. 231 - 33.

59 WSL, S. 244.

Tabelle der vom Kabeldampfer „Faraday“ in den Jahren 1874 — 1901 gelegten Transatlantik-Kabel[60]

Jahr	Name/Firma der auftraggebenden Gesellschaft	Küstenstationen in Europa	/ Amerika	Länge in sm
1874/ 1875	Direct United States Cable Co. (DUS-Kabel)	Ballinskellig Bay/Irl.	Rye Beach	3 100
1879	Compagnie Française du Telegraph de Paris à New York (Pouyer-Quertier-Kabel)	Brest/ Frankreich	Cap Cod/ Massachussets	3 069
1881	Western Union Telegraph Co. (North Cable) (Jay Gould Kabel I)	Cornwall/ England	Canso Nova Scotia	2 531
1882	Western Union Telegraph Co. (South Cable) (Jay Gould-Kabel II)	Cornwall/ England	Canso Nova Scotia	2 576
1884	Commercial Cable Co. (N.C) (Mackay-Bennett-Kabel I)	Waterville/ Irland	Nova Scotia	2 399
1884	Commercial Cable Co. (S.C) (Mackay-Bennett-Kabel II)	Waterville/ Irland	Nova Scotia	2 381
1894	Commercial Cable Co.	Waterville/ Irland	Nova Scotia	2 161
1900	Commercial Cable Co.	Azoren	Nova Scotia	1 698
1901	Commercial Cable Co.	Waterville/ Irland	Azoren	1 204

englischen Geschäftslebens.“ Das gilt ganz allgemein wie für das Kabelgeschäft im besonderen.

Der entsagungsvolle Kampf um Vollendung und Erhaltung des DUS-Kabels war von aller Welt gesehen, und von vielen, die die Umstände kannten, mitempfunden worden. Im fremden Lande hatte ein deutsches Familien-Unternehmen ein Beispiel gegeben, wie man in fairer Weise und auf reellem Wege eine technisch wie wirtschaftlich fortschrittliche Leistung zustande bringt. Eine Pio-

60 Zusammengestellt unter Verwendung von Scott, p. 42, 192, 195. Bei Scott findet sich insofern ein Irrtum, als dort von zwei französischen Atlantikkabeln der Jahre 1879/ 1880 die Rede ist. Das zweite wurde nicht von Siemens ausgeführt, da die Gesellschaft das erste bereits kurze Zeit nach Betriebsaufnahme dem Kabelring überlassen mußte und dann am zweiten uninteressiert war.

nierleistung für sich war das Kabelschiff „Faraday“, welches auf Grund 20-jähriger eigener Erfahrungen auf dem Gebiet der Seekabeltechnik geschaffen worden war. Dieses Schiff wurde Vorbild für alle später gebauten Kabellegeschiffe. — In dem ehrlichen Bemühen, ein absolut fehlerfreies, direktes Transatlantikkabel von Irland nach den USA zu legen, ist man bis zum Äußersten gegangen und nahm die Verleumdungen der Konkurrenz für die lange Legezeit des DUS-Kabels getrost in Kauf. Das Gutachten von Sir William Thomson, des objektiven, wissenschaftlichen Mitarbeiters der Konkurrenz, war für Werner Siemens der schönste Lohn. — Die Ermäßigung der Depeschengebühr war für Siemens Brothers weniger eine Kampfmaßnahme gegen die Konkurrenz als ein ehrliches Bemühen, den technischen Fortschritt für einen gerechten Preis allen Teilnehmern zukommen zu lassen.

Es würde dem Sinn dieser Arbeit widersprechen, wollten wir hier in gleicher Ausführlichkeit die Schicksale der weiteren Siemens-Kabellegungen, die nun folgten, beschreiben. Die Darstellung des DUS-Kabels mußte aber etwas breiter angelegt werden, da viele Dinge des Geschehens einmal neuartig, sodann aber auch beispielhaft waren.

Die von 1875 bis 1879 geführten Verhandlungen zur Herstellung eines französischen Atlantikkabels (Paris) — Brest — Cap Cod / Mass. — (New York) waren wiederum unermüdlich gestört worden durch den Kabelring John Pender's. Auch hier war es wieder Carl, der schließlich am 29. Mai 1879 vertraglich die Lieferung und Legung des Pouyer-Quertier-Kabels übernahm. Ein in Aussicht genommenes zweites Kabel entfiel, da die Pender-Gruppe nach der Fertigstellung des ersten Kabels die Linie in ihren Besitz zwang.

Bei dieser Kabellegung fand das von Carl angegebene Kabel mit geschlossener Eisendraht-Armierung[61] zum ersten Male und mit Erfolg Anwendung.

Nun war auch Carl's Interesse an Seekabellegungen — nachdem William und Werner schon längere Zeit „keine Lust, den Kabelschwindel weiter zu betreiben“ mehr empfanden — restlos erloschen. Einige diesbezügliche Äußerungen in Briefen mögen dies belegen:

26. 7. 1877: „Ein solches Kabelgeschäft paßt nur für bestimmte Leute. Man hat nur mit Machern und sonstigen Lumpen zu tun, und das hält unsereins auf die Dauer nicht aus“.

28. 8. 1879: „Der Satan mag alle Kabelgeschäfte holen! Man wird dabei seines Lebens nicht froh. Ich bin sehr dafür, das ganze hiesige Geschäft an Löffler abzutreten, nachdem wir diesen Kontrakt ausgeführt haben“.

8. 3. 1880: „Um unsere Gefühle richtig beurteilen zu können, müßtest Du (= Werner) genau wissen, was Kabelgeschäfte für schmutzige Geschäfte sind. Ich habe

---

61 WSL, S. 244.

es zweimal durchgemacht und habe ganz genug davon. Es ist der alte Berliner Gründerschwindel en gros.“[62]

Aber nun waren Siemens Brothers als qualifizierte Kabelunternehmer bekannt geworden, und es gab kein Zurück. Der nächste Kontrakt für zwei Atlantikkabel kam Ende Dezember 1880 auf telegraphischem Wege von Jay Gould[63], der diese sonderbare Bestellung dadurch bekräftigte, daß er sogleich £ 60 000 überwies. Der eigentliche Vertrag wurde erst später geschlossen. Das von ihm der Firma Siemens Brothers entgegengebrachte Vertrauen konnte und wollte man nicht enttäuschen. 1881 und 1882 wurden beide Kabel von der „Faraday“ gelegt.

Danach folgte 1884 die Herstellung und Lieferung von zwei weiteren Atlantikkabeln für die Commercial Cable Co. Das Legen dieser Kabel war für die Männer der „Faraday“ unter Löfflers Leitung nun schon nahezu eine Routine-Angelegenheit geworden — was nicht heißen soll, daß es bei dieser Arbeit keine Risiken mehr gab. Über die Werte von 5 durch die „Faraday“ gelegte Transatlantikkabel gibt ein Aktenvermerk von Alexander Siemens Aufschluß. Danach bdeuteten die 2 Jay Gould-Kabel 1881 einen Umsatzwert von 1 142 400 £, die 2 Mackay Bennett-Kabel einen solchen von 1 103 500 £ sowie das Commercial-Kabel 1894 einen solchen von 411 000 £.[64]

Bis zum Jahre 1901 hatten Siemens Brothers insgesamt 9 Atlantikkabel gelegt, also mehr als die Hälfte sämtlicher 16 bestehenden Kabelverbindungen, die seit 1865 gelegt worden waren.[65]

Das Kabelschiff „Faraday“, von dem schon gesagt wurde, daß es seiner Konstruktion nach bahnbrechend für diesen Hochsee-Schiffstyp wurde, stand bis

---

62 SAA BB Carl an Werner 26. 7. 1877, 28. 8. 1879 und 8. 3. 1880.

63 Jay Gould (1836 - 1892), amerikanischer Finanzmann und „Eisenbahnkönig“. Betätigte sich finanziell seit 1859 mit dem Bau von Eisenbahnlinien, spekulierte im Amerikanischen Bürgerkrieg und finanzierte den Bau der ersten transamerikanischen Eisenbahn, der Union Pacific. Meyers Konversations-Lexikon, 6. Aufl., Leipzig und Wien, 1908, Bd. 8, S. 187.

64 SAA 4 / Lk 136, aus dem Nachlaß von Wilhelm von Siemens.

65 Es ist bemerkenswert, daß fast alle Atlantikkabel von Siemens Brothers für amerikanische Rechnung gelegt wurden. Deutschland war am Bau bzw. am Besitz eigener Transatlantikkabel verhindert durch ein kurzsichtiges, 1881 mit England abgeschlossenes Abkommen, welches bis zum Jahresende 1899 Gültigkeit haben sollte. Die Vereinigte Deutsche Telegraphenverwaltung als Treuhänderin der Reichstelegraphenverwaltung hatte sich der Anglo-American Telegraph Co. gegenüber verpflichtet, nur deren Kabelwege über den Atlantik zu benutzen. Werner Siemens, der Generalpostmeister Stephan, Felten & Guilleaume und viele andere Persönlichkeiten und Behörden des Deutschen Reiches versuchten im Laufe der Jahre wiederholt eine Revision des Vertrages herbeizuführen, zumal sich der deutsche Depeschenverkehr 1875 - 1891 verzehnfacht (30 000 in 1875 zu 315 000 in 1891) hatte. Aber die englischen Vertragspartner ließen sich auf eine vorzeitige Aufkündigung des Vertrages von 1881 nicht ein. Erst im Jahre 1900 konnte ein erstes deutsches Atlantikkabel von Emden nach Coney Island gelegt werden. A. Röper, Die Unterseekabel. Leipzig 1910, S. 125; S. v. Weiher, Ein Jahrhundert Weltnachrichtenverkehr, S. 84.

1923 in Dienst. Es hatte bis zu diesem Zeitpunkt mehr als 60 000 km Seekabel in allen Weltmeeren gelegt und darüber hinaus sehr erfolgreich als Kabelreparaturschiff gewirkt. Es wurde 1923 durch einen Neubau gleichen Namens, „Faraday II", ersetzt. Im März 1941 wurde diese „Faraday II" von einem deutschen Flugzeug torpediert; versinkend hat sie noch ihren Angreifer abgeschossen.[66]

---

[66] G. R. M. Garratt, One Hundred years of Submarine Cables, London 1950, p. 37; H. Treaby Heale, The Cableship „Faraday II", in: Engineering Bulletin (Siemens Brothers & Co. Ltd.) No. 229, Nov. 1946, p. 1 ff.

4. Der Kampf um den Weltmarkt

a) Neue Gesellschaftsform: Siemens Brothers & Co. Ltd.

In einem zähen, oft verzweifelten, im Endeffekt aber erfolgreichen Ringen gegen eine übermächtige Konkurrenz hatte die Firma Siemens Brothers in einem Dutzend von Jahren ihren festen, gesicherten Platz in der Industrie Englands erreicht. Mit sauberen Geschäftsmethoden hatte sie die Machenschaften und Sabotageakte der Konkurrenzfirmen beantwortet. Der von dem mächtigen Cyrus Field gegründete „Globe" war recht eigentlich an Siemens Brothers gescheitert. Als er sah, daß er das Ziel, alle Kabelunternehmungen der Welt im „großen Globe-Magen" zu vereinigen, nicht erreichen würde, strich er die Fahne und überließ John Pender das Feld. Die Ziele des Pender'schen „Kabelringes" waren nicht ganz so weit gesteckt. Aber die Methoden des einen waren, vom moralischen her, genau so niedrig wie die des anderen.

Werner Siemens und seine Brüder sahen das Endziel ihrer Bemühungen nicht so sehr darin, unbedingt im Kampf um das Eigentum zu bestehen (denn das ist bei Aktiengesellschaften logischerweise nie gesichert) als in dem Bestreben, das technisch Beste nach dem jeweiligen Stande der Wissenschaft zu liefern. Eine andere Verpflichtung empfand besonders Werner gegen die Öffentlichkeit. Wie er sich schon um 1848 / 1849 für die Zulassung aller Bürger zum preußischen Telegraphennetz entschieden und mit Erfolg eingesetzt hatte, so war er jetzt wieder bemüht gewesen, den Depeschentarif allmählich herabzusetzen und damit die Segnungen der elektrischen Telegraphie einem möglichst breiten Teilnehmerkreis zugänglich zu machen.

Bei all den Arbeiten, die aus dem Siemens-Werk in Woolwich hervorgingen, handelte es sich um Telegraphenbau (Indo-Linie), in den siebziger Jahren jedoch — aus Gründen der Konjunktur — fast ausschließlich um Herstellung und Verlegung von Submarinekabeln. Die Firma Siemens Brothers hatte sich also, unter Vernachlässigung ihrer anderen Aufgaben, sehr stark zu einer Kabelunternehmung[1] entwickelt, wahrscheinlich zur qualitativ besten im damaligen England.

Im Jahre 1880 zeichnete sich gegenüber der Depression im vorausgegangenen Jahrzehnt ein neuer Aufstieg ab. Gerade in diesem Zeitpunkt reifte bei den

---

1 In England gab es um 1880 folgende große Kabelfabriken: Die Telegraph Construction and Maintenance Co. Ltd. (kurz: Telcon); die India Rubber, Gutta-Percha & Telegraph Works Co. Ltd.; die W. T. Henley's Telegraph Works Co. Ltd. und schließlich Hoopers Telegraph Works Co. Ltd.

Brüdern ein schicksalschwerer Entschluß, der das Gefüge des von Werner Siemens gezimmerten Bauwerkes einer harten Bewährungsprobe aussetzte[2].

Schon seit vielen Jahren hatte es sich herausgestellt, daß die Zusammenarbeit der drei Brüder besonders dann erfolgreich und krisenfest war, wenn ein äußerer Feind das Werk zu zerstören trachtete. Das war so zu Zeiten der Indo-Linie, das war so zu Zeiten der Inkubation, des Baues und der Zeit der ersten Betriebsführung des DUS-Kabels. Nun gab es scheinbar nichts mehr zu verteidigen.

William, dessen Interessen sich immer mehr vom eigentlichen Geschäft abgewandt hatten und dessen reger wissenschaftlicher Sinn sich eigentlich mehr zu physikalischen Problemen und solchen der Wärmetechnik hingezogen fühlte, war nicht nur „kabellegemüde" geworden. Er war auch durchaus dafür zu haben, die englische Gesellschaft zu verkaufen, womöglich an Ludwig Löffler.

Carl, der im Interesse der gemeinsamen Sache nach England gekommen war, um dort als „zweiter Mann", dabei aber praktisch allein und mit aller Energie die englische Firma zu einer achtunggebietenden Größe und inneren Kraft zu entwickeln, wollte wieder nach Rußland zurück, wo man ihn dringend brauchte. England war nicht nur klimatisch für Carls Natur ungesund, es blieb ihm auch wesensfremd; das „schmutzige Kabelgeschäft" betrieb er nur mit Widerwillen. Und rechte Anerkennung hatte er für seine in gewissem Sinne selbstlose Arbeit in England nicht gefunden.

Werner sah bei dieser sich abzeichnenden Entwicklungsrichtung eine große Gefahr für sein Lebenswerk. Aber auf die Dauer konnte er die Wandlung, die seine Brüder ihm vorschlugen, nicht verhindern. Von den Finanzen her war eigentlich gar kein Anlaß, gerade jetzt, im Jahre 1880, die Firma in die Form einer Aktiengesellschaft zu überführen. Betrachten wir einmal die Gewinnzahlen der siebziger Jahre! 1870 gewannen Siemens Brothers 70 000 £; 1871 begann der Abstieg und 1872 hatte man sogar einen Verlust. Die englische Wirtschaftsgeschichte charakterisiert dieses Jahr nicht zu Unrecht mit dem Begriff „price fall". Die Jahre 1873, 1874 und 1875 erbrachten im Durchschnitt je 110 000 £ Gewinn; es waren dies die Jahre des DUS-Kabels. Die nun folgenden drei Jahre 1876, 1877 und 1878 zeitigten nur 1 / 3 davon, nämlich je 36 000 £. Aber es bestand damit kein Grund zur Sorge. Das Jahr 1879 war ein „fettes" zu nennen. Unter dem Einfluß des französischen Atlantikkabels gewann man 283 000 £. Und 1880 mit einem Gewinn von 190 000 £ kann auch als ein recht gutes Jahr betrachtet

2 Die Darstellung der Gesellschafts-Umgründung in eine AG, wie sie Scott, Sp. 62 ff. sieht, kann nicht ganz befriedigen. Die Gründe waren im Falle Siemens Brothers ganz privater Natur, und es erscheint verfehlt, hier die sich wirtschaftsgeschichtlich anbietende Lesart — die im allgemeinen zutreffen mochte — auch für Siemens Brothers in Anspruch zu nehmen. Scott weist auf den „spectacular crash" der City of Glasgow Bank hin, der den Tiefpunkt jener Reihe von Jahren — 1878 — scharf fallender Preise charakterisiert. Und er nennt die wieder steigende Tendenz 1879 und 1880 eine „falsche Morgenröte", in die eine große Anzahl von Gesellschaftsgründungen fiel, so auch die von Siemens Brothers & Co. Ltd.

werden. Dieser Tatbestand ist eindeutig ein Beweis dafür, daß nicht irgendwelche betrieblichen Gesichtspunkte der Grund waren, weshalb man gerade jetzt die Umwandlung in eine „private Company“[3] vornahm.

Es mag als ziemlich sicher angenommen werden, daß sich der bisherige Zustand länger erhalten hätte, wenn nicht ein Aspirant dagewesen wäre, der seit Jahren bestrebt war, die englische Firma zu verselbständigen und die Leitung dieser neuen Firma zu übernehmen. Dieser Aspirant hieß Ludwig Löffler. Und er hatte — auf Grund der dargelegten Einstellung sowohl von William als auch von Carl — alle Chancen, dieses Ziel bald zu erreichen.

Da Werner Siemens, der „spiritus rector“ unter den Brüdern, keinen anderen Vorschlag zu machen wußte, entschlossen sich die Brüder auf Williams Empfehlung, dem Drängen Löfflers endlich nachzugeben und ihn zum Managing Direktor einer neu zu gründenden Firma, der Siemens Brothers & Co. Ltd., zu ernennen. Trotz dieses Entschlusses waren sich die Brüder darin einig, daß im höheren Sinne vom Gedanken des Familienunternehmens nicht abgerückt werde.

Die acht zeichnenden Teilnehmer — das englische Aktiengesetz für diesen Gesellschaftstyp der „private company“ verlangt mindestens sieben — waren einmal die drei Brüder Werner, William und Carl Siemens, sodann Ludwig Löffler, dann Werners älteste Söhne Arnold und Wilhelm und Carls Sohn Werner Hermann, schließlich Alexander Siemens, ein entfernter Neffe[4]. Das Gesellschaftskapital bei der Gründung betrug £ 400 000, von denen £ 300 000, also 75 %, eingezahlt waren. Um ihn am Gedeihen der Firma zu interessieren, hatte man Ludwig Löffler als Managing Director 100 (von den insgesamt 4 000) Shares gewissermaßen als Qualifikationsaktien zu eigen gegeben.

---

[3] Das englische Aktienrecht unterscheidet „private companies“ und „public companies“. Siemens Brothers & Co. Ltd. stellen eine nach dem Aktiengesetz vom Jahre 1862 gegründete „private Aktiengesellschaft“ dar. Diese Form ist in England die am häufigsten anzutreffende Aktiengesellschaft. 1924 waren von 84 382 Aktiengesellschaften 76 189 private Companien. Das typische Merkmal der privaten Companie ist, daß sie mindestens 7 Mitglieder hat, höchstens jedoch deren 50. Bei der privaten Companie ist das Übertragungsrecht der Aktie beschränkt. Diese Beschränkung soll verhüten, daß irgend ein Unerwünschter Mitglied der Gesellschaft wird. Die Vorteile dieser Gesellschaftsform sind ferner: 1) Die private Companie bedarf nur zweier Gründer. 2) Die Direktoren brauchen der Registerbehörde keine Erklärungen abgeben noch einen Vertrag über ihre Qualifikations-Shares zu unterschreiben. 3) Es wird keine Minimalzeichnung als Bedingung auf Zuteilung von Aktien vorgeschrieben. 4) Die private Companie ist nicht verpflichtet, dem Jahresbericht an die Registerbehörde eine Bilanz beizufügen. A. Curti, die Englische Aktiengesellschaft nach neuem Recht, Berlin 1929, S. 70 - 72 und S. 110.

[4] Scott, p. 64, nennt, statt Carls Sohn Hermann Werner, an siebenter Stelle den Neffen (fünften Grades) Alexander Siemens. Winterfeld, S. 88 und G. Siemens, Bd. 1, S. 161, nennen als siebenten Shareholder Hermann Werner. Die richtige Lesart ist die, daß die Gesellschaft mit 8 Shareholders gegründet wurde, die zusammen die 4 000 Aktien kontrollierten: William S. 1 740, Werner S. 1 300, Carl S. 770, Arnold S. 33, Wilhelm S. 33, Werner Hermann S. 10, Alexander S. 14, J. C. Ludwig Löffler 100. SAA 30 / Lk 670.

Daß schon seit längerer Zeit die Absicht bestanden hatte, die Gesellschaftsform zu ändern, beweist u. a. eine schriftliche Vorlage Löfflers an William und Carl Siemens, die auch in anderer Hinsicht von Interesse ist. Sie trägt das Datum vom 29. 3. 1875, und Löffler bezieht sich darin auf eine Angelegenheit, welche damals zwei Jahre zurücklag:[5]

„Bei Ihrer Abreise im April oder Mai jenes Jahres nach Deutschland beabsichtigten Sie, bei Ihrer gemeinschaftlichen Zusammenkunft daselbst, meinen Wunsch, als Partner einzutreten, zu besprechen. Bei Ihrer Rückkehr teilten Sie mir mit, daß Sie übereingekommen wären, Ihr Geschäft in kürzester Zeit in eine Compagnie umzuwandeln und daher derartige Umänderungen zu vermeiden wünschten . . ." Daß Löffler am Schlusse dieser Ausführungen mit seinem Austritt droht, wenn man den Wert seines Wirkens unterschätzen und seinen Anspruch zu hoch finden würde, sei am Rande bemerkt. Wir erinnern uns daran, daß das Frühjahr 1875 der Zeitpunkt war, da man Löffler hinsichtlich der Fertigstellung des DUS-Kabels unmöglich entbehren konnte. Wir wissen aber, daß Löffler warten konnte.

Ein zwei Jahrzehnte dauernder Kampf Werners hatte nun sein Ende gefunden. Am 21. Dezember 1880 hatte Werner Siemens in Berlin, am 28. Dezember 1880 William Siemens in London[6] und am 30. Dezember 1880 Carl Siemens in St. Petersburg den neuen Gesellschaftsvertrag unterschrieben, durch den das „Gesamtgeschäft" formell aufgelöst wurde. Daß dies auch dem Buchstaben nach geschah und damit der Gedanke des internationalen Familienunternehmens immer mehr zurückgedrängt wurde, dafür sollte Ludwig Löffler sorgen. Ein Zusammenhalt war eigentlich nur noch durch den gemeinsamen Namen der Inhaber und deren Geldinteresse gegeben, anfänglich auch noch durch die gemeinschaftliche Kapitalverwaltung (lt. § 9), die aber bereits 1882 aufgehoben wurde.

Im übrigen ersetzte dieser wichtige Vertrag das brüderliche Abkommen vom 24. August 1867. Er besagte unter anderem, daß die Leitung des (1879 gegründeten, 1886 liquidierten) Pariser Filialgeschäftes der Londoner Firma beigeordnet bleiben solle. Gewinn und Verlust sollten nach dem neuen Vertrag wie folgt unter die Sozien verteilt werden:

Name	Berliner	Londoner	Petersburger Geschäft
Werner	50 %	35 %	35 %
William	25 %	45 %	20 %
Carl	25 %	20 %	45 %

5 SAA WP Löffler.

6 In der Siemens-Literatur findet sich allgemein das Datum des 28. 12. 1880 als der Tag des Abschlusses des Gesellschaftsvertrages angegeben. Wie wir sehen, konnte er juristisch erst rechtskräftig werden durch Carls Unterschrift, die dieser am 30. 12. 1880 in St. Petersburg leistete. Der Vertrag trat indessen — wie angegeben — erst am 1. 1. 1881 in Kraft. SAA Dokumentenmappe, Abschrift als Anlage 8, S. 197.

Für den Fall des Todes eines der Gesellschafter wurde die Einsetzung eines Vertreters bis zum Vertragsablauf, das wäre frühestens in sechs Jahren, vorgeschrieben. Für den späteren Beitritt von Werners und Carls Söhnen als Gesellschafter einigte man sich, daß diese hierzu nach vollendetem 28. Lebensjahr berechtigt seien.

Noch lebte William, der als Chairman des Board of Directors die Leitung der Londoner Aktiengesellschaft innehatte und der zu selbstherrliche Anwandlungen seines Managing Directors Löffler notfalls zu verhindern gewußt hätte.

Löfflers Stärke, die man ihm ungeschmälert zugestehen mußte, war das Seekabelgeschäft, insbesondere aber die praktische Durchführung von Kabellegungen auf hoher See, die er mit Mut, Umsicht, Geschick und Glück immer wieder bewiesen hatte und fernerhin beweisen sollte. In seinen Augen war das Geschäft des Kabellegens nicht nur eine Konjunkturerscheinung der siebziger Jahre — die vielleicht noch einige Jahre anhalten mochte —, sondern die eigentliche, tragende Säule des englischen Geschäftes überhaupt, neben der alles andere unwesentlich sei. Die Brüder Siemens aber waren vom Telegraphenbau ausgegangen und dieser wurde, zum mindesten entwicklungsmäßig, seit 1881 in Woolwich überhaupt nicht mehr gepflegt. Ferner war, im Anschluß an Werners Entdeckung des dynamoelektrischen Prinzips 1866 ein völlig neues Arbeitsgebiet erwachsen, die Starkstromtechnik, die — obschon noch in ihren Kinderschuhen — bereits Beweise für ihre künftige Bedeutung geliefert hatte. Auch hierfür empfanden die Siemens Brothers & Co. Ltd. kein Interesse und es wurde stets als unangenehme Last empfunden, wenn man sich wegen Wünschen der Kundschaft auf diesem Sektor mit schwierigen, noch wenig erprobten Installationen oder Konstruktionen befassen mußte. Dann war es meist erforderlich, Rat und Hilfe in Berlin einzuholen.

So anerkennenswert die späteren Kabellegungen der „Faraday" auch immer gewesen sein mögen und so wirtschaftlich ertragreich die von ihr erfüllten Aufträge auch mitunter waren — sie erhielten dem Londoner Haus nicht die Höhe, die es 1880 erreicht hatte.

b) Sir William Siemens — Rückblick auf sein Leben

Bereits im Einführungskapitel dieser Arbeit haben wir eine kurze Beschreibung vom Werdegang des jungen Wilhelm Siemens gegeben. Und in der Darstellung der Anfänge der Siemens-Arbeit in England brachten wir viele Details über sein Wirken bis 1858. In den späteren Abschnitten trat seine Person etwas zurück hinter den Gemeinschaftsarbeiten unter der Firma Siemens Brothers.

Aus der Feder W. Pole's[1] liegt die Biographie Williams vor, die von seiner Witwe Anne angeregt und in den technischen und wissenschaftlichen Angaben auch von den Brüdern unterstützt wurde. Die englische Auflage erschien 1888, die deutsche (die wir hier bei dieser Arbeit heranzogen), erschien 1890 bei Springer in Berlin.

Williams Lebenswerk ist zum guten Teil inspiriert und gelenkt worden von seinem Bruder Werner, der bis ins hohe Alter für seine jüngeren Geschwister das blieb, was er durch den frühen Tod der Eltern (1839/40) geworden war: der Chef der Familie, Freund und Berater. William hatte sich zu einer recht eigenwilligen Persönlichkeit entwickelt. Oft hat er im kritischen Widerspruch seine Meinung gegenüber den Brüdern verteidigt und durchgesetzt. Einige seiner Handlungen auf technisch-unternehmerischen Gebiet werden erst verständlich, wenn wir uns William als einen zum Choleriker neigenden Typ vorstellen. Bei wissenschaftlichen Problemen jedoch hatte er sein Temperament in der Gewalt: hier kam er fast ohne Ausnahme zu gültigen Schlüssen, die unangefochten blieben und damit sein Ansehen in der Gelehrtenwelt[2], besonders in der von ihm selbst gewählten zweiten Heimat, England, ständig hoben. Eine lange Reihe von Auszeichnungen, Ehrungen und Ernennungen säumt den Weg seines Aufstieges, der wenige Monate vor seinem Tode, am 60. Geburtstage, im April 1883, noch durch die Erhebung in den englischen Adelsstand durch die Queen Victoria gekrönt wurde.[3]

Mit Recht sagt Pole, daß der Schwerpunkt im wissenschaftlichen Schaffen Williams einmal bei der Wärmetechnik, zum anderen bei der Elektrotechnik lag.[4] Beide Gebiete hatte William durch wichtige Erkenntnisse und wirtschaftlich brauchbare Erfindungen bereichert. Der Sinn für die praktische Verwertbarkeit eines wissenschaftlichen Gedankens war bei William wie bei Werner in gleicher Weise sehr ausgeprägt. Auch sein Ideenreichtum stand dem des Bruders nur wenig nach, und bei vielen Gemeinschaftserfindungen — so z. B. beim Wassermesser — ist heute kaum noch zu eruieren, wer das Wesentliche dazu beigetragen hatte.

Wilhelm — damals, vor 1859, nannte sich William noch so — war 1844 für immer nach England gezogen und hatte dort als „Civil-Ingenieur“ seine Berufslaufbahn begonnen. Schwere Jahre waren zu bestehen; es erging ihm nicht besser als seinem Bruder Werner in Berlin. Die Aufgaben, die sich ihm stellten oder

1 William Pole (1814 - 1900), englischer Ingenieur, Musiker und Schriftsteller. Mitglied der Royal Society und Ehrenpräsident der Institution of Civil Engineers. Zeitweilig Mitarbeiter von John Fowler, dem Erfinder des Dampfpfluges; seit 1858 beratender Ingenieur in Westminster, musikalischer Examinator an der Londoner Universität, verfaßte historische und technische Arbeiten, verfaßte 1877 eine Ingenieur-Biographie über Sir William Fairbairn und 1888 diejenige von Sir William Siemens (deutsch 1890). DNB Supp. Vol. 2, 1901, p. 278 - 280.

2 E. F. Bamber gab 1889 in einem dreibändigen Werk die wissenschaftlichen Arbeiten Williams heraus. The Scientific Works of C. William Siemens.

3 Einzelheiten finden sich bei Pole (dt.) verstreut in chronologischer Folge. Nobilitierung: S. 367.

4 Pole (dt.), S. 6.

die er sich stellte, waren fast ausnahmslos aus zwingender Not erwachsen, und sie vermitteln ein recht buntes Bild. Da waren ein chronometrischer Regulator, ein anastatisches Druckverfahren, die Fabrikation künstlicher Steine und ein System zur Luftentleerung mit mechanischer Kraft[5], die er in der ersten Zeit seiner Tätigkeit durchbildete und mit mehr oder weniger Erfolg in die Praxis einführte.

Nun war England das klassische Land des Maschinenbaues, insbesondere die Heimat der Dampfmaschine.[6] Alle Arbeiten, die zu einer Verbesserung der wirtschaftlichen Ausbeute der Dampfmaschine beitragen konnten, genossen damals — und das nicht nur in England! — ganz besonderes Interesse.[7]

Für Wilhelm war die Dampfmaschine schon des Längeren ein Gegenstand besonderen Interesses[8]; er hatte theoretische Wärmelehre studiert, und die Lehrsätze Carnots, Joules und Mayers wußte er praktisch anzuwenden. Verbesserungen des Wirkungsgrades der Dampfmaschine durch wirtschaftliche Ausnutzung der Wärme waren schon von vielen erzielt worden, und auch Wilhelm trug zu der Fülle diesbezüglicher Patente sein Scherflein bei[9]. Die praktische Ausführung erstreckte sich fast über das ganze Jahr 1848. Durch Vermittlung seines Freundes Wood kam Wilhelm mit seiner Dampfmaschinenkonstruktion mit der Maschinenbau-Firma Fox, Henderson & Co. in Smethwick bei Birmingham in Beziehung. Wenig später übernahm er dort eine Stelle.

1849 hatte Wilhelm — wie übrigens auch seine jüngeren Brüder Friedrich und Carl — die Absicht, nach Californien auszuwandern, wohin sich ein abenteuerlicher Auswandererstrom aus ganz Europa ergoß, als die Kunde von den ersten Goldfunden im Januar 1849 nach der Alten Welt gedrungen war. Mit diplomatischem Geschick verstand es Werner, die Brüder von einem solchen Schritt ins Ungewisse abzuhalten. Und es darf als sicher angenommen werden, daß alle drei Werner für diese fast unmerkliche Beeinflussung im späteren Leben dankbar waren.

---

5 Pole (dt.), S. 53 - 70.

6 Bereits zu Beginn des 18. Jahrhunderts spielte die atmosphärische Dampfmaschine („Feuermaschine") als Pumpwerk für den vom Grundwasser bedrohten engl. Bergbau, insbesondere in Cornwall, eine Rolle. Ihr Pionier war Thomas Newcomen (1663 - 1729), dessen Name fortlebt in der Newcomen Society, der englischen Gesellschaft zur Pflege der Technikgeschichte, die 1920 gegründet wurde. Die Dampfmaschine, mit der die industrielle Revolution begann, ist jene, die am 5. 1. 1769 unter Nr. 913 dem Schotten James Watt (1736 - 1819) in England geschützt wurde. C. Matschoss, Die Entwicklung der Dampfmaschine, 2 Bde., Berlin 1908.

7 Vgl. das umfangreiche Registerwort „Dampf . . ." im ersten Registerband von Dinglers Polytechnischem Journal, 1819 - 1840:von 453 Seiten; nicht dabei berücksichtigt das umfangreiche Wort „Eisenbahn".

8 Brief v. 15. 4. 1842 von Wilhelm an Werner. Wilhelm beschreibt darin, 19-jährig, eine selbsterfundene Schiebersteuerung. Pole (dt.), S. 34.

9 Brit. Pat. Nr. 12006 vom 2. 12. 1847 für „Improvements in Engines to be worked by Steam and other Fluids".

Die Arbeiten bei Fox & Henderson führten bei Wilhelm zur „Regenerativ-Dampfmaschine“ und zum „Regenerativ-Condensator“, die beide in jahrelangen Versuchen erprobt und durchgebildet wurden, denen aber — und das gilt auch für die daraus sich abzweigende Konstruktion des „Regenerativ-Verdampfers“ — ein größerer wirtschaftlicher Erfolg versagt blieb.[10] So war es nur eine natürliche Folge, daß Wilhelm seine Tätigkeit bei Fox & Henderson beendete und neuen Ingenieuraufgaben seine Aufmerksamkeit zuwandte.

Nun hatte Wilhelm — wie wir schon gehört haben — als persönlichen Assistenten bei seinen Arbeiten Bruder Friedrich nach England kommen lassen. Auf Grund seiner Studien gelang es, das Regenerativsystem auch auf Heizungen anzuwenden, und damit wurde Bruder Friedrich 1856 der Erfinder des im gesamten Hüttenwesen so grundlegend wichtigen „Regenerativofens“,[11] der später — und das wieder ganz besonders durch William — für den Stahlschmelzprozeß durchgebildet wurde. Nachdem 1864 den Franzosen Pierre und Emile Martin (Vater und Sohn) in Sireuil bei Angoulême in Frankreich die großtechnische Einführung der Stahlerzeugung mit dem Siemens-Ofen gelungen war, kam man überein, dem neuen Verfahren den Namen „Siemens-Martin-Stahlprozeß“ zu geben. Die Brüder Siemens hatten die Hochofentechnik nach dem Regenerativprinzip entwickelt, Vater und Sohn Martin hatten die praktische Anwendung dadurch ermöglicht, daß sie die hochfeuerfesten Dinassteine (die über 1 600 Hitzegrade vertragen) zur Ausfütterung des Konverters verwendeten, ohne die Stahl nach dem Siemens-Verfahren nicht geschmolzen werden konnte.

Nachdem Friedrich 1863 nach Berlin gegangen war, um sich dort ganz besonders dem Bau von Glasschmelzöfen nach dem Regenerativprinzip zuzuwenden — was weniger schwierig war als Stahl zu schmelzen — starb 1867 Bruder Hans, der in Dresden eine Glashütte betrieben hatte. Dieses Erbe übernahm nun Friedrich, und mit finanzieller Unterstützung Werners konnte er dort mit großem Erfolge den Regenerativ-Gasofen für Glasbereitung bei sehr wirtschaftlichem Kohlenverbrauch (teilweise bis zu 50 % Ersparnis!) anwenden. Durch Hinzunahme weiterer Glashütten in Sachsen (Döhlen und Neusattel) wurde Friedrich schließlich der zu seiner Zeit größte Flaschenglas-Fabrikant Europas.

Williams Ehrgeiz, den Stahlverhüttungsprozeß bis zur großtechnischen Reife zu entwickeln, schreckte auch nicht vor größten Opfern zurück. Das führte dahin, daß er 1869 in Landore bei Swansea ein Hüttenwerk von dem Parlamentsmitglied L. L. Dillwyn auf Jahrzehnte in Pacht nahm, um dort im großen Maßstabe mit Versuchen voranzugehen. Er errichtete hierzu eine Privat-Aktiengesellschaft unter der Firma „Landore Siemens Steel Co. Ltd.“ mit einem Stammkapital von £ 100 000. Hiervon übernahm er selbst den größten Teil der Aktien, und die

[10] Pole (dt.), S. 77 - 85.

[11] Friedrichs erstes Patent, brit. Pat. Nr. 2861 v. 2. 12. 1856. Vgl. H. J. van den Berg, Die Brüder Friedrich u. Wilhelm Siemens als Erfinder des Regenerativofens, in: Stahl u. Eisen, Bd. 76, 1956, S. 1612 - 1615.

übrigen zeichneten seine Brüder Carl, Friedrich und Werner sowie sein Schwager Donald Gordon, der als Managing Director eintrat. Präsident wurde L. L. Dillwyn.

So bedeutungsvoll die Versuche vom Wissenschaftlichen her auch gewesen sein mögen, vom Kaufmännischen her betrachtet waren sie verhängnisvoll. Nur im ersten Jahre, 1870, konnte die Gesellschaft eine Dividende von 5 % zahlen, später blieben Erträgnisse ganz aus.[12] Im Gegenteil: Die Gesellschaft erforderte laufend neue Kapitalzuführungen, so daß im Jahre 1880 ein Stammkapital von £ 300 000 investiert war und zusätzlich 4 % Mortgage Debentures (= hypothekarisch gesicherte Schuldverschreibungen) bis zur Höhe weiterer £ 200 000 ausgegeben wurden. Aber darüber hinaus hatte William für dieses Werk im Laufe der Jahre bis 1883 noch insgesamt £ 250 000 privater Zuschüsse gewährt, die praktisch verloren waren.[13]

Neben diesem großen Stahlwerk, welches in der Industrie — trotz seines wirtschaftlichen Mißerfolges, den die Brüder Siemens, insbesondere William, bewußt in Kauf nahmen — eine Rolle als bedeutsames Entwicklungswerk spielte,[14] hatte William während der Jahre 1868 - 1874 noch ein kleines Probierstahlwerk in Birmingham, in dem er besondere Versuche, z. B. Schmelzprozesse mit rotierenden Öfen usw. anstellte. Der Erprobung der Metallurgie widmete William in den Jahren 1863 bis 1881 nicht weniger als 27 Patente. Vielleicht war dieses Feld der Ingenieurarbeit bei William das fruchtbarste.

Williams Leistungen auf elektrotechnischem Gebiet sind in der Mehrzahl Gemeinschaftsarbeiten mit seinem Bruder Werner, wobei man einräumen muß, daß bei diesen Werner fast stets an erster Stelle zu nennen ist. Wir beziehen uns auch hier wiederum nur auf Fortschritte, die einwandfrei Williams persönliche Leistung darstellten, ohne damit die Bedeutung der Gemeinschaftsarbeiten schmälern zu wollen.

Im Herbst 1876 besuchte William gelegentlich einer Reise nach Nordamerika die Niagara-Fälle. Die Bewunderung für dieses großartige Naturschauspiel, das sich ihm dort dargeboten hatte, beschäftigte noch lange danach seinen regen Geist. Er kam zu der Überlegung, daß es möglich sein müsse, die ungenutzte Energie des natürlich fallenden Wassers über Umwandlung in elektrische Energie

---

12 Zu berücksichtigen ist, daß in den siebziger Jahren die Marktpreise enorm niedrig waren!

13 SAA 11 / Lg 575, Nachlaß Charubin, S. 3 - 6; Pole (dt.) S. 205. Der „moralische“ Erfolg für William wog natürlich auch etwas. Clapham, Vol. 2, p. 47, nennt William Siemens zusammen mit Bessemer und Thomas als Bahnbrecher eines neuen Industrie-Zeitalters.

14 Pole (dt.), S. 206 - 209; Fachzeitschrift The Engineer, vom 23. und 30. 6. und vom 7. 7. 1876 enthält einen Fortsetzungsaufsatz über das Siemens-Landore-Stahlwerk. Clapham, Vol. 2, p. 58 gibt folgende allgemeine Produktionszahlen für den Siemens-Stahlprozeß auf offenem Herd an: 1878: 174 000 to., 1880: 251 000 to., 1883: 455 000 to., 1884: 475 000 to., 1885: 610 000 to. Die Landore-Works hatten während der siebziger Jahre eine durchschnittliche Wochenproduktion von 75 to Siemens-Stahl.

transportabel zu machen und mittels Drahtleitungen über weite Entfernungen zu verschicken. Diese Gedankengänge trug er vor, als er im Frühjahr 1877 seine Antrittsrede als Präsident des Iron and Steel-Institutes zu halten hatte.[15]

Aus der Problemstellung, die Selbsterzeugung von Wärme in Nachrichten-Tiefseekabeln (Rangoon-Singapur, 1860) zu messen, entwickelte William ein sinnreiches elektrisches Pyrometer, welches er seit 1871 zur praktischen Verwendung für Eisenschmelzöfen im Iron and Steel-Institut vorschlug und welches dann auch erfolgreich angewandt wurde.

Wärme und Elektrizität, diese beiden physikalischen Erscheinungen, kennzeichneten die Hauptforschungsgebiete von William Siemens. Beide Kriterien finden Berücksichtigung in einer ganz großen Erfindung, die William 1879 schuf.[16] Als erster gab er hier die Methode an, wie man mit Hilfe des Starkstromes sogar Stahl schmelzen könne. Auf diesen Elektrostahlofen nahm William ein Pionierpatent, welches eindeutig sein Konstruktionsprinzip wiedergibt und als epochemachend in der Herstellung hochwertigster Edelstähle angesprochen werden kann. Der Franzose Héroult hat, keine zehn Jahre später, an Williams System angeknüpft und das Verfahren in die großtechnische Praxis eingeführt.

Ende des Jahres 1878 begann William sich für die Frage zu interessieren, ob man dem Pflanzenwuchs im Freien durch nächtliche Bestrahlung mit elektrischem Licht nicht nachhelfen könnte. Er unternahm hierzu auf seinem Landsitz „Sherwood" in Tunbridge Wells erfolgreiche Versuche.

Am 4. März 1880 konnte er der Royal Society „über den Einfluß des elektrischen Lichtes auf die Vegetation" an Hand seiner Forschungsergebnisse — die sehr positiv waren — berichten. Zahlreiche Gelehrte Englands und des Auslandes, unter ihnen auch Sir William Thomson und der Franzose J. A. Barral, nahmen an Williams Forschungen interessiert Anteil. Sie brachten nicht nur wissenschaftliche Erkenntnisse, sondern wiesen darüber hinaus dem praktischen Garten- und Landbau neue Wege.[17]

---

15 WSSW Vol. 3, p. 136 (= Vortrag vom 20. 3. 1877). Ausführlicher behandelte William diesen Gedanken in einem Vortrag vor der Physical Society am 22. 2. 1879 „On the transmission and distribution of energy by the electric current", in: WSSW Vol. 2, p. 209. Der Deutsch-Amerikaner J. J. Schöllkopf (1819 - 1899) war 1881 der Erste, der Energie des Niagara-Falls durch Errichtung eines Kraftwerkes ausnutzte und elektrischen Strom nach Buffalo lieferte. BGT, Bd. 20, 1930, S. 173.

16 Brit. Patent Nr. 2110 v. 27. 5. 1879; Pole (dt.), S. 326 - 327; WSSW Vol. 2, p. 124; O. Johannsen, Geschichte des Eisens, Düsseldorf 1953, S. 484 - 485; L. Arends, William Siemens und sein elektrischer Lichtbogen-Ofen, in: Zeitschrift Elektrowärme, 16, 1958, S. 350 - 353.

17 Pole (dt.), S. 327 - 335; WSSW Vol. 2, p. 227 f f. und 252 ff. Die Zeitschrift „Natur" brachte folgendes hübsche Epigramm: Quis veterum vidit plantas sine sole virentes? Germinat in semen Siementis lumine claro! Zu deutsch: Wer von den Alten sah ohn' Sonnenschein grünende Pflanzen? Siehe! Es keimet der Samen bei Siemens' herrlichem Lichte!

Zum Abschluß dieser Betrachtung einiger hervorhebenswerter wissenschaftlicher Arbeiten von William Siemens sei auf einen energiewirtschaftlichen Vorschlag hingewiesen, der inzwischen seine großtechnische Bedeutung erlangt hat: die unterirdische Kohlenflöz-Vergasung. 1863 hatte William diesen kühnen Vorschlag in Birmingham gemacht, diese ganze Stadt nicht nur mit Leuchtgas, sondern darüber hinaus auch mit Heizenergeie auf die wirtschaftlichste und sauberste Weise, nämlich durch Vergasung eines Kohlenstollens, zu versorgen. 1881 kam er auf diese Angelegenheit in Vorträgen in Birmingham und Glasgow erneut zu sprechen. Es war aber klar, daß er mit dieser großartigen Idee seiner Zeit zu weit vorausgeeilt war. Um so interessanter ist es, daß die Sowjetunion, die seit 1937 als erstes großes Industrieland dieses Projekt mit Erfolg verwirklichte, damit Williams Idee adoptierte und ihrem tatsächlichen Urheber auch die Priorität zuerkennt.[18]

Aus allen hier zusammengetragenen Beipielen[19] ist zu erkennen, daß der Wissenschaftler William Siemens nie mit verschwommenen Ideen sich zufrieden gab, sondern daß er seine Gedankengänge logisch aufbaute und stets kontruktive, durchführbare Wege wies und — wo es angängig war — sie ingenieurmäßig realisierte. Ein großer Teil seiner Arbeiten wurde für die Technik unserer Welt von bahnbrechender Bedeutung.

Für die Meisterung spezifisch technischer Arbeiten, so z. B. den Entwurf des Kabelschiffes „Faraday", standen ihm gesicherte Kenntnisse der Physik, Chemie und Mathematik zu Gebote. In seinem erfinderischen Schaffen — William besaß 133 Patente — ist sein großer Ideenreichtum auf sehr verschiedenartigen Wissensgebieten zu bewundern.

Als Geschäftsmann verhielt sich Willim stets sauber und korrekt, was in der Umwelt, wie wir sie in dem Bericht über die DUS-Kabellegung schilderten, nicht immer einfach war. Es beschäftigten ihn im wesentlichen nur Unternehmungen, die entweder aus seinem eigenen Ideenreichtum oder aus den gemeinschaftlichen nachrichtentechnischen Arbeiten der Brüder herrührten. Aus seinen hüttentechnischen Unternehmungen (Landore) hat William keine Gewinne erzielen können. Das Festhalten an dieser Aufgabe trotz Verlustes kennzeichnet aber in ihm, den Gelehrten, der dem Fortschritt und nicht dem wirtschaftlichen Erfolg sich verpflichtet fühlt. Im übrigen war er stets bereit, seine wissenschaftlichen Erkenntnisse der Allgemeinheit uneigennützig zur Verfügung zu stellen. Er konnte in dieser Hinsicht auch etwas freizügig schalten, da seine Ehe kinderlos war.

---

18 Pole (dt.), S. 163 und 305 - 307; WSSW Vol. 3, p. 254; J. Abramow, Gaswerke unter der Erde, in: Neue Auslese, o. O., 9/1946, S. 93 - 95.

19 Auf dem Gebiet der Starkstromtechnik hat William Siemens - wenn wir von der schon besprochenen Pioniererfindung des Elektrostahlofens absehen - keine selbständigen Leistungen vollbracht. Das allerdings rege Zusammenarbeiten auf diesem Gebiete mit seinem Bruder Werner seit der Entdeckung des dynamo-elektrischen Prinzips 1866 bis zum Entwicklungsstand im Herbst 1883, da William starb, findet sich im nächsten Kapitel dargestellt.

Nicht unerwähnt bleiben sollte sein literarisches Talent, welches viel dazu beitrug, seine wissenschaftlichen Arbeiten und Vorträge in geeigneter und bleibender Form mitzuteilen. Das Englische beherrschte er nahezu vollkommen. Auch im freien Vortrag war es ihm gegeben, klar und anschaulich seine Gedanken zu formulieren, was in Anbetracht seiner deutschen Herkunft und der dadurch bedingten sprachlichen Schwierigkeit nicht ganz selbstverständlich war.

Francis Galton[20] hatte 1873 William Siemens um Beantwortung einiger ganz persönlicher Fragen gebeten, die ihm für eine psychologisch-statistische Studie als Beitrag dienen sollten. Nur zögernd fand sich William zur Beantwortung bereit. Für uns ergibt sich aus seinen Antworten eine interessante Selbstcharakteristik dieses großen Wissenschaftlers; Pole hat sie 1888 erstmalig in Williams Biographie veröffentlicht. Bemerkenswert ist auch das Anschreiben, mit dem William die Antworten an Galton sendet:

„Ich würde nicht meinem natürlich Charakter gemäß handeln, wenn ich die einliegenden Angaben einen Tag früher für Sie vorbereitet hätte als unumgänglich notwendig war, um Ihr Mißvergnügen zu vermeiden. Wenige Menschen kennen sich selbst, und ich behaupte daher auch nicht, daß das Bild, welches ich von mir selbst entworfen habe, ein richtiges sei; jedenfalls habe ich die mir gestellten Fragen nach meinem besten Wissen und Gewissen beantwortet."

Und dann die Fragenbeantwortung:

„Höhe: 5 Fuß 10 1 / 2 Zoll. Gewöhnliche Statur. Rotes Haar, Klare Gesichtsfarbe.

Hat die Naturwissenschaft neben seinen Fachstudien eifrigst betrieben.

Religion: Freisinnig protestantisch.

Politik: Liberal.

Gute Körperkonstitution.

Tätig, rastlos, leicht ermüdet, aber beharrlich und von Natur abenteuerlich gesinnt.

Raschen Entschlusses und im Stande, in der Verfolgung seiner Interessen Anstrengungen zu ertragen.

Schlechtes Gedächtnis für Namen und Daten, jedoch ein ziemlich gutes in Bezug auf Tatsachen oder Verhältnisse. Die Prinzipien der Naturwissenschaft hat er deutlich im Gedächtnis behalten.

Nicht von Natur fleißig, wohl aber empfänglich und erfinderisch.

Unabhängig in seinem Urteile in sozialen, religiösen und politischen Angelegenheiten.

Von Natur skeptisch, jedoch selbstvertrauend und entschlossen, wichtige Aufgaben durchzuführen. Leidenschaftlich, aber weichherzig.

Ein besonderes Talent besitzt er seiner Ansicht nach für mechanische Konstruktion und physikalische Prinzipien. Dabei ein gewisses Geschick, in Geschäftsangelegen-

---

20 Francis Galton (1822 - 1911), Englischer Reisender und Schriftsteller, Begründer der Eugenik in Anlehnung an die Darwin'sche Deszendenzlehre (Galton war ein Vetter Darwins!), DNB, 2. Suppl. II, p. 70 - 73.

heiten sich in Güte zu einigen und einmal getroffene Vereinbarungen in vermittelndem Geiste durchzuführen.[21]

Besonders hervorstechende Eigenschaften an ihm sind: Unwiderstehlicher Drang, einmal gefaßte Pläne in der angewandten Wissenschaft zu verwirklichen, wenn sie auch zuweilen zu hochgehend waren und zu nutzlosen Geldausgaben und fruchtloser Arbeit führten, selbst wenn die Prinzipien sich als richtig erwiesen hatten. Erzielte in anderen Fällen dagegen bedeutenden Erfolg.

Neigung zur Häuslichkeit und Liebe zum Neuen, aber nicht zum Seltsamen."

Im Anschluß an einen kleinen Unfall, Sturz auf der Straße, wurde Sir William Siemens einige Tage später krank. Es kam eine Lungenentzündung dazu, die am 19. November 1883 zu seinem Tode führte.

Am 26. November 1883 fand auf dem Friedhof Kensal Green bei London die feierliche Beerdigung Williams statt. Zwei Jahre später wurde seinem Andenken ein großes farbiges Fenster in Westminster Abbey gewidmet, welches die Institution of Civil Engineers und die Vereinigungen und Verbände gestiftet hatten, deren Mitglied William gewesen war.[22]

c) Anfänge der Starkstromtechnik in England, insbesondere bei Siemens Brothers

Die Entdeckung des dynamoelektrischen Prinzips und die Erfindung der Dynamomaschine im Jahre 1866 sind Werner Siemens zu verdanken. Die in früheren Jahrzehnten noch von englischen, dänischen und russischen Gelehrten vertretene Ansicht, daß nicht Siemens, sondern Wilde, Wheatstone Varley oder der Däne Soren Hjorth als Erfinder der Dynamomaschine[1] zu gelten haben, ist durch die

---

21 Fußnote Poles (dt.), S. 146: Diese Bemerkung ist ihm, in Anbetracht der Zeit, wann dieselbe geschrieben wurde, wahrscheinlich durch den großen Erfolg eingegeben, den er in der Abwicklung der schwierigen und verwickelten Geschäftsunterhandlungen über den Indo-Europäischen Telegraphen erzielt hat.

22 Dieses Glasfenster wurde um 1914 aus der Westminster Abtei entfernt. Die Gründe dafür sind naheliegend, jedoch nicht juristisch beweiskräftig. Daß die Angelegenheit der Kirchenverwaltung recht unangenehm ist, bewies dem Verfasser eine sachlich falsche Antwort, die ihm der diensttuende Beamte (in Ordenskleidung) in der Abtei am 7. August 1958 gab. Er wies bei der Frage nach dem Verbleib des Siemens-Fensters auf eine falsche Stelle unter Hervorhebung, daß das Fenster den Fliegerbomben des Zweiten Weltkrieges zum Opfer gefallen sei. Um keine Polemik heraufzubeschwören, unterließ Verfasser weitere Fragen. Demgegenüber ist hervorzuheben, mit welcher Nachdrücklichkeit die Firma Siemens Edison Swan Ltd. das Erbe Sir Williams hütet und publizistisch immer wieder auf ihn eingeht, so auch bei seinem 75. Todestag.

1 Daneben nennen die Ungarn noch Anyos Jedlik (1800 - 1895), der eine Unipolarmaschine, aber keine Dynamomaschine schuf. Und die Italiener feierten 1936 auf einer Briefmarke das „75. anniversario invenzione dinamo", die sie ihrem Landsmann Antonio

sehr sorgfältige Dissertation Otto Mahrs[2] wissenschaftlich widerlegt worden. Es finden sich in der Tat in der englischen Fachliteratur seither nur noch wenige Autoren, die dem wirklichen Tatbestand nicht Rechnung tragen. Auch das Science Museum in London, welches in den letzten Jahren durch M. K. Weston eine Neuordnung seines Raumes „Power Electricity and Generators“ (Elektrische Energieerzeugung) vorgenommen hat, bekennt sich heute zu der wissenschaftlich gesicherten Priorität Werner Siemens' an der Dynamomaschine.

Es ist heute klar: der Weg des elekrischen Maschinenbaues bzw. der Energieerzeugung führt historisch von Faraday (Induktionsgesetz 1831) über Siemens (Dynamomaschine 1866) zu Ferraris und Tesla (Drehstrom 1887). Jedermann neigt naturgemäß dazu, den Beitrag seines Landsmannes besonders hoch zu bewerten. Insofern finden wir in der englischen Literatur auch heute noch mitunter etwas verschwommene Darstellungen, die der großen zentralen Bedeutung der Dynamomaschine nicht ganz gerecht werden. Und doch ist es die Erfindung des 19. Jahrhunderts gewesen, die unsere Welt erst so werden ließ, wie sie uns Heutigen gewohnt ist, die mit der Erfindung der Wattschen Dampfmaschine (1769) im 18. Jahrhundert wie auch mit der Uran-Kernspaltung durch Hahn (1938) im 20. Jahrhundert bezüglich ihrer eminenten Bedeutung vergleichbar ist.

Bei aller Anerkennung der Verdienste William Siemens' muß hier seinem Biographen Pole[3] widersprochen werden, wenn er die Erfindungsgeschichte der Dynamomaschine so darstellt, als hätte William daran Anteil. Den schlüssigen Beweis bleibt Pole auch schuldig, und mit Formulierungen „wie es scheint“, „möglicherweise“ usw. kann der kritische Leser keine Klarheit gewinnen.

Nichtsdestoweniger hatte William Siemens sich um die Bekanntmachung dieser wichtigen Erfindung sehr verdient gemacht. Er nahm für Werner ein britisches Patent[4] und reichte am 4. Februar 1867 der Royal Society eine Mitteilung „über die Umsetzung dynamischer in elektrische Kraft ohne Hilfe von permanentem Magnetismus“ ein, die in der Sitzung vom 14. Februar 1867 verlesen wurde.[5]

In den ersten zehn Jahren gab es um die Dynamomaschine keinerlei Prioriätsstreitigkeien, einfach deshalb, weil keiner der vielen genannten „Erfinder“ ihre Bedeutung für die technische Praxis richtig erkannt hatte.[6] Dies war hingegen

---

Pacinotti (1841 - 1912) zuschreiben. Die Belgier schließlich schreiben Zénobe Théophile Gramme (1826 - 1901) die Erfindung der Dynamomaschine zu. Tatsächlich hat Gramme aber nur den Ringanker Pacinottis in den elektr. Maschinenbau eingeführt. Er zählt damit zweifellos zu den Pionieren des Elektromaschinenbaues.

[2] O. Mahr, Die Entstehung der Dynamomaschine. Diss. TH Berlin, 1941.

[3] Pole (dt.), S. 244 ff.; Clapham, Vol. 2, p. 108, nennt sogar William Siemens als den „Erfinder der Dynamomaschine“, wie überhaupt in England vieles von dem, was Werner schuf, seinem „englischen Bruder“ versehentlich zugeschrieben wird.

[4] Brit. Pat. Nr. 261 vom 31. 1. 1867. Pole (dt.), S. 248.

[5] Bereits im Dezember 1866 hatte Werner Siemens der Berliner Akademie der Wissenschaften eine Ausarbeitung über seine Erfindung eingereicht. Sie wurde am 17. Januar 1867 von Prof. G. Magnus verlesen.

bei Werner Siemens, der ja nicht nur Wissenschaftler war, völlig anders. Wir können von ihm behaupten, daß der Schwerpunkt seiner wissenschaftlichen Arbeit während seiner letzten 25 Lebensjahre (also 1867 — 1892) eindeutig bei der Durchbildung der Starkstromtechnik lag, deren Fundament er gelegt hat und deren teuer erkaufte erste Erfolge zum großen Teil seiner Arbeit zu danken sind. Bereits 1867 hatte Werner Siemens auf der Pariser Weltausstellung die Idee ausgesprochen, daß es dereinst möglich sein werde, mit elektrischen Hochbahnen den Verkehr der engen Großstädte zu entlasten. Wir wissen, daß er nicht nur im Frühjahr 1879 die erste dynamo-elektrische Eisenbahn der Welt schuf, wir wissen auch, daß die elektrische Straßenbahn und der Oberleitungs-Bus zuerst von ihm entworfen und angewandt wurden. Daß auch seine Hoch- und Untergrundbahnpläne technisch baureif waren, beweisen Dokumente, die hierüber im Siemens-Archiv aufbewahrt werden.[7] Die praktische Durchführung zur Zeit ihrer Entstehung (1880 — 1882) scheiterte jedoch an dem Einspruch der Berliner Stadtverwaltung. Die Verwirklichung der Untergrundbahn (1894 Budapest) und der Hochbahn (1902 Berlin) hat Werner Siemens selbst nicht mehr erlebt.

Die rastlose starkstromtechnische Entwicklungsarbeit, die durch Werner Siemens und seine Berliner Firma[8] geleistet wurde, begegnete im England der siebziger Jahre wenig Verständnis. Wir erinnern uns daran, daß die Interessen des Woolwicher Werkes dazumal fast ausnahmslos den Seekabeln zugewandt waren und daß William daneben sehr viel Zeit, Kraft und Geld auf seine hüttentechnischen Arbeiten in Birmingham und Landore verwendete. Aus dem sehr lebendigen Briefwechsel der Brüder Siemens ist ersichtlich, daß in starkstromtechnischen Dingen William wie auch sein Werk in Woolwich ziemlich gleichgültig der Aktivität Berlins gegenüber standen. Nur wenige Ausnahmen bestätigen hier die Regel.[9] Generell stand England am Anfang des Starkstromzeitalters ziemlich abseits.

Als man 1877 in South Kensington Vergleichsmessungen mit elektrischen Maschinen für Beleuchtungszwecke anstellte,[10] hatten Siemens Brothers sich mit Berliner Maschinen von Siemens & Halske daran beteiligt. Das Ergebnis war nicht nur recht aufschlußreich, es war für Siemens Brothers — welche die besten Maschinenleistungen nachweisen konnten — recht befriedigend. Es bewies ein-

---

6 Der Prioritätsstreit nahm in der Zeitschrift „Engineering“ im Okt. / Nov. 1877 seinen Anfang.

7 SAA 55 / Lt. 154.

8 Schon 1883 wurde eine besondere starkstromtechnische Fabrik in Charlottenburg in Betrieb genommen. S. v. Weiher, Zum 75. Jahrestag der Gründung des ehemaligen Charlottenburger Werkes, in: SZ Jg. 1958, S. 678 - 679.

9 Nämlich Elektrostahlofen und Beeinflussung des Pflanzenwachstums durch elektrisches Licht.

10 Dinglers Polytechnisches Journal, Bd. 227, 1878, S. 201 ff. Der für Siemens gute Ausgang der Vergleichsmessungen trug S&H die Lieferung der elektrischen Anlage des Lizard-Leuchtturmes (an der südlichsten Küstenspitze Englands) ein. Winterfeld, S. 82.

drucksvoll den Vorsprung Deutschlands auf dem Gebiet der „angewandten Elektrizitätslehre“ — wie es im damaligen Sprachgebrauch noch hieß.[11] Folgende Tabelle möge die Vergleichswerte veranschaulichen; sie ist der in der Fußnote genannten Veröffentlichung bei Dingler entnommen.

Abgesehen von der elektrischen Telegraphie und dem Eisenbahnsicherungswesen[12] war in England um 1880 praktisch von „Elektrotechnik“ wenig spürbar. Aber man hatte schon von Edisons Glühlampen[13] und von ebensolchen Lampen Swans[14] Kenntnis. Im Ganzen betrachtet war England in der Entwicklung hinter Deutschland und Nordamerika zurückgeblieben[15]. Die wirtschaftliche Situation Englands in den beginnenden achtziger Jahren gestattete kaum, große Kapitalien in neuartige, in ihrer praktischen Auswirkung noch unbekannte Versuche zu investieren; man hielt sich nach wie vor an die bewährte alte Dampfmaschine, durch die Englands Industrie groß und machtvoll geworden war. Kohle war billig und damit bestand für neun von zehn in Frage kommenden Fällen kein Problem, ob man nicht doch die wirtschaflichere elektrische Energieverteilung anwenden solle — wie es einige Nimmermüde, darunter auch William Siemens — immer wieder empfahlen. Die Anschauung des Durchschnittsengländers war kurzsichtig, aber sie herrschte vor.

Einige Monate vor seinem Tode hatte William Siemens in einem Vortrage[16] vor der Institution of Civil Engineers die Aufmerksamkeit seiner Hörer auf jene Versuche gelenkt, die im Vorjahre, also 1882, der Franzose Marcel Déprez[17] gelegentlich der Münchener Elektrizitäts-Ausstellung mit einer 57 km langen elektrischen Gleichstrom-Kraftübertragung von 2 000 Volt erfolgreich demon-

---

11 Über die Entstehung des Wortes „Elektrotechnik“ war bereits kurz die Rede.

12 Seit 1871 lieferte Woolwich für englische Bahnen auch die bei Siemens & Halske entwickelten Eisenbahnsicherungs- und Signalgeräte, wie z. B. den Frischenschen Strekkenblock. Daneben wurden aber auch Geräte nach englischem Muster gebaut. Sehr umfangreich kann dieses Arbeitsgebiet nicht gewesen sein, da nicht nur die darüber aussagenden Unterlagen sehr mager sind, sondern auch Scott in seiner Festschrift diesen Dingen keine Zeile widmet.

13 Edisons Priorität an der Erfindung der Glühlampe ist 1893 in einem großen Prozeß mit Erfolg widerlegt worden unter Hinweis auf den Deutsch-Amerikaner H. Goebel, der bereits 1854 in New York Kohlefadenglühlampen schuf. S. v. Weiher, 100 Jahre Glühlampen, in: VDI-Nachrichten, Nr. 12 / 1954, S. 11.

14 Sir Joseph Wilson Swan (1828 - 1914), englischer Fotochemiker, verbesserte die Technik der Pigmentdrucke 1864, erfand 1878 eine Kohlefadenglühlampe, für die er 1883 chemisch erzeugte Fasern als Glühfäden nutzte. 1904 wurde er geadelt. DNB 1912 - 1921, p. 518 - 519; ETZ Bd. 35, 1914, S. 662.

15 Zu diesem Schluß kommt Clapham, Vol. 2, p. 108 / 109; „Britain, her critics were telling her, was behind America and Germany . . . it was agreed that Britain was not the pioneer . . .“.

16 WSSW Vol. 3, p. 406; Clapham, Vol. 2, p. 109.

17 Marcel Déprez (1843 - 1918), französischer Pionier der elektrischen Kraftübertragung. 1886 Mitglied der Pariser Acadmie des Sciences, 1890 Prof. der industriellen Elektrizität am Conservatoire Nationale des Arts et Métiers, Paris. C. Matschoss, Männer der Technik, Berlin 1925, S. 56.

Name d. Maschine	Preis	Maße in mm			Gewicht	Kraftverbrauch	Umdrehungen in der Minute	Lichtstärke in Normalkerzen	
	MK	Länge	Breite	Höhe	kg	PS		verdichteter Strahl	zerstreuter Strahl
Holmes	11 000	1 499	1 321	1 575	2 607	3,2	400	1 523	1 523
Alliance	9 880	1 321	1 372	1 473	1 851	3,6	400	1 953	1 953
Gramme Nr. 1	6 400	787	787	1 245	1 295	5,3	420	6 663	4 016
Gramme Nr. 2	6 400	787	787	1 245	1 295	5,7	420	6 663	4 016
Siemens, große	5 300	1 143	737	356	592	9,8	480	14 818	8 932
Siemens, kleine	2 000	660	737	254	191	3,5	850	5 539	3 339
Siemens, kleine	2 000	660	737	254	191	3,3	850	6 864	4 138

striert hatte. Als Leiter hatte Déprez lediglich vorhandene Telegraphen-Luftleitungen benutzt![18] Aber William mußte einsehen, daß für solche Dinge in englischen Ingenieur- und Wirtschaftskreisen keine sonderliche Aufgeschlossenheit anzutreffen war. Das mochte denn auch der Grund sein, weshalb keine entscheidenden Schritte unternommen wurden, um die Starkstromtechnik in Woolwich zu entwikkeln.

Das Gefühl der Engländer, einzig führende Industriemacht der Welt zu sein, welches zu Zeiten der ersten großen Industrie-Ausstellung in London 1851 noch sehr wach war, hatte durch die unübersehbaren Fortschritte des Auslandes auf hüttentechnischem Gebiet (A. Krupp, J. Mayer, William Siemens), auf dem Gebiet der Elektrotechnik (Werner Siemens, Thomas A. Edison), nicht zuletzt aber auch auf dem Gebiet des Kraftmaschinenbaues (Lenoir 1860, Otto 1876) — welches Englands ausschließliche Domäne zu sein schien — starke Einbußen erlitten.[19] Daß die Brüder Siemens gar in drei Großstaaten Europas machtvolle Niederlassungen hatten, erscheint dem englischen Wirtschaftshistoriker Clapham (Vol. 2, p. 113) besonders symbolhaft für diese Entwicklung.

Was war auf dem starkstromtechnischen Sektor bei Siemens Brothers praktisch überhaupt geschehen? — Nicht viel, kann die Antwort nur lauten. Denn man hatte sich in dieser Beziehung ganz auf Berlins Führung verlassen und beschränkte sich bestenfalls auf Nachbauten.

Man hatte auch — aus den oben dargelegten Gründen und der Erkenntnis, daß man mit Kabellegungen weit mehr Geld verdienen konnte — den Ehrgeiz gar nicht erst aufkommen lassen, auf diesem Gebiet selbständig vorzugehen. Entwicklungsarbeiten mit wissenschaftlichen Methoden kosteten nicht nur Geld, sondern auch Zeit. Und Siemens Brothers, mehr noch die Aktiengesellschaft Siemens Brothers, empfanden sich hierfür nicht zuständig. Erst 1879 begannen Siemens Brothers den Bau von Dynamomaschinen, die dort (seit 1867) Patentschutz genossen.[20]

---

[18] Offizieller Bericht über die Internationale Elektricitäts-Ausstellung München 1882. Erstes in Meisenbachscher Autotype illustriertes Druckwerk, 1883.

[19] Das Gefühl, daß auch die moderne elektrische Energiequelle, nämlich die Dynamomaschine und auch die Motoren sachlich dem „Maschinenbau" zuzurechnen sind, ist den Engländern erst sehr spät zu Bewußtsein gekommen.

[20] Über den Umsatzwert (in Goldmark) von Dynamomaschinen liegen für die Jahre 1876 - 1878 Zahlenwerte vor. S&H Berlin lieferte:

	1876	1877	1878
Deutschland	15 945	36 147	161 455
Rußland	25 418	55 366	96 103
England	3 353	61 457	187 351
übriges Ausland	15 885	20 998	21 146
Jahresumsätze	60 601	173 968	466 055

Aus: A. Thomälen, Zur Geschichte der Dynamomaschine, in: BGT, Bd. 7, 1917, S. 168.

Solange William Siemens noch lebte, war durch seine starke Persönlichkeit jedenfalls noch der Schein gewahrt, daß die Firma, die seinen Namen trug, auf dem „Gesamtgebiet der Elektrotechnik" aktiv tätig sei. Das schien auch deshalb schon so, weil William persönlich sich um die Einführung elektrischer Beleuchtung in England sehr bemühte. Es berührt uns heute merkwürdig, wenn wir erfahren, daß weder William noch Werner jemals an den absoluten Sieg des elektrischen Lichtes geglaubt haben. Werner sah im Bogenlicht, auch wenig später in der Glühlampe, nur eine Ergänzung des Gaslichtes für ganz bestimmte Zwecke. Und William äußerte noch präziser, daß er wohl die elektrische Beleuchtung der Straßen und Plätze für zukunftsvoll halte, im übrigen jedoch der elektrischen Haus- und Innenbeleuchtung nur Chancen für luxuriöse Fälle gäbe.

Nun ist zu berücksichtigen, daß elektrische Beleuchtung zunächst einmal erzielt wurde durch Erzeugung eines Lichtbogens zwischen zwei einander gegenüberstehenden Kohlenstäben, wie das schon seit der Erfindung der Voltasäule technisch möglich war.[21] Dem Russen Pawel Jablochkoff[22] gelang es 1876, die Teilung des elektrischen Lichtes dadurch zu erreichen, indem er zwei gleichartige Kohlestifte nebeneinander stellte und zwischen den zwei Kohlenspitzen den Lichtbogen erzeugte. In diesem Sinne konnte er von einer Stromquelle ausgehend mehrere Lampen hintereinander schalten. Diese Jablochkoff'schen „Kerzen" hatten 1876 in der Pariser Oper Aufsehen erregt. Aber das Ein- und Ausschalten ergab noch ziemliche Mängel, so daß die Suche nach einer befriedigenden elekrischen Bogenlampe weiterging. Bei Siemens & Halske in Berlin fand Friedrich v. Hefner-Alteneck, der bereits 1872 die Trommelanker-Dynamomaschine entwickelt hatte, im Jahre 1878 die „Differential-Bogenlampe" mit gegenüber stehenden Dochtkohlen, bei der der Nachschub über ein Thermorelais automatisch bewirkt wird. Diese Erfindung erwies sich wirtschaftlich wie technisch als durchaus brauchbar und es entstand damit — 12 Jahre nach der Erfindung der Dynamomaschine! — zum ersten Male die Möglichkeit, zuverlässige und dabei auch wirtschaftlich elektrische Beleuchtungen zu schaffen.

---

21 Etienne Gaspard Robertson (1763 - 1837) dürfte der erste gewesen sein, der 1802 den elektr. Lichtbogen zwischen zwei Kohlenstäben erzeugte. Sir Humphrey Davy (1778 - 1827) machte diesen Versuch in der wissensch. Welt bekannt. 1844 beleuchtete Léon Foucault (1819 - 1868) bereits den Pariser Place de la Concorde mit elektr. Bogenlicht. Und in den Fünfziger Jahren wurde der zügige Neubau von Paris nachts bei elektr. Bogenlicht vorangetrieben. Im Krimkrieg, im Sezessionskrieg und 1870/71 spielten elektr. Scheinwerfer schon eine Rolle!

22 Pawel Nikolajewitsch Jablochkoff (1847 - 1894), russischer Elektrotechniker. Im Telegraphenwesen Rußlands tätig, übernahm er 1874 die Aufgabe, den Hofzug des Zaren elektrisch zu beleuchten. Damit kam er auf seine Erfindung der elektrischen, nach ihm benannten Kerze, eine Kohlen-Bogenlampe, die er um 1875 in Paris verbesserte und durch eine eigene Gesellschaft auf den Markt brachte. Mit dem Erscheinen der besseren Differential-Bogenlampe Hefners und anderer Systeme verschwand die „Jablochkoff'sche Kerze". C. Matschoss, Männer der Technik, Berlin 1925, S. 128.

Hierzu ergaben sich nun auch sehr frühzeitig in England mannigfaltige Möglichkeiten, die wahrzunehmen Werner seinem Bruder William Siemens immer wieder empfahl. Denn das ganze System elektrischer Lichtanlagen konnte vom eigenen Hause geliefert werden: Starkstromkabel, Lampenregelwerk, Kohle[23] stammten aus Berlin.

Inzwischen hatte das Bogenlicht eine Konkurrenz erhalten. Thomas A. Edison und Joseph W. Swan in England hatten — unabhängig voneinander — die ersten brauchbaren Kohlefaden-Glühlampen auf den Markt gebracht. Hinter Edison, der sich sofort auch der Ausbildung eines umfassenden Installations-Systems zugewandt hatte, stand eine ausgezeichnet organisierte Fabrikation. Bei Swan war das nicht ganz so der Fall, und er gestattete Siemens & Halske gegen eine Lizenzgebühr den Nachbau seiner Lampe, die nun nicht nur in Deutschland, sondern auch in England Eingang fand.

Nun entstanden elektrische Beleuchtungen mit Bogen- und Glühlicht, mal nach diesem, mal nach jenem System, häufig auch kombinierte Anlagen[24]. Das Britische Museum machte 1879 den Anfang mit elektrischer Beleuchtung; dann folgten die Royal Albert Docks, die Royal Exchange and Mansion House, die London Bridge, das Savoy-Theater und viele andere prominente Bauten und Plätze Londons.

1881 kam eine — wenn auch im Endeffekt erfolglose — Pionieranlage der Elektrotechnik durch Siemens Brothers in England zur Ausführung: Godalming (Surrey) wurde die erste Stadt der Welt, die ein Elektrizitätswerk und Starkstrom-Kabelnetz erhielt. Der Antrieb der Maschinen erfolgte zunächst durch die Strömung des Wey, der durch Godalming fließt. Aber wegen der unregelmäßigen Wasserzufuhr des Flüßchens stellte man den Antrieb auf ein Heizwerk um. Die Stadt verzichtete auf Gas und hoffte dadurch, zur Straßenbeleuchtung auch noch genügend Privatkunden zu gewinnen, die durch ihren Bezug von elektrischem Haus- und Wohnungslicht zur Amortisierung der teuren Anlage beitragen sollten. Aber in dieser Hinsicht ging die Rechnung der Unternehmer nicht auf, und so mußte die verfrühte Anlage 1884 ihren Betrieb einstellen.[25]

---

[23] Die Kohlenstäbe für Bogenlampen, Kohle-Kontakte für elektrische Machinen wurden seit 1878 in der von Werner Siemens 1872 gegründeten Firma Gebr. Siemens & Co. fabriziert. Ursprünglich hatte diese Firma lediglich den Bau und den Vertrieb von Alkoholmessern übernommen. Das Kohlegebiet wurde jedoch für spätere Zeiten die Geschäftsgrundlage. Im Jahre 1928 ist die Siemens-Plania AG. für Kohlefabrikate aus dieser Firma hervorgegangen, die szt. das Plania-Werk der Rütgerswerke zur Erweiterung ihrer Produktionsbasis übernahm.

[24] Pole (dt.), S. 308 - 312; Scott, p. 144 - 148.

[25] Pole (dt.), S. 310 - 311; Scott, p. 147. Erst 1882 wurde Edisons erste Centrale, im Bezirk Pearl Street, New York, dem Betrieb übergeben. Im gleichen Jahre wurde in der Wilhelmstraße zu Berlin eine Versuchs-Centrale von Siemens & Halske für Glühlichtbeleuchtung in der Kochstraße, Bogenlichtbeleuchtung am Potsdamer Platz eingerichtet.

Auch die Schiffs-Elektrotechnik trat früh in Erscheinung. Nachdem man auf dem firmeneigenen Kabelschiff „Faraday“ bereits 1877 dynamoelektrisches Licht mit Erfolg angewandt hatte — es liegt hierüber ein handschriftlicher Bericht vom 5. 10. 1877 im Siemens-Archiv München vor[26] — übernahmen Siemens & Halske im Jahre 1878 die elektrische Ausrüstung der japanischen Korvette „Fuso“ und 1879 die Ausrüstung mit elektrischer Bordbeleuchtung und Scheinwerfer für Schiffe der deutschen Handelsmarine („Hannover“, Bremen; „Theben“, Hamburg; „Holsatia“, Hamburg; die beiden letztgenannten Schiffe von der HAPAG). Siemens Brothers rüsteten im gleichen Jahre, 1879, einen Atlantik-Dampfer der Juman-Line mit Dynamos und Beleuchtungsanlagen aus, die sich als Neuerung bestens bewährten, so daß die „Times“ in ihrer Ausgabe vom 30. 12. 1879 darüber berichtete: „Das Schiff, welches die deutsche Erfindung über den Ozean trug, heißt zufälligerweise ‚City of Berlin‘“. William Siemens berichtete über diese Anlage in einem Brief an Werner vom 5. 12. 1879: „Wir haben elektrisches Licht in der Kajüte und im Maschinenraum der ‚City of Berlin‘ eingerichtet und der Bericht von Queenstown ist sehr günstig“.[27]

1879 hatte Werner Siemens in Berlin die erste elektrische Bahn vorgeführt. Die Verblüffung der Zeitgenossen kann man sich heute kaum mehr vorstellen. Für das technische Verständnis eines Journalisten von damals war es zuviel verlangt, seinem Publikum ein Vehikel zu erklären, welches „weder von Pferden noch von Dampf“ gezogen wird! — Im Spätjahr 1882 folgte William Siemens der Anregung der Brüder Traill — die in Irland Besitzer einer kleinen Dampfbahn waren —, eine elektrische Eisenbahn auf dem zwischen Portrush und Bush Mills gelegenen Gleis von etwa 10 km Länge einzurichten. Er nahm damit eine sich bietende Gelegenheit wahr, eine wichtige Erfindung seines Bruders nun auch in England (bzw. Irland) durch praktische Anschauung bekanntzumachen. Die Bahn hatte in ihrem Laufe beträchtliche Steigungen zu überwinden. Unter Anwendung einer stromzuführenden Mittelschiene (Rückleitung des Stromes durch die Laufradschienen) wurde die Bahn für den gedachten Zweck vorbereitet. Die Versuchsfahrten begannen im November 1882. Am 18. 3. 1883 konnte William mit Befriedigung Sir William Thomson von den guten Erfolgen dieser Bahn berichten[28]. Man verwendete zunächst eine mit einer 15-PS-Dampfmaschine gekuppelte Dynamomaschine; dann aber ging man aus Gründen der Wirtschaftlichkeit zum Antrieb mit Wasserkraft bei einem nahegelegenen Flüßchen über. Am 28. September 1883 wurde die Anlage als erste elektrische Bahn Englands feierlich dem Betrieb übergeben.[29]

---

26 SAA 35 / Lt 158.

27 SAA BB. H. J. Kosack, 75 Jahre Schiffselektrotechnik im Hause Siemens, Festschrift der SSW, 1954, S. 7 - 8.

28 Pole (dt.), S. 318.

29 Pole (dt.), S. 316 - 320.

Die Aktivierung englischen Kapitals für elektrische Anlagen ist durch die verhängnisvolle Electric Lighting Act,[30] die 1882 vom Parlament verabschiedet wurde, sehr erschwert worden. Nach Williams Tode übernahm sein Neffe Alexander Siemens[31] im Rahmen seiner Tätigkeit bei Siemens Brothers & Co. Ltd. die Wahrnehmung der Starkstrom-Angelegenheiten. Ihm zur Seite stand als technischer Fachmann der Physiker Dr. Eugen Obach.[32]

Aber die Richtung, die Ludwig Löffler — nun an erster Stelle stehend — der Firma gab, ließ keine große Betätigung auf dem Starkstromsektor zu. Erst um die Jahrhundertwende, nachdem Löffler 1890 und Alexander Siemens 1899 von leitender Stelle zurückgetreten, schließlich — 1898 – Dr. Obach verstorben war, entschloß man sich unter Einschaltung des Technischen Centralbüros in Berlin, der Starkstromtechnik bei Siemens Brothers & Co. Ltd. wieder eine neue Entwicklungsgrundlage zu geben. Doch mit diesem Zeitpunkt endet unsere Darstellung.

Ein wichtiger Impuls zur Entwicklung von Elektrizitätszentralen in England wurde gegeben durch Charles Algernoon Parsons,[33] dessen Dampfturbine einen sehr günstigen Wirkungsgrad für gekuppelte Generatoren hatte. Vorversuche in Newcastle 1890 führten zur ersten erfolgreichen und dauerhaften Elektrizitätszentrale, die durch Parsons Initiative im November 1892 zustande kam.[34]

---

30 Die Electric Lighting Act von 1882, besonders verfochten durch Joseph Chamberlain (1836 - 1914), der dazumal Präsident des Handelsamtes in Gladstones Ministerium war, bedeutete für die freie Unternehmerschaft - und damit auch für Siemens Brothers - eine Bestimmung, nach der die Errichtung elektrischer Zentralen und Anlagen staatlich zugelassen und steuerlich begünstigt wird für die Dauer von 15 Jahren. Alsdann, so beabsichtigte Chamberlain, solle der Staat selbst dazu übergehen, unternehmerisch auf dem Gebiet der elektrischen Energieerzeugung und -verteilung vorzugehen, wenn das Geschäft lukrativ zu werden verspricht. ETZ 1883, S. 299 - 301.

31 Alexander Siemens (1847 - 1928), ein Neffe 5. Grades von den Brüdern Siemens, geb. in Hannover, kam früh nach England, wo er sich 1878 naturalisierte und wirkte seit 1868 beim Bau der Indo-Europäischen Telegraphenlinie in Persien mit. In den siebziger Jahren unterstützte er William beim Vertrieb seiner Industrie-Öfen, wirkte bei Seekabellegungen mit und übernahm 1879 Electric Light-Department von Siemens Brothers. Als solcher leitete er die elektrische Installation in Godalming (Surrey). 1888 - 1899 war er Managing Director der Siemens Brothers & Co. Ltd., danach bis 1918 Mitdirektor. The Electrical Review No. 2622, London, v. 24. 2. 1928.

32 Eugen Obach (1852 - 1899), deutscher Physiker und Chemiker, trat 1875 bei S&H ein, kam 1877 zu Siemens Brothers nach England. Poggendorffs biographisch-literarisches Handwörterbuch, Folge 3 (1898), S. 980 - 981; Folge 4 (1904), S. 1085. Vorübergehend arbeitete unter Dr. Obach im Labor von Siemens Brothers auch Sebastian Ziani de Ferranti (1864 - 1930), der später auf dem Gebiet der Transformatoren- und Drehstromtechnik bekannt gewordene englische Elektrotechniker. 1888 begann er den Bau der Wechselstromzentrale Deptford. BGT, Bd. 20, 1930, S. 185; Scott, p. 148.

33 Charles Algernoon Parsons (1854 - 1931), englischer Ingenieur, Pionier der Dampfturbine, die er als wirtschaftliche Anriebskraft für Dynamomaschinen wie für die Schifffahrt durchbildete. C. Matschoss, Große Ingenieure, München 1937, S. 272 ff.

34 R. H. Parsons, The early days of the power station industry, Cambridge, 1940.

d) Das Überseegeschäft im Spannungsfeld London — Berlin

Das Siemens-Geschäft in London war — wenn wir vom Jahre 1880 zurückblikken — stets ein Sorgenkind für das Berliner Stammhaus gewesen, so wirtschaftlich ertragreich es auch im Ganzen gesehen war. Was wir hier unter „Sorgen" verstehen, betraf hingegen etwas anderes: es war in den Prinzipien der inneren Geschäftsführung Londons Berlin gegenüber eine Entfremdung eingetreten, die sich nur damit erklären läßt, daß die leitenden Männer — und das waren hier William und Löffler — im Laufe der Jahre zu sehr „Engländer" geworden waren. Vielleicht ist diese Wandlung den beiden fast gar nicht zum Bewußtsein gekommen. Denn nur der Außenstehende vermochte diese feine Nuancierung in den Anschauungen zu bemerken. Anders stand es hingegen mit Carl. Er weilte „nur" zehn Jahre in England, hat dieses Land weder verstanden, geschweige denn lieb gewonnen und drängte, wieder fortzukommen. Er setzte sich damit auch nicht so sehr dem geistigen Einflusse Englands aus. In seiner Geschäftsführung war er — trotz aller Konformität mit William wie mit Werner — kompromißlos gegen typisch englische Geschäftsmanieren geblieben. Dennoch kam es vor, daß auch er gelegentlich am Ende seiner Kräfte war und gar die Firma zu verkaufen bereit gewesen wäre. Dies wäre allerdings einer Kapitulation gleichgekommen; einer solchen hat sich Carl nicht schuldig gemacht. Wenn er schließlich durch seine Unterschrift unter den verhängnisvollen Gründungsvertrag der Siemens Brothers & Co. Ltd. im Dezember 1880 auch in gewisser Hinsicht einen Verrat an der Sache beging — da er als Geschäftsmann die kommende Entwicklung hätte voraussehen müssen —, so ist dem entgegenzuhalten, daß hier in erster Linie William die Verantwortung trug, dem diese Regelung, da er selbst keinen Sohn hatte, so recht war und dessen Interessenschwerpunkt schon lange nicht mehr bei Kabellegungen und was sonst die Firma betraf, lag.

Am tragischten mußte sich diese Entwicklung für Werner auswirken, dessen Lebenziel dadurch doch sehr in Frage gestellt war. Wollte er doch seinen Söhnen und auch darüber hinaus im weiteren Sinne seiner Familie ein Unternehmen hinterlassen, das Macht und Ansehen in der Welt haben solle. Hierin hätte gerade das Londoner Haus eine wichtige Rolle im Rahmen des „Gesamtgeschäftes" zu spielen gehabt. Die Tragweite der Gesellschaftsgründung war Werner Siemens selbst 1880 noch nicht zu Bewußtsein gekommen; er schenkte der Meinung gern Glauben, daß dies ja nur eine äußere Form sei und sich am Prinzip des Familien-Gesamtgeschäftes nichts ändern würde.

Für William kam es im wesentlichen darauf an, von der Last der Geschäftsführung frei zu bleiben — wie das in den verflossenen zehn Jahren sich so angenehm ergeben hatte —, und es wäre dann wahrscheinlich alles beim alten geblieben, wenn Carl nicht die Absicht verfolgt hätte, wieder nach Rußland zurückzugehen. Da kein anderer da war, der die Leitung der in ihrer Gesellschaftsform zu ändernden Firma übernehmen könnte, übertrug man Löffler diese Position. Es besteht kein Zweifel, daß dieser auf dem Kabelgebiet für diese Aufgabe technisch wie auch wirtschaftlich durchaus qualifiziert war. Aber es hätten bei den Brüdern erhebliche Zweifel aufkommen müssen bei kritischer Prüfung der Frage, ob Löffler auch charakterlich wirklich der richtige Mann für diese Aufgabe sei. Bedeutete doch gerade das englische Haus viel für Siemens & Halske, die die Entwicklung auf dem Gesamtgebiet der Elektrotechnik mächtig vorangetrieben hatten und bestrebt waren, mit ihren Erkenntnissen und Arbeiten auch kräftig nach England und seinen Kolonien hineinzuwirken. Wir müssen hier an eine Kritik denken, die Werner einst — 1858 – an Ludwig Löffler übte und die auch 1880 noch Gültigkeit gehabt haben dürfte: „Löffler ist sehr tüchtig, aber auch sehr ehrgeizig und gelddürstig". Das hätte man seitens der drei Brüder bei Besetzung dieses verantwortungsvollen Postens in London berücksichtigen müssen. Würde Löffler — so hätte man sich fragen müssen — dereinst den nötigen Takt besitzen, das Gesamthaus in England zu repräsentieren und würde er auch den Weisungen des Berliner Stammhauses loyal entsprechen?

Mit Williams Tode im Herbst 1883 wurde die Entwicklung für Löffler, dem Managing Director, nur noch großartiger. Jetzt war er praktisch ohne Vormund, denn Werner in Berlin — der Chairman war — und Carl in St. Petersburg waren weit. Bei verantwortlichen, schwerwiegenden Entschlüssen, die Eile verlangten, war es für Löffler mitunter nicht möglich, zuvor die Angelegenheiten mit den Brüdern Siemens zu besprechen, geschweige denn eine Boardsitzung einzuberufen. Er erhielt daher das Recht zugestanden, für die Gesellschafter verbindliche Entschlüsse zu treffen. So wuchs seine Selbstherrlichkeit nur noch mehr.

Wir hörten im vorausgegangenen Kapitel über die Grundeinstellung des englischen Siemens-Geschäftes zu den Problemen der Starkstromtechnik. Nun, nach Williams Tode, wurde die Betätigung auf diesem Sektor noch geringer. Alexander Siemens war zweifellos ein guter Beamter der Firma, aber es ermangelte ihm jeglicher Schwung, jede Initiative, jede Unternehmerfreudigkeit. Gerade weil Löffler so sehr Kabelfachmann war, hätte er zu diesem ein Gegengewicht bilden können, indem er sich entschieden für eine Aktivierung des Starkstromsektors — welcher ihm als Sachgebiet seit 1879 ohnehin zugewiesen war — eingesetzt hätte. In diesem Falle hätte Alexander die vollste Unterstützung seines Onkels Werner in Berlin — dem er im übrigen treu ergeben war — gefunden.

Nun wäre es jedoch grundfalsch, anzunehmen, daß nach 1880 für die neue Aktiengesellschaft eine Periode wirtschaftlichen Rückganges oder Niederganges eingesetzt hätte.

Die Firma besaß bei ihrer Gründung 1881 ein Stammkapital von £ 400 000, von denen £ 300 000 tatsächlich eingezahlt waren. Der Gewinn des ersten Geschäftsjahres betrug nicht weniger als £ 356 097. Mit anderen Worten: es hätte nicht viel mehr gefehlt, dann wäre in einem Geschäftsjahr das nominale Gründungskapital verdoppelt worden. Die Aktionäre erhielten in drei Staffeln im Laufe des Geschäftsjahres Abschlagszahlungen auf die Dividende, die insgesamt

80 % ausmachte! — 1882 war auch ein gutes Jahr, wenn auch nicht so hoch wie das vorhergegangene. Aber immerhin war eine Dividende von 55 % ausgeschüttet worden. Dann kam ein ausgesprochen mageres Jahr, welches mit 27 000 £ abschloß und 10 % Dividende erbrachte. Das Jahr 1884 – in dem die Firma gleich zwei Atlantikkabel für die Commercial Cable Co. lieferte und legte — wurde das beste in der Geschichte der Gesellschaft. Man hatte einen Gewinn, der wohl etwas niedriger als jener des Jahres 1881 lag, nämlich £ 314 000, zahlte aber eine Dividende von 95 %. Obschon das nun folgende Jahr 1885 wirtschaftlich schlecht war, konnte immerhin ein stattlicher Gewinn, nämlich £ 175 000 erzielt werden. Das Jahr 1886 war jedoch eine Katastrophe: der Gewinn betrug lediglich £ 626, und an Zahlung einer Dividende war nicht zu denken. 1887/1888 erholte sich das Geschäft langsam; 1889 konnte es wieder mit £ 100 000 Gewinn eine gute Bilanz ziehen und eine Dividende von 22,5 % verteilen.

Diese sehr auffallenden Schwankungen innerhalb eines Jahrzehnts spiegeln einmal die allgemeine Konjunkturlage der englischen Wirtschaft, sodann aber auch das Auf und Nieder des Seekabelgeschäftes wider. Im Ganzen konnten die Brüder Siemens über die Erträge des englischen Geschäftes froh sein. Und wer konnte mit seinem Generaldirektor hadern, der solche Gewinne machte?[1]

Der Stil von Siemens Brothers & Co. Ltd. war mehr und mehr darauf abgestellt worden, allein nach Gewinn zu streben. Und Löffler hatte gut gewirtschaftet: im Frühjahr 1882 übernahm die Gesellschaft das Werksgelände in Woolwich für 99 Jahre in Pacht. Und im Jahre 1883 wurde das Stammkapital auf £ 500 000 erhöht.

Ein heißes Eisen bildete zwischen den Berliner und Londoner Kaufleuten seit langer Zeit das Thema Selbstkosten-Berechnung. Bei Selbstkostenlieferungen wurde von Siemens & Halske, Berlin, so verfahren, daß der eigenen Werkstatt und den tantiemeberechtigten Beamten 15 % der auf Selbstkosten gelieferten Fakturenbeträge gutgebracht und dieser Betrag nach Berechnung der Gratifikationen und Tantiemen vom Gewinn in Abzug gebracht wurde.

Ludwig Löffler hatte ein menschlich begreifliches Interesse daran, für London möglichst billige Selbstkosten berechnet zu bekommen, dagegen bei Londoner Lieferungen hohe Gewinne zu erzielen. Wiederholt hatte er sich nicht gescheut, den Berliner Kaufleuten gegenüber Mißtrauen über deren Selbstkostenberechnung an den Tag zu legen.

Ein Brief Werners an Carl aus den ersten Jahren des englischen Geschäftes vom 17. 4. 1863, läßt erkennen, daß man schon damals genau wußte, wer der Brunnenvergifter sei: „Löffler scheint es sich besonders zur Aufgabe gemacht zu haben, das Verhältnis zwischen Berlin und London zu lösen und Wilhelm (William) zu beweisen, daß er uns nicht braucht. Bei Differenzen versucht Wil-

[1] Scott, p. 6.

helm natürlich Löffler zu vertreten und zu rechtfertigen. So sucht L. Wilhelm zu überzeugen, daß wir, dem Kontrakt entgegen, große Aufschläge auf unsere Preise und Kommissionen machen, was doch geradezu ein Schurkenstreich wäre und in Wirklichkeit natürlich nie geschieht, Versehen ausgenommen . . ."[2]

Wir erinnern uns daran, daß gerade jene Jahre, zwischen der Aufkündigung des Newall-Vertrages (1860) und dem Beginn des Baues der Indo-Linie, recht schwere Zeiten für die Gesamtfirma, im Besonderen aber für Siemens Halske & Co. waren.

Auch jetzt, da er praktisch Chef der Londoner Firma war, ließ Löffler nicht nach, das Verhältnis zwischen seinem Londoner Haus und dem Berliner Stammhaus durch allerlei Mißtrauen und Argwohn zu trüben. Es war ihm auch 1881 noch nicht zu Bewußtsein gekommen, wer auf wessen Schultern stehe. Abgesehen von Seekabeln und Telegraphenmaterial war London doch nahezu gänzlich abhängig von der Berliner Fertigung. Und nicht nur diese war es, die Löffler zu „Selbstkosten" forderte! Fast alles, was aus den Berliner Werkstätten hervorgegangen war und weiterhin hervorging, trug den Stempel jahrelanger, kostspieliger Entwicklungsarbeit, die bis um 1870 allein von Werner Siemens, dann auch zum Teil von seinen technischen Mitarbeitern Frischen, v. Hefner, Frölich usw. geleistet worden war. Das alles glaubte Löffler ignorieren zu können, selbstverständlich ebenso die Nutznießung der Patente! Es unterliegt keinem Zweifel, daß Werner Siemens die Berechnung der Selbstkosten für das Londoner Haus in der ihm auch sonst eigenen generösen Weise vorgenommen hatte. Empfand er doch die Firma, auch nach Abspaltung der Aktiengesellschaft Siemens Brothers, als ein Gemeinschafts-Unternehmen. Und das allein hätte Löfflers Argwohn hinreichend beschwichtigen müssen.

Die Selbstkosten allein waren es indessen nicht, die das Verhältnis Berlin-London strapazierten. Wir müssen den Bogen weiter spannen, vom spezifisch Kaufmännischen loskommen und auf ein übergeordnetes Thema eingehen, welches die Probleme am sichtbarsten werden läßt. Das war der auf beiden Seiten hart geführte Kampf um den Auslands-, insbesondere um den Übersee- Markt!

In einem fast drei Jahrzehnte umspannenden Zeitraum hatten die Brüder Siemens ein Unternehmen aufgebaut, welches von drei wichtigen Stützpunkten in Europa, Berlin — London — Petersburg, weit nach Übersee ausgriff. Nun — so nahm es den Anschein — wollte London aus dieser Gemeinschaft ausbrechen. Die Folgen, die sich hieraus praktisch ergeben würden, waren nicht abzusehen.

Wolfram Eitel,[3] der frühere Leiter der Übersee-Abteilung der Siemens-Schuckertwerke, hat vor einigen Jahren im Siemens-Archiv München über die Entwick-

---

2 SAA BB.

3 Wolfram Eitel (1890 - 1969), Dipl.-Ing., 1922 - 31 als Ingenieur, 1931 - 38 als Repräsentant der SSW in Chile, 1938 - 45 in Berlin-Siemensstadt Direktor der Überseeabteilung der SSW. Lebte zuletzt in Berlin im Ruhestand.

lung des Überseegeschäftes gearbeitet. Sein unveröffentlichtes Manuskript, welches eine Lücke in der Erkenntnis der Geschichte des Hauses Siemens schließen soll, gab Veranlassung, sich diesem Thema noch einmal besonders zuzuwenden und es hier darzustellen. Voraussetzung für ein gedeihliches Auslands- und Überseegeschäft war eine Atmosphäre verständnisvoller Zusammenarbeit, die — auch unter den Brüdern Siemens — nicht immer grundsätzlich gesichert war. Werner sah sich z. B. am 13. 5. 1863 zu folgendem aufschlußreichen Brief an seinen Bruder William veranlaßt:

„Es handelt sich bei uns jedoch um unser inneres Verhältnis. Das, lieber Bruder, muß anders werden wie es war, und darüber müssen wir uns verständigen. Du faßt dasselbe so auf, als sollten wir, als von unserem übrigen Geschäft losgeschälte Personen, finanzielle Teilhaber des dortigen Geschäftes sein, die zu wichtigen Unternehmungen ihre Zustimmung geben, Geld geben, Gewinn oder Verlust einstecken und wenn sie hinkommen, das Recht haben, in die Bücher zu gucken. Sonst sollen die Geschäfte ganz fremd gegenüber stehen. Das ist aber unmöglich; dadurch würde gerade der Zweck, der uns vermocht hat, der Entwicklung des englischen Geschäftes Zeit und Mittel zu widmen, vereitelt. Du betrachtest immer unser hiesiges Geschäft als ein Fabrikgeschäft, das Apparate macht und gleich bezahlen läßt und damit basta. Das ist es aber keineswegs. Die Apparatefabrikation hat uns noch nicht den 20. Teil von dem gebracht, was wir erworben haben. Das tut auch nichts. Wir haben immer gesucht, mit der Apparatkonstruktion und technisch überhaupt an der Spitze zu bleiben, um Unternehmungen in die Hand zu bekommen, an denen zu verdienen war. Hört das auf, so ist es geboten, auch unsere Fabrikation zu schließen. Da wir aber von hier nicht fremde, ferne Anlagen mit Vorteil ausführen können, so haben wir in Rußland, England, Wien[4] Etablissements gründen müssen, die mit Hilfe unseres telegraphisch-technischen Vorsprunges, unterstützt durch unsere Fabrikation und unser Kapital sowie auch durch unsere persönliche Mitwirkung, wo es nötig, Unternehmungen machen und unsere hiesige Tätigkeit verwerten konnten! Natürlich machten wir diesen Filial- Etablissements keine Konkurrenz von hier aus und begnügten uns mit dem Gewinn, den sie uns zuführten. Dies ist die Grundlage unseres Verhältnisses zum englischen Geschäft. Wird sie untergraben, so wird unser ganzer Geschäftsplan zerstört. Das hiesige Geschäft kann das englische schon deshalb nur als einen Teil seines eigenen Körpers betrachten, weil es sonst genötigt wäre, ihm die erbittertste Konkurrenz zu machen. Wir müssen ja auch als Werkstatt den Weltmarkt uns offen erhalten. Wie soll das geschehen ohne eine Niederlage und Wahrung unseres Geschäftsinteresses in London? . . . Das Eingehen auf Deinen Vorschlag gänzlicher Fremdstellung beider Geschäfte würde das Übel vergrößern. Er ist gar nicht durchführbar. Bedenke nur, daß das

---

[4] Die erste Filialgründung in Wien 1858 - 1864, war aus Gründen mangelnder Rentabilität ein Mißerfolg und endete mit Löschung der dortigen Firma. Erst 1879 ergaben sich wirtschaftlich gesicherte Verhältnisse, dort neu zu beginnen.

hiesige Geschäft dann gleich gezwungen wäre, einen interessierten Agenten für seine Farikate in England anzunehmen, daß es selbst Anlagen in überseeischen Ländern zu erlangen suchen müßte, um doch auch Nutzen von seinen Arbeiten zu haben, daß es selbst Patente für Verbesserungen in England, welches einmal der Weltmarkt ist, nehmen müßte. Welche sonderbare verdrehte Lage würden wir, namentlich ich persönlich, dabei einnehmen!"[5]

Hieraus geht deutlich hervor, daß die Probleme schon in der Frühzeit der englischen Tochterfirma im Grunde dieselben waren. Die Darlegungen resultierten einmal aus Williams Selbständigkeitsbedürfnis, dann aber auch aus der Natur Löfflers, den Werner, im gleichen Briefe übrigens, als „mißtrauisch, verschlossen und eifersüchtig" charakterisiert, und der mit solchen Gefühlen natürlich die Berliner Kollegen kränkte und reizte.

Nun war über die Konstituierung der Siemens Brothers & Co. Ltd. schon zur Genüge die Rede. In bezug auf die künftige Bearbeitung des Überseemarktes hatte man in einem zusätzlichen, nicht mehr nachweisbaren Sonderabkommen zum Gründungsvertrag am 28. Dezember 1880 in einem Paragraphen 6 folgendes vereinbart:

„Die Siemens Brothers & Co. Ltd. und die Firma Siemens & Halske verpflichteten sich — soweit als angängig (so far as practicable) — wie es bisher zwischen den beiden Geschäftsfirmen Siemens Brothers und Siemens & Halske der Fall gewesen ist, der Konkurrenz miteinander zu enthalten. Solange die Gesellschaft in England Geschäfte betreiben wird, dürfen weder die Firma S&H noch irgend eine der Personen, welche die hier genannten Kontrahenten sind, hier ein Geschäft etablieren oder mit anderen bei der Etablierung eines solchen beteiligt sein, oder irgend ein Geschäft hier betreiben, das mit der Gesellschaft in dem Geschäfte, welches jetzt von Siemens Brothers & Co. Ltd. betrieben wird und von der Gesellschaft übernommen werden soll, in Konkurrenz geraten könnte. Auf der anderen Seite darf die Gesellschaft nicht ein Zweiggeschäft in Deutschland oder Rußland etablieren, welches mit S&H in dem Geschäfte, welches jetzt von jener Firma betrieben wird, konkurrieren könnte".[6]

Wir werden auf den folgenden Seiten erfahren, zu welch unerquicklichen Weiterungen gerade dieser Paragraph führte, indem Löffler für die von ihm vertretene Firma alle Rechte in Anspruch nahm.

Eine Tragik liegt darin, daß nicht nur Löffler der Meinung war, das Übersee-Geschäft sei eine ausschließliche Domäne Londons. Auch William, der nicht nur seit 1859 naturalisierter Engländer war, sondern der auch sehr stark die englische Denkweise angenommen hatte, war durchaus der Ansicht, daß London

---

[5] SAA BB.

[6] Die Abschrift des § 6 dieses Sonderabkommens vom 28. 12. 1880 (welches nicht mit dem Gründungsakt vom gleichen Tage verwechselt werden darf!) findet sich in einem Briefe von Werner Siemens an Löffler vom 13. 9. 1886. SAA 68 / Li 219.

die Führung im Überseegeschäft haben müßte. Außerhalb Deutschlands seit fast vier Jahrzehnten lebend, hatte er nicht das nötige Verständis dafür aufbringen können, daß die große Welle der industriellen Revolution nun auch Deutschland erfaßt hatte, nicht nur im Sinne des Passiv-Nehmenden, sondern des Aktiv-Ausbauenden. Aufgeschlossenheit für technische Dinge war im Lande der Dichter und Denker vielleicht für Manche unerwartet, aber sie führte — wie die Welt erkennen mußte — zu höchsten Leistungen. Es ist paradox, darauf hinweisen zu müssen, daß dies William Siemens nicht genügend respektierte, zumal doch sein Bruder Werner eine der markantesten Erscheinungen dieses neuen Deutschlands war. — Selbst Bruder Carl, der — wie wir wissen — nur ein Jahrzehnt in England zugebracht hatte, konnte nicht umhin, Werner zu beschwichtigen hinsichtlich der Überseemarkt-Frage, wer tonangebend sein solle. Er, der im Wesentlichen nur die höchst rückständigen Verhältnisse Rußlands kannte und nichts von England wissen wollte — das ihm fremd war und blieb —, er zeigte Verständnis für Löfflers Devise, die da lautete: „Der Überseemarkt gehört England!" So oder so käme das Geld ja doch in eine Tasche und würde aus ihr wieder verteilt.

Retrospektiv können wir heute erkennen, daß William wie auch Carl an den weltpolitischen Realitäten vorbei sahen. Trotz des regen Briefwechsels, den Werner mit seinen Brüdern führte, war es ganz offensichtlich weder William noch Carl richtig klar geworden, worum es eigentlich ging. Werner stand so praktisch allein in der Verteidigung des gemeinsam aufgebauten Werkes, das seinem Ursprung nach deutsch war und in seiner Führung fernerhin auch deutsch bleiben sollte.

Mit zu den ersten Handlungen, die Löffler als geschäftsführender Direktor von Siemens Brothers & Co. Ltd. veranlaßte, gehörte die Ernennung Georg von Chauvins zum Bevollmächtigten in den Vereinigten Staaten, zunächst um die in Gang befindlichen Verhandlungen über die zwei zu legenden Jay Gould-Kabel zum Abschluß zu bringen, ferner die weitere Ernennung eines Bevollmächtigten für das zu aktivierende Südamerika-Geschäft. Damit hatte Löffler ein Richtung gewiesen, die zum Ausdruck bringen sollte, daß man auch fernerhin bereit sei, im internationalen Kabelgeschäft weiter zu marschieren.[7]

Die wirtschaftlichen Erfolge gaben Löffler Recht. Wenn Werner Siemens wohl auch einsah, daß der Weg Londons die nächsten Jahre ziemlich einseitig durch Kabellegungen bestimmt sein würde, unter Ignorierung vieler wichtiger anderer Aufgaben, mit denen man in England noch konkurrenzlos würde vorgehen können, so glaubte er doch darin einen Trost zu sehen, daß das übrige Ausland sowie die Überseegebiete im Bedarfsfalle in Berlin bestellen. Denn es war kein Geheimnis mehr in der weiten Welt, daß Deutschland seit der Reichsgründung 1871 auf den Gebieten der Technik und Wirtschaft zum stärksten Rivalen des

7 Scott, p. 64.

englischen Weltreiches geworden war. Im Bereich der Elektrotechnik wie auch dem der Chemie hatte Deutschland bereits England überholt.

Im überseeischen Raum baute Deutschland Schritt für Schritt seine Handelsbeziehungen in allen Erdteilen aus und entwickelte Organisationen, die diesem Handel dienten.

Die stete Entwicklung der deutschen Industrie führte zu einem Anwachsen des In- und Auslandsmarktes und der Hebung des allgemeinen Lebensstandards im Reich. Rohstoffe aller Art für die Industrie und Kolonialwaren für den steigenden Konsum des wachsenden Volkes wurden importiert, und deutsche Waren gingen dagegen zunehmend ins Ausland und nach Übersee. Immer mehr zogen deutsche Kaufleute in die Welt und gründeten Geschäfte in fast allen Teilen der Erde, um von dort aus den Export wie den Import zu steuern.

Um sich von der Vorherrschaft der englischen und französischen Banken in der Abwicklung des ausländischen und vor allem auch des überseeischen Handelsverkehrs, der in Europa vorwiegend bei englischen und französischen Banken lag, zu befreien, wurde bereits im Frühjahr 1870 die Deutsche Bank gegründet. Ihr leitender Kopf war Werners Neffe 2. Grades, Georg Siemens. — Bereits am 8. März 1873 hatte die Deutsche Bank auf englischem Boden ihre Filiale errichtet, die „Deutsche Bank (Berlin) London Agency". Sie war für Jahrzehnte die einzige deutsche Bankfiliale in London und diente in wirksamer Weise der Ausgestaltung und der Ausbreitung der überseeischen Handelsbeziehungen Deutschlands. Schon wenige Jahre später gründete die Deutsche Bank — nachdem ein Versuch einer deutsch-belgischen Zusammenarbeit in Gestalt der La Plata-Bank gescheitert war — die „Deutsche Übersee-Bank", aus der später die „Deutsche Überseeische Bank" hervorging. Diese dehnte im Laufe von Jahren, von Buenos Aires ausgehend, ihren Wirkungskreis auf alle südamerikanischen Staaten aus. Sie war später jene Bank, mit der das Haus Siemens bis zum Zusammenbruch im 2. Weltkrieg vorwiegend zusammenarbeitete.[8]

Hand in Hand mit dem Aufbau des Überseehandels erfolgte der systematische Aufbau der deutschen Handelsflotte und einer Kriegsmarine.

An der Erschließung des „schwarzen Erdteiles", der noch nicht ganz unter Engländern, Franzosen und Belgiern aufgeteilt war, beteiligten sich nun auch deutsche Kaufleute. Zur Sicherung der von ihnen besetzten Gebiete forderten sie den Schutz des Deutschen Reiches. So kam es am 24. April 1884 zur denkwürdigen ersten amtlichen Schutzerklärung im Namen des Deutschen Reiches durch Fürst Bismarck, die sich auf das Gebiet des Bremer Kaufmannes Adolf Lüderitz bezog, welches dieser in Südwestafrika erworben hatte. Es war dies der Auftakt zu weiteren deutschen Schutzerklärunggen in Afrika und in der Südsee. Deutschland trat damit ein in die Reihe der Großmächte mit Kolonialbesitz.[9]

---

[8] Helfferich, 2. Aufl., S. 111 ff.

Schritt für Schritt erweiterte Deutschland seine Positionen im Welthandel; immer stärker trat das Reich als ernsthafter Konkurrent Englands in Erscheinung. Die Vorbedingungen für eine günstige Entwicklung der Elektrotechnik in Deutschland unter Führung von Siemens & Halske waren gegeben. Es bedurfte aber der größten Anstrengungen der Firma, um den erreichten Vorsprung auch zu erhalten.

Überall in Übersee machte sich nicht nur internationale, sondern bereits auch deutsche Konkurrenz bemerkbar. Deutsche Kaufleute fingen an, auch nach Übersee elektrische Geräte zu exportieren, und Interessenten in Übersee gingen dazu über, Offerten unmittelbar von Siemens & Halske in Berlin einzufordern, da sie fürchteten, daß der Umweg über London eine Verteuerung mit sich bringe. Unter diesen Umständen war es aber für Siemens Berlin nicht mehr tunlich, die Interessenten an Siemens London zu verweisen, wie dies früher allgemein üblich war. Man hätte jetzt den Kunden nur der deutschen Konkurrenz in die Arme getrieben mit dem Endeffekt, daß für Siemens Berlin der Weltmarkt bald verloren gewesen wäre. — Diese Entwicklung wurde bei Siemens Brothers & Co. Ltd. natürlich mit großer Sorge registriert, und es war vom einseitigen, rein kaufmännischen Standpunkt Löfflers betrachtet, schon zu verstehen, wenn er dagegen opponierte. Werner Siemens hingegen ging von der Voraussetzung aus, daß das Gesamtinteresse über allem stehen müsse. Selbstverständlich wäre es falsch gewesen, wenn Berlin dazu übergegangen wäre, London in den britischen Kolonien Konkurrenz zu machen. Aber das wurde von Berlin auch nie beansprucht.

Ein besonderes Betätigungsfeld für deutsche Kaufleute in Übersee bildete sich in Südamerika. Aber auch in Ostasien hatte der deutsche Handel früh Fuß gefaßt, in Japan und China.

Japan ist bekanntlich erst durch die erzwungene Landung eines amerikanischen Geschwaders unter Kommodore Perry 1853 dem Handel mit der westlichen Welt geöffnet worden.

Einige Jahre später, 1861, streckte auch Preußen seine Fühler nach Japan aus. Und schon bei dieser diplomatischen Expedition gelangte ein Erzeugnis von Siemens & Halske nach dort. Hierüber sagt ein Bericht des Oberingenieurs Rokurota Momotani über „die Tätigkeit des Hauses Siemens in Japan“[10] folgendes aus: „... Es ist sehr interessant, hier zu erwähnen, daß bei seinem Japanbesuch mit der preußischen Schraubenkorvette „Arkona“ im Jahre 1861 der Gesandte Graf Friedrich zu Eulenburg als Staatsgeschenke auch einen von Werner Siemens erfundenen und damals gebräuchlichen Telegraphenapparat, Bauart Siemens & Halske, mitzubringen nicht vergessen hatte. Nachdem die japanische Regierung das Geschenk in Empfang genommen hatte, beauftragte sie zwei Gelehrte, die

---

9 Arnold Oskar Meyer, Bismarck, der Mensch und der Staatsmann, Leipzig 1944, S. 572.

10 SAA 68 / Li 151.

Handhabung des Telegraphen und insbesondere des Begleitbüchleins zu studieren. Sechs Jahre später, 1867, wurde Vize-Admiral B. Enemoto von der japanischen Marine nach Holland gesandt, um das Kriegsschiff „Kaioyro-Naru" abzunehmen und dort zwei Sätze Morse-Telegraphen-Apparate mit Stromzeiger und Relaissatz von der Firma Digney in Rotterdam anzukaufen. Das Namensschild zeigte „Siemens & Halske". So ist der Name Siemens-Telegraphengeräte seitdem in Japan überall bekannt geworden. — Am 14. März 1873 wurde der japanische außerordentliche Gesandte und bevollmächtigte Botschafter I. Iwakura, der eine Weltreise unternahm und seinerzeit in Berlin weilte, von Werner Siemens zu seinem Werke in Berlin, zusammen mit seiner Begleitschaft, eingeladen. In diesem Werke hat Werner Siemens dem Botschafter die damals entwickelte fahrbare elektrische Beleuchtungsanlage in Betrieb gezeigt.[11] 1887 hatte Hermann Kessler die ständige Vertretung von Siemens & Halske in Tokyo eingerichtet und in der Folge jahrzehntelang entwickelt.

Über den frühen Beginn von Geschäftsbeziehungen nach Südamerika liegen zwei Briefe vor, aus deren Inhalt hervorgeht, daß bereits 1873 ein Vertreter, vermutlich Prof. Capanima, die Interessen der Firma dort wahrnahm: Siemens & Halske, Berlin, an Siemens Brothers, London, 25. 1. 1873: „Herr Repsold, welcher gestern hier abreiste . . . zeigte sich sehr geneigt, für den Vertrieb unserer Wassermesser in Brasilien tätig zu sein, und hielt es für vorteilhaft, die Wassermesser in Brasilien wie auch in den La Plata-Staaten patentieren zu lassen, zu welchem Zwecke er dann mit Vollmacht zu versehen sein würde. Wir haben dem Herrn Repsold noch keine bindende Zusage in dieser Beziehung gemacht, weil wir erst von Ihnen hören möchten, wie weit Ihre Geschäftsverbindungen in Südamerika reichen."[12]

Leider ist die Antwort Londons auf diesen Brief nicht bei den Akten; der nächste Brief jedoch legt den Gedanken nahe, daß in der Antwort etwa zu lesen stand, daß man in Südamerika bereits einen Repräsentanten in der Person eines gewissen Professor Capanima besitze, der überdies im brasilianischen Staatsdienst stehe.

Siemens & Halske, Berlin, an Siemens Brothers, London, 12. 2. 1873: „Nachdem wir Ihre freundliche Mitteilung über die Geschäftslage unserem von der Reise zurückgekehrten Dr. Siemens unterbreitet haben, wurden wir von demselben dahin näher informiert, daß nach einer bestimmten Äußerung des Herrn Repsold der Herr Prof. Capanima die Absicht habe, den Staatsdienst in Brasilien gänzlich zu verlassen und seine diesjährige Reise zur Wiener Weltausstellung

[11] Es handelte sich hierbei um einen fahrbaren Maschinensatz mit einer darauf stehenden Dampfmaschine und - über Riementransmission gekuppelten - liegenden Dynamomaschine, die bereits den neuen, 1872 von Fr. v. Hefner-Alteneck entwickelten Trommelanker besaß. Eine solche Anlage zeigten Siemens & Halske auch 1873 auf der Wiener Weltausstellung.

[12] SAA 30 / Ln 880.

zur Durchführung seines Vorhabens benutzen werde. — Wenn dies begründet ist, so dürften die von uns vorgeschlagenen Verhandlungen mit Herrn Repsold doch ratsam erscheinen, zumal, da derselbe seine Tätigkeit auch auf Uruguay und die La Plata erstrecken will."[13]

Wenn dieser Brief aus dem fehlenden Zusammenhang nur als Torso zur Klärung dieser nicht unwichtigen Frage zu bewerten ist, so ist jedoch klar ersichtlich, daß in jenem Jahre, da man das brasilianische Küstenkabel anfertigte (Rio de Janeiro — Montevideo), bereits ein Repräsentant die Firma Siemens in Südamerika vertrat.

China war das Land, welches als erstes im überseeischen Raum im Jahre 1879 eine Siemens & Halske-Vertretung erhielt. Zur Vorgeschichte dieses Schrittes sei auf einen Brief verwiesen, den Werner Siemens am 11. 3. 1879 an seinen Bruder Carl schrieb: „... Mit China werden wir wohl bald in Gang kommen. Der hiesige Gesandte hat nach China berichtet und infolgedessen hat die chinesische Verwaltung einem deutschen Hause in Shanghai (früher Konsul Deutschlands in China) den Wunsch ausgedrückt, Lichtmaschinen von uns zu beziehen. Die Sache kann man ja mal probieren. Braucht die Regierung Monteure usw., so werden die auf ihre Kosten geschickt. Die ungeheuren Profite der englischen Zwischenhändler sollen die chinesische Regierung zu dem Beschlusse gebracht haben, künftig nur direkt mit den Fabrikanten zu verkehren! Kann uns nur angenehm sein. Ob es auf die Dauer geht, ist freilich die Frage."[13a]

Hieran scheint sich ein Briefwechsel angeschlossen zu haben, in dem Siemens Brothers sich über die Konkurrenz des Berliner Hauses beschwert. Und hierauf bezieht sich wohl folgender Inhalt eines weiteren Briefes von Werner an Carl vom 28. 6. 1879: „Das Berliner Geschäft hat gar nicht die Absicht, Euch in den überseeischen Geschäften zu stören oder in effektiven Geschäften Konkurrenz zu machen, kann sich aber den Weltmarkt nicht abschließen lassen. Es ist das auch schon aus dem Grunde nötig, weil wir in vielen Ländern von Konkurrenten überflügelt werden oder sie bleiben tot liegen. So haben Grammesche Maschinen in China schon ziemlichen Eingang gefunden, ebenso in Japan und Indien ... Unsere gewöhnlichen Fabrikationsartikel müssen wir aber mit Ausnahme von England, Rußland und Frankreich überall hin liefern können, wo man sie hin haben will! ... Ferner scheint für Wassermesser ausgezeichnete Gelegenheit in Australien zu sein, weshalb wir auch Reuleaux[14] Autorisation gegeben haben, dort Agenten für uns einzusetzen. Meiner Ansicht nach sind Eure technischen

13 SAA 30 / Ln 880.

13a SAA BB.

14 Franz Reuleaux (1829 - 1905), deutscher Ingenieur, seit 1868 Direktor der Berliner Gewerbeakademie. Begründer der Kinematik. Als Reichskommisssar leitete er in den siebziger Jahren die deutsche Beteiligung an den großen internationalen Ausstellungen. Sein mutiges Urteil über die deutsche industrielle Fertigung „billig und schlecht" im Anschluß an die Ausstellung in Philadelphia 1876 spornte die deutschen Unternehmer zu besten Leistungen an. Matschoss, Männer der Technik, Berlin 1925, S. 223.

Kräfte lange nicht ausreichend, um die ganze außereuropäische Welt mit unseren diversen Fabrikaten ausreichend versehen zu können, und es ist ein Gesamtverlust, wenn wir uns gegenseitig den Weg versperren! Die Kolonialbestellungen fallen Euch durch Regierungsagenten ja doch immer zu, und das soll auch nicht gestört werden ..."[15].

Wie es nun zur Übertragung der Siemens-Vertretung an Carlowitz in China kam, berichtet der folgende Brief, den Werner an Bruder Carl am 3. 10. 1879 sandte: „Berlin wird Japan gern London ganz überlassen. Wir haben dort zwar die ältesten Anknüpfungen, noch von Eulenburg her, auch später eine Apparatsendung durch ein rheinisches Haus gemacht, doch hat das keine feste Verbindung gebracht — Anders steht es mit China.Der Chef des Hauses, Carlowitz, kam mit dem chinesischen Gesandten zu uns, und wir haben denselben für einige Artikel (Telephone und Wassermesser für Europäer) faktisch zu unserem Agenten gemacht und ihm weitere Agenturen in Aussicht gestellt, wenn er uns faktische Geschäftsofferten übermittelt. Sie sollen dann jemand herüberschicken, um sich in der Lichtmaschinentechnik zu instruieren oder von hier jemand engagieren. Meiner Ansicht nach schadet es gar nicht, wenn Carlowitz und Euer Mann in Lichtmaschinen miteinander konkurrieren. Die Preise werden sie sich schon nicht verderben, und dann sind sie ja nicht an demselben Orte, wie ich glaube. China ist ja kollossal groß, und es fragt sich, wer bei den Mandarinen am besten zu manövrieren versteht."[16]

Werner Siemens war sich vollkommen darüber im Klaren, daß mit dem Verkauf von Lichtmaschinen allein nicht der Zukunft des Geschäftes gedient sein könne. Er suchte daher bewußt nach solchen Vertretern — zumal in Übersee —, die auch technisch in der Lage waren, die Maschinen zu installieren und einen Kundendienst (service) durchzuführen.

Wir stehen nun bei unserer Betrachtung der historischen Entwicklung des Überseegeschäftes am Beginn der achtziger Jahre. Leider sind eigentliche Übersee-Geschäftsakten aus jener Periode im Siemens-Archiv München nicht vorhanden.[17] Aber ersatzweise und sogar sehr eingehend behandeln die Briefe, die Werner Siemens mit seinen Brüdern, aber auch mit Löffler wechselte, die grundsätzlichen Probleme. Man gewinnt dabei den Eindruck, daß sich London in jener Zeit faktisch gar nicht besonders um das Übersee- Geschäft bemühte, zumal es durch große Seekabelaufträge — die große Verdienste abwarfen — voll beschäftigt war.[18] Wenn aber von Berlin aus gelegentlich ein Vorstoß nach Übersee unternommen wurde, protestierte London sofort energisch dagegen.

---

15 SAA BB.

16 SAA BB.

17 Was die engl. Nachfolgefirma Siemens Edison Swan Ltd. noch an alten Geschäftsakten jener Periode besitzt, hat sich bisher nicht ganz klären lassen. Die Bestände an alten Akten sind größtenteils noch nicht geordnet. Scott sagt in seiner Literatur- u. Quellenübersicht, p. 268, nichts über derartige Akten.

Das Geschäft mit Nordamerika war von London — wie das aus verschiedenen Briefen Werners aus jener Zeit hervorgeht — sichtlich vernachlässigt worden. Wenn wir auch schon berichten konnten, daß Löffler Georg von Chauvin nach den USA geschickt hatte und damit im ersten Augenblick den Anschein erweckt hatte, daß es nun mit dem Überseegeschäft nach der Neuen Welt Ernst würde, so war dies eine Täuschung. Chauvins Aktion beschränkte sich im Wesentlichen auf das Geschäft mit Atlantikkabeln; in dieser Hinsicht allerdings war er dort sehr rührig. Im übrigen ist aber damals der Anschluß an das dortige Geschäft versäumt worden, was später den Siemens-Firmen sehr zum Nachteil gereichen sollte. Es muß auch bei kritischer Beurteilung der Sachlage eingeräumt werden, daß eine Ausfuhr nach den USA sehr behindert war durch hohe Schutzzölle und ein Patentgesetz, wonach in Amerika patentierte Maschinen und Apparate nicht eingeführt werden dürfen. Um dies zu umgehen, hätte man dort fabrizieren müssen, so wie man es in England und Rußland, Frankreich und Österreich tat. Immerhin hätte aber London die Chance gehabt, in Amerika gute Geschäfte zu betreiben mit den Siemens & Halske-Patenten. Hierfür boten sich Anfang der achtziger Jahre reichlich Gelegenheiten, da Siemens namentlich auf dem Gebiet der elektrischen Bahnen, dann aber auch hinsichtlich elektrischer Beleuchtung und Elektrometallurgie einen Vorsprung vor Nordamerika hatte.

Bereits am 12. 5. 1880, also noch vor Gründung der Siemens Brothers & Co. Ltd., schrieb Werner in diesem Sinne an William: „Von Amerika werde ich jetzt mit Briefen überströmt! Wir werden dort bald ernsthafte Anstalten machen müssen, wenn wir nicht ganz ins Hintertreffen kommen wollen!“ [19]

Und vom 13. 5. 1881 liegt ein Brief Werners an William zum gleichen Thema vor. „... Es wäre gut, den Patenten für elektrische Betriebe große Beachtung zu schenken. Namentlich in Nordamerika könnten wir jetzt noch das ganze elektrische Beförderungswesen patentiert erhalten, da wir notorisch die ersten gewesen sind (Berlin 1879), und in Amerika noch kein oder wenigstens noch kein zweijähriger Betrieb gewesen ist. [20] Doch wir wissen und erfahren gar nichts mehr über Amerika trotz direkter Anfragen beim Londoner Geschäft. Es scheint mir, als wenn Löffler Amerika ganz vernachlässigt, was wirklich eine Sünde wäre, da kein Land größere Vorteile verspricht ... Wir sind hier den häufigen Anfragen aus Amerika gegenüber in großer Verlegenheit. Da mußt Du mal hineinleuchten, um Schaden zu verhüten! ...“ [21]

---

18 Die Atlantikkabel sind im besten Sinne des Wortes natürlich auch „Überseegeschäfte“. Da Berlin aber London den Seekabelmarkt nie streitig gemacht hat, können wir bei unserer Betrachtung die großen Kabel aus dem umstrittenen Überseegeschäft getrost ausklammern.

19 SAA BB.

20 Thomas A. Edison hatte am 13. 5. 1880 seine elektrische Eisenbahn als die erste derartige Anlage in Amerika in Menlo Park öffentlich vorgeführt. Scientific American, 5. 6. 1880, p. 354; ETZ 1, 1880, S. 294. E. Angel, Edison, Berlin 1926, S. 120, gibt fälschlicherweise das Jahr 1888 für die erste elektrische Bahn Amerikas an. Es dürfte dies ein Druckfehler sein.

Es ist hierbei vielleicht der Erwähnung wert, daß zu jener Zeit der Name Edison um den ganzen Erdball ging. Hatte er schon durch seine geistreiche Erfindung des „Phonographen“, der ersten brauchbaren Sprechmaschine, sich in seiner amerikanischen Heimat große Anerkennung erworben, so geschah das noch in viel größerem Maße, und zwar im internationalen Rahmen, als er seine elektrischen Glühlampen 1881 auf der Pariser Internationalen Elektrizitäts-Ausstellung vorführte und damit Hunderttausenden zum ersten Male die Wirkungen elektrischer Energieübertragung vor Augen führte. Bis dahin hatte Edison in Europa — so auch Werner Siemens gegenüber — etwas als „Charlatan“ gegolten; seine echt amerikanische Reklame-Mache (die vielleicht nicht einmal von ihm persönlich gesteuert wurde) hatte ihm den Nimbus eines „Zauberers von Menlo Park“ eingetragen. Und ein Zauberer paßte nach den Anschauungen gebildeter Europäer nicht ins 19. Jahrhundert, er mußte also ein Schwindler sein. Nun aber bot die Pariser Ausstellung Gelegenheit, sich sorgfältig mit den Arbeiten Edisons auseinanderzusetzen.

Bei kritischer Prüfung erkannte Siemens sehr bald, daß Edisons Leistungen ganz hervorragend und auch entwicklungsfähig seien. So korrigierte er seine bisherige Ablehnung und tat fortan alles, um dem jungen amerikanischen Kollegen den Weg zu Personen und Institutionen der Wissenschaft in Europa zu ebnen.[22] Es kam schließlich zwischen den beiden großen Männern zu Lizenzabkommen, nach denen Edison in den USA typische Siemens-Maschinen und Siemens in Deutschland typische Edison-Maschinen bauen konnten. Die Einführung der Edison'schen Glühlichtbeleuchtung war einer besonderen Regelung, in Verbindung mit Emil Rathenau, vorbehalten. 1889 wurde der menschliche Kontakt zwischen den Freunden dadurch vertieft, indem Edison mit Familie bei einem Besuch in Berlin in Siemens' Villa logierte.

Im Laufe des Jahres 1883 flammte der Streit um das Überseegeschäft wieder auf, und Werner mußte sich wiederholt vermittelnd an seinen Bruder William wenden, als es um die Abgrenzung der beiderseitigen Interessensphären ging.

Am 31. 5. 1883 schrieb Werner an William: „Ganz richtig ist wohl nicht, daß das Telegraphengeschäft in Australien von Anfang an in Händen von Siemens Brothers war. Es war sogar etwas schwierig, unseren Manchestermann, mit dem Siemens & Halske mehrere Jahre gute Geschäfte gemacht hatten, an das Londoner Geschäft zu überweisen! Doch das sind unwesentliche Dinge.

Es steht in unserer Übereinkunft, daß wir gegenseitig Deutschland und England mit seinen Kolonien der anderen Firma überlassen. Das muß bona fide ausgeführt werden.“[23]

---

21 SAA BB.

22 S. v. Weiher, T. A. Edison, in: Zeitschrift „alles“, Baden-Baden, Juli 1950, S. 66 - 74; SAA BB Werner an Friedrich v. 10. 9. 1889.

23 SAA BB.

Hier wird ganz klar zum Ausdruck gebracht, daß laut Vereinbarung England und dessen Kolonien dem englischen Geschäft exklusiv vorbehalten bleiben soll, was indessen nicht ausschließt, daß Berlin nach den übrigen Teilen der Welt exportieren kann. Im weiteren wies Werner Siemens auf die Schwierigkeiten hin, die entstehen können, wenn zunehmend deutsche Kaufleute elektrische Apparate etc. bestellen in der Absicht, diese nach Übersee zu exportieren, das Bestimmungsland aber verschweigen. Diese Schwierigkeiten führten später dazu, daß, nachdem der Käuferkreis immer mehr angewachsen war und man scharf unterschied nach eigenem Büro, Vertreter, Exporteur und Privatkundschaft, man dafür gestaffelte Rabattsätze einführte. Nach Bekanntwerden des Bestimmungslandes konnte dann nachträglich der für das betreffende Land zuständige Geschäftspartner entschädigt werden.

Zum gleichen Thema nimmt Werner Siemens in einem Brief an William vom 21. 7. 1883 Stellung: „Ich zweifle nicht, daß die australische Schwarzschreiberfrage ganz in Eurem Sinn von Berlin verhandelt ist. Eine Differenz der Ansichten fand ja nur für den Fall von Bestellungen seitens deutscher Häuser für unbestimmte Verwendung statt! Diese letztere Frage wird allerdings immer schwieriger, da die vermaledeiten Zwischenhändler sich immer mehr eindrängen und uns schon viel Schaden gemacht haben! Es wird wohl bald dahin kommen, daß Telegraphenapparate, Wassermesser und vielleicht auch Lichtmaschinen usw. Handelsartikel werden und immer nur von Händlern bestellt werden! Für Lichtmaschinen fehlen ihnen noch die Kenntnisse für die Installation, aber das wird auch in kurzer Zeit vorbei sein, da Elektrotechniker jetzt wie Pilze aus der Erde wachsen! . . .“[24]

Mit der Zusicherung Werners an London, „daß alles geschehen soll, um den Markt der englischen Kolonien dem dortigen Geschäft exklusiv zu erhalten“, gab sich die Geschäftsleitung von Siemens Brothers & Co. Ltd. jedoch nicht zufrieden. Sie beanspruchte vielmehr Exklusivität mehr oder weniger für das gesamte überseeische Gebiet unter Berufung auf den § 6 im Sonderabkommen vom 28. 12. 1880. Demgegenüber wiesen Siemens & Halske auf eine Vereinbarung vom 9. 10. 1879 hin,[25] die dem besagten Paragraphen zu Grunde gelegen habe: in Übersee soll freie Konkurrenz herrschen mit Ausnahme der englischen Kolonien, die ein Reservat Londons seien, ferner mit der stillschweigenden Einschränkung, daß ein Haus das andere nicht stört in Ländern, in denen jenes Fuß gefaßt hat. Was Berlin unter „Fuß fassen“ verstand, geht aus einem weiteren Passus dieser Absprache hervor an folgendem Beispiel: S&H wären bereit, London die Vertretung in Chile zu übertragen, falls Siemens Brothers dort den Markt beherrschten. Bei gelegentlichen Lieferungen in ein überseeisches Land — und um solche handelte es sich ja damals vorwiegend — konnte natürlich von einer

24 SAA BB.

25 Diese Vereinbarung findet sich aufgezeichnet in einem Entwurf, den Werner Siemens zur Erwiderung einer Klage von Siemens Brothers & Co. Ltd. im August 1887 verfaßt hatte. SAA 68 / Li 219.

„Beherrschung des Marktes“ keine Rede sein. Anmaßend klingt es aber, wenn London den Begriff der englischen Kolonien auf andere Länder in Übersee ausdehnt und z. B. von „China und den anderen Kolonien“ spricht!

Der Appell Werners an seinen Bruder William, in dieser Frage brüderlich zusammenzuarbeiten, konnte sich leider nicht auswirken, da William am 19. November 1883 starb. Nun war Ludwig Löffler praktisch Alleinherrscher von Siemens Brothers & Co. Ltd., und wir sehen aus dem offiziellen Briefwechsel zwischen London und Berlin und aus Briefen Werners an seinen Bruder Carl in St. Petersburg, wie sich die Streitfrage in den folgenden Jahren in katastrophaler Weise zuspitzte. Zum Großaktionär aufrückend, verfolgte Löffler unter dem Deckmantel, nur die Interessen der englischen Firma zu vertreten, seine eigenen persönlichen Interessen; der Familieneinfluß in London war praktisch erloschen.

Wie diese das Gesamtgeschäft lähmende Streitfrage von Berlin und London behandelt wurde, geht aus Originalbriefen wie auch aus einem juristischen Dokument vom Jahre 1887 hervor.[26]

Am 23. September 1884 hatte die Siemens Brothers & Co. Ltd. in ultimativer Form in bezug auf das besonders umstrittene Chile-Geschäft an S&H Berlin geschrieben: „Entsprechen Sie unserer Bitte nicht, so können Sie selbstverständlich auch nicht erwarten, daß wir uns, falls es unsere Spezialinteressen erheischen, in Zukunft an die bestehenden Abkommen kehren . . .“ Und in einem Brief vom 8. Oktober 1884, der auf eine Löffler nicht befriedigende Stellungnahme von S&H folgte, hieß es: „. . . So sehr wir Ihr Vorgehen bedauern müssen, können wir selbstredend nichts anderes tun, als die Aufhebung des Arrangements vorzunehmen. Dieses „Arrangement“ war der § 6 des bereits erwähnten Sonder-Abkommens vom 28. 12. 1880. Es war auf einjährige Kündigung geschlossen und am 18. Oktober 1884 wurde diese „Aufhebung“ durch Siemens Brothers mit einem Brief von Siemens & Halske Berlin akzeptiert. Genau genommen wäre damit ab 18. Oktober 1885 weder das eine, noch das andere Haus an irgendwelche Rücksichtnahmen in Übersee gebunden gewesen. Aber Werner Siemens, als Vertreter der Gesamtinteressen, hatte erklärt, daß S&H grundsätzlich nicht nach England und seinen Kolonien und nach Frankreich (welches zum Geschäftsbereich Londons gehörte) liefern würden.

Trotz dieser von Siemens heraufbeschworenen Entscheidung, auf die Werner formell eingegangen war, wurde die Angelegenheit brieflich weiter verhandelt. Jeder glaubte sich im Recht und meinte, seinen Standpunkt nicht aufgeben zu können.

Ein Brief Werners an seinen Bruder Carl vom 20. 10. 1884 beleuchtet diese Probleme: „. . . Das Geschäft ist hier zu groß und unübersichtlich geworden und sehr viel schwieriger als früher, da wir jetzt mit einer immer stärker werdenden

---

26 SAA 68 / Li 219 und 30 / Lk 670.

Konkurrenz zu kämpfen und jedem Geschäfte nachzulaufen haben ... Auch mit London ist eine recht unangenehme Korrespondenz gewesen. Die Leute ... nehmen nie die geringste Rücksicht auf die hiesigen Interessen, betrachten alles, was von hier Gutes geschieht, als selbstverständlich und machen die ungemessensten Prätensionen. So kommen sie immer darauf zurück, daß die ganze Welt außer Deutschland und Rußland, namentlich alles Überseeische, England gehöre. Es ist der alte englische Übermut, den Bismarck hoffentlich etwas brechen wird. Sie sind namentlich immer wütend, wenn ein deutscher Exportant hier Apparate kauft und dann nach einem überseeischen Markt, z. B. Chile, bringt. Das ist jetzt aber die Richtung des Geschäftes, die wir nicht hindern können. Wir dürfen es auch nicht, denn wir können mit unserer großen Werkstatt von Deutschland mit der hier sich herausbildenden großen Konkurrenz nicht leben. Die kleine Londoner Werkstatt sollte nur England besser kultivieren! Ich habe nun ihre wiederholte Drohung, daß sie unser Abkommen als aufgehoben betrachteten, angenommen und sie von jeder Verpflichtung, nicht nach Deutschland und Österreich zu liefern, entbunden, dabei aber erklärt, wir würden uns nach wie vor gänzlich enthalten, nach England und seinen Kolonien zu liefern, ihre Interessen in anderen Ländern möglichst schonen und unterstützen und ihnen nach wie vor überall dienstbar sein durch Mitteilung unserer technischen Verbesserungen usw. Bin nun neugierig, was Löffler darauf antworten wird. Das hiesige Geschäft stände sich natürlich unendlich viel besser, wenn wir ganz frei nach England, Amerika und den überseeischen Ländern liefern könnten ... Das sollte man doch wenigstens anerkennen. Nicht unmöglich scheint es mir, daß Löffler einen vollen Bruch herbeiführen will, um mit guter Manier Ali und das Lichtgeschäft über Bord zu werfen ..."[27]

Der Vorschlag Werners, wie er ihn in diesem Brief seinem Bruder interpretiert, ist absolut klar. Er will der vertraglichen Verpflichtung, Siemens Brothers & Co. Ltd. in Übersee „soweit als angängig keine Konkurrenz zu machen" eine Auslegung geben, die dem Interesse des Berliner Geschäftes unter den geänderten Verhältnissen am Weltmarkt entspricht. Die englischen Kolonien sollen — wie bisher — alleiniges Reservat des Londoner Geschäftes bleiben. In allen anderen Ländern in Übersee sollen die Interessen von London „möglichst geschont" werden, was aber einen Verzicht Berlins auf diese Länder ausschließt, wie dies von London gefordert wird. Für diese Länder gilt insbesondere, daß Berlin das Recht hat, jederzeit Offerten an deutsche Exporteure abzugeben. Um London diesen Vorschlag schmackhaft zu machen, soll London das Recht erhalten, nach Deutschland und Österreich liefern zu können, was jedoch praktisch von geringer Bedeutung gewesen wäre, da die Preise in Deutschland mit Rücksicht auf die dort schon stark gewordene Konkurrenz weit unter den Preisen Londons lagen. Mit Recht mußte aber die Firma in London befürchten, daß die Konkurrenz der

27 SAA BB; Ali, das ist Alexander Siemens, der im Familienkreise seit seiner Mitwirkung am Bau der Indo-Linie in Persien diesen Kurznamen hatte. Er war - wie wir schon hörten - bei Siemens Brothers & Co. Ltd. Ressortleiter für Licht und Kraftmaschinen.

deutschen Exporteure ihr die Preise in den Überseegebieten verderben würde. Ein Verzicht von Siemens & Halske Berlin hätte andererseits zur Folge gehabt, daß deren deutsche Konkurrenz groß gezogen worden wäre, sehr zum Schaden des Gesamtgeschäftes von Siemens.

Auf die Sinngebung der Vertrags-Aufhebung, wie Werner sie sah, ging London indessen nicht ein. Siemens Brothers & Co. Ltd. berief sich vielmehr immer wieder auf den Wortlaut des Sonderabkommens vom 28. 12. 1880, § 6, den sie dahingehend auslegt, daß Siemens & Halske verpflichtet seien, in Ländern, mit denen London in regelmäßiger Geschäftsverbindung stehe, von jeglicher Konkurrenz abzusehen. Für Südamerika speziell besitze Siemens Brothers & Co. Ltd. durch ihre bisherigen Lieferungen und Bemühungen praktisch das Monopol für Siemens'sches Telegraphenmaterial. Hierzu gehöre auch Chile wie auch die La Plata-Staaten.[28]

Der Begriff „regelmäßige Geschäftsverbindung" ist nun sehr dehnbar. Wie wir gesehen haben, stand bisher das Geschäft in London mit den wichtigsten und entwicklungsfähigsten Ländern in Übersee in Verbindung. Die Erfüllung der Forderung, in diesen Ländern von jeglicher Konkurrenz abzusehen, wäre daher für Siemens & Halske gleichbedeutend gewesen mit einem Verzicht auf Export nach Übersee. Da Berlin diese Forderung zurückweisen mußte, machte London am 12. 12. 1884 schließlich den Vorschlag, man solle eine Trennung nach Objekten vornehmen.[29]

Werner, der immer bei großen Entscheidungen die Zukunft im Auge hatte und der auch die Entwicklungsmöglichkeiten der Elektrotechnik in Übersee klar erkannt hatte, mußte unbedingt diese Forderung von Siemens Brothers & Co. Ltd. zurückweisen, selbst auf die Gefahr hin, daß es dann zu einem Bruch mit London kommen könnte.

Immer und immer wieder versuchte es Werner Siemens, bei Löffler das Verständnis für die Veränderungen in der Weltwirtschaft zu wecken und aus dieser Sicht heraus das Bemühen des Berliner Stammhauses um eine sinnvolle Regelung im Überseegeschäft zu verstehen. So schrieb er Ludwig Löffler am 21. Dezember 1884 in einem ausführlichen Brief u. a. folgendes: „(Es) darf der gewaltige Umschwung, den seit den letzten Dezenien das ganze Weltgeschäft genommen hat, doch nicht außer acht gelassen werden. Früher regierte England fast ganz ausschließlich das überseeische Weltgeschäft, und die Industrie anderer Länder, namentlich die deutsche, konnte nur durch englische Vermittlung an demselben teilnehmen. Sie haben ganz recht, daß diese Erkenntnis uns damals zur Gründung des Londoner — erst Agentur, dann Filiale und schließlich unabhängigen Geschäftes — bewog. Auf dem Kontinent war unsere Firma damals fast ohne

---

28 Brief von Siemens Brothers & Co. Ltd. an S&H Berlin, v. 4. 11. 1884, SAA 68 / Li 219.

29 SAA 68 / Li 219.

durchgreifende Konkurrenz, mit Ausnahme Frankreichs. Deutschland, Rußland und Österreich bildeten einen offenen Markt für sie und ebenso bezog die Londoner Filiale einen großen Teil ihrer Artikel vom Muttergeschäfte. Jetzt sieht die Welt ganz anders aus! Die europäischen Länder des Kontinents haben sich durch hohe Zollbarrieren voneinander abgeschlossen, und die englische Industrie hat in der ganzen Welt schwer mit der fremden zu konkurrieren. Nach Rußland, Österreich, Frankreich ist ein Export aus Deutschland fast ganz ausgeschlossen. Die deutsche Industrie ist daher gezwungen, sich einen größeren direkten Anteil auf dem Weltmarkte zu verschaffen, wobei ihr die jetzige Marktstellung Deutschlands sehr hilfreich wird. Deutsche Exporthäuser, die sich in größerer Zahl etabliert haben, machen direkte Geschäfte auf eigene Rechnung nach der ganzen Welt und die meisten fremden Staaten — China, Japan, Chile etc. — haben Vertretungen politischer und merkantiler Natur in Berlin und suchen mit allen Mitteln einen direkten Verkehr zu entwickeln. Sie unterschätzen diesen Verkehr sehr in seiner Bedeutung, ebenso wie Sie die sehr bedeutende Konkurrenz unterschätzen, mit der wir im Inlande zu kämpfen haben. Einen Überblick darüber werden Sie in dem Novemberheft der Elektrotechnischen Zeitschrift (Rede Stephans)[30] gefunden haben. Danach gibt es im deutschen Reiche 50 größere und 600 kleinere Telegraphen-Anstalten, welche bereits 6 000 Dynamomaschinen und 20 000 Bogenlichtlampen angefertigt haben. Wir haben davon sicher nicht den vierten Teil gemacht! Daß wir auch in Deutschland nicht mehr die frühere dominierende Stellung haben, folgt leider — aus den Tatsachen — namentlich z. B. in neuester Zeit daraus, daß das preußische Kriegsministerium einen Beleuchtungspark bei der Firma Schuckert bestellt hat. Diese Firma sowie mehrere andere machen in der Tat gute, solide Arbeit und, da jetzt gebildete Elektrotechniker in Menge vorhanden sind[31], so haben wir in der Tat überall, wo wir nicht etwas Patentschutz haben, mit einer drückenden Konkurrenz zu rechnen. Diese arbeitet jetzt schon viel für überseeische Länder durch Vermittlung deutscher und fremder Exporthäuser, und zwar auch nach englischen Kolonien, namentlich Australien. Meiner Ansicht nach ist die Art Ihres bisherigen Geschäftsbetriebes, welche sich, ebenso wie wir es früher taten, auf das alte Renommé unserer Fabrikate stützt, auf die Dauer nicht mehr zu halten. Wir werden alle beide die Konkurrenz als vollwichtig in Rechnung ziehen müssen, sonst verlieren wir hier, sowie Sie dort, den Markt, wie es schon mit Indien der Fall gewesen ist.[32]

---

30 ETZ, Band 5, 1884, S. 426.

31 Werner Siemens selbst hat an der Ausbildung von Elektrotechnikern maßgeblichen Anteil. Einmal wurden durch die von ihm angeregte Gründung des Elektrotechnischen Vereins (1879) alle Interessenten an der neuen Wissenschaft in einem Fachverband zusammengeführt. Zum anderen gab Werner Siemens 1881 auch die Anregung, Lehrstühle für Elektrotechnik an den Technischen Hochschulen einzuführen. Vgl. S. v. Weiher, W. Siemens zur Frage des technischen Schulwesens, in: SZ, 1956, S. 603 - 604.

32 Was sich damals in Indien ereignet hat, ist den vorhandenen Akten nicht zu entnehmen. Jedenfalls bekam Siemens-London die Genehmigung entzogen, selbständig nach dort zu liefern.

Die von Ihnen gewünschte Beschränkung Berlins auf das Deutsche Reich und vielleicht einige unbedeutende Nebenländer ist unmöglich, und es zu verlangen, wäre auch unbillig. Streng durchgeführt hieße das, das Berliner Muttergeschäft zum ewigen Siechtum verurteilen, denn der deutsche interne Markt reicht bei der hochentwickelten Konkurrenz für dasselbe nicht aus und hat auch niemals dafür ausgereicht. England, Rußland, Österreich beziehen nicht mehr, wie früher, Fabrikate der Berliner Firma, sondern fabrizieren selbst — müssen es z. T. der Zollverhältnisse wegen. Telegraphie, Eisenbahnen sind in Deutschland verstaatlicht, und die Regierungen halten es stets für ihre Pflicht, die kleinen Konkurrenten gegen die großen zu schützen. Selbst in unserem eigentümlichen Eisenbahnsicherungsfache hat sich daher große Konkurrenz aufgetan. Bleibt fast nur das Dynamo-Konto — Lichtmaschinen und Einrichtungen und elektrische Bahnen (Zukunft)!. Darin entwickelt sich aber jetzt eine wahrhaft erschreckliche, rücksichtslose Konkurrenz! Wenn für das Londoner Werk das reiche Groß-Britannien mit seinen Kolonien nicht ausreicht, so wäre es doch eine ganz unmotivierte und unerträgliche Beschränkung der Berliner Mutterwerke, sich auf das ärmere und einer viel größeren Konkurrenz ausgesetzte Deutschland zu beschränken! Ich würde dies meinen Söhnen und Associés gar nicht vorschlagen können, da es ein unbilliges Verlangen wäre! Sie sagen, die hiesigen Werkstätten hätten genügend Beschäftigung, wozu sie also dem Londoner Werke wegnehmen, denn was Berlin haben wolle, müsse London entrissen werden! Das ist meiner Ansicht nach nicht richtig in vielen Richtungen.

1. hat Berlin nicht Arbeit genug und keine Sicherheit, sie dauernd zu behalten;
2. ist Arbeit in Masse in der Welt — nicht eine bestimmte Menge, die dem Londoner Hause entrissen werden müßte, denn London und Berlin zusammen liefern nur einen kleinen Teil der Gesamtfabrikation der Welt. Es kommt darauf an, daß dauernd beide einen vollen Teil davon bekommen und daß sie sich darin beide unterstützen und nicht hindern;
3. ist das Londoner Geschäft in erster Linie für England und seine Kolonien gegründet, nicht für die ganze nicht-deutsche Welt;
4. kann ein freundliches Verhältnis nur bestehen auf die Dauer, wenn von beiden Seiten die Interessen des anderen respektiert werden und beide sich Nutzen bringen. Das kann ich aber nicht darin finden, wenn das Londoner vom Berliner Geschäfte eine Fortsetzung verlangt, die es geschäftlich tief unter jedes andere deutsche Geschäft herabdrücken würde, welches seine Kräfte frei in der ganzen Welt gebrauchen kann.“[33]

Am darauffolgenden Tag, dem 22. Dezember 1884, beschloß Werner Siemens seinen Brief an Löffler. In diesem Briefteil findet sich folgende bemerkenswerte Feststellung: „Da das Londoner Geschäft im wesentlichen Kabelgeschäft ist, so läßt sich für dort ein Standpunkt konstruieren, der die Ausnutzung der Gegenwart

---

33 SAA BB, Kopie in 30 / Lm 257.

zur alleinigen Aufgabe macht. Ganz anders liegt die Sache für Berlin. Es ist das Bestreben meines Lebens gewesen, ein Werk zu schaffen, welches dauernd besteht. Ich habe die Freude zu sehen, daß meine Söhne mit Eifer und Geschick mein Werk fortsetzen und ich hoffe, denselben die Leitung bald gänzlich überlassen zu können. Das Berliner Geschäft muß daher überall mehr die Zukunft wie augenblicklichen Gewinn vor Augen haben und muß immer an der Spitze der technischen Bewegung zu bleiben suchen."

Sichtbar lebhaft angeregt durch die Ausführungen des Generalpostmeisters Stephan über die elektrotechnische Industrie, die sich in Deutschland damals zügig entwickelte, entwarf Werner Siemens in diesem Brief ein Bild, welches diese deutsche Entwicklung mit den internationalen Bemühungen um Eroberung des Weltmarktes in Beziehung bringt.

Die hartnäckige, unversöhnliche Einstellung der Siemens Brothers & Co. Ltd. muß Werner Siemens damals außerordentlich erregt haben. Denn vom gleichen Zeitpunkt, da er den Brief an Löffler schrieb, existieren zwei Briefe an seine Brüder Carl und Friedrich. Es war ihm offenbar darum zu tun, in dieser strittigen Frage, die dringend einer baldigen Entscheidung bedurfte, Übereinstimmung mit den Ideen seiner Brüder herbeizuführen. Wenngleich Friedrich auch nichts direkt mit Siemens & Halske noch mit Siemens Brothers zu tun hatte, so war ihm vielleicht gerade sein Rat angenehm, da er u. U. objektiver ausfallen würde wie derjenige Carls. Wir müssen ferner in Betracht ziehen, daß Werner zu jenem Zeitpunkt 68 Jahre zählte und auch deshalb seine Sorge und Eile verständlich wird, reinen Tisch zu machen, bevor die nächste Generation die alleinige Leitung übernehmen würde. Im übrigen finden sich in diesen Brüderbriefen Ergänzungen zu den an Löffler gerichteten Ausführungen.

Zunächst Werner an Carl Siemens vom 22. 12. 1884: „Es ist ja ganz hübsch, daß London von Zeit zu Zeit eine große Kabelunternehmung macht, an der viel verdient wird, da wir doch schließlich immer ziemlich viel Glück gehabt haben, es ist ferner ganz nett, daß es London gelingt, zum Teil ganz unverschämt hohe Preise zu erzielen, weil die Leute keine billigeren Quellen kennen — es ist dies aber nicht die Basis für ein andauerndes Geschäft. So wie der Herrschaftsanspruch Englands an so ziemlich die ganze nicht in festem Besitz befindliche Welt, wird auch das englische merkantile Ausbeutungssystem fallen. Indien wird ja von Löffler selbst als ein warnendes Beispiel angeführt! So wird es bald mit allen überseeischen Ländern der Fall sein. Die Weltkonkurrenz entwickelt sich stetig und unwiderstehlich. Wenn England nicht billiger arbeiten und mit gleichmäßigem und bescheidenem Verdienst handeln lernt, so wird es seinen Markt überall verlieren, wie in Indien . . . Ich gebe jetzt die Hoffnung, eine Verständigung zu erzielen, so ziemlich auf. Dieses stete Rupfen und Nehmen ohne jegliche Rücksicht ist auf die Dauer unterträglich . . ."[34]

---

[34] SAA BB.

Und nun der Brief Werners an Bruder Friedrich vom 22. 12. 1884: „... Mit Löffler habe ich eine recht unangenehme Korrespondenz. Wie in der Politik wollen auch geschäftlich die Engländer die ganze überseeische Welt haben, als ihr angestammtes Ausbeutungsgebiet! Löffler und das dortige Geschäft meinen, die Teilung sei richtig, wenn Berlin Deutschland etwa mit kleinen anhängenden Dependenzen und London außer England und seinen Kolonien die ganze andere zu Schiff zu erreichende Welt bekämen. Sogar Verkauf an deutsche Exporthäuser halten sie für einen Eingriff in die Rechte des dortigen Geschäftes! Es wird wohl schließlich auf ganz unabhängige Konkurrenz herauskommen!“[35]

Da Carl wie Werner am Londoner Geschäft wie auch an dem in Berlin beteiligt war und die stattlichen Einnahmen aus den großen Atlantik-Kabelaufträgen als Kaufmann zu würdigen wußte, glaubte er, daß es für das Gesamtinteresse des Geschäftes gleichgültig sei, in welche Firmen-Tasche das Geld fließe. Werner dagegen war es weniger um augenblickliche Gewinne zu tun als vielmehr um die Zukunft des Stammgeschäftes in Berlin, dessen glänzende Entwicklung er vorausahnte angesichts der wachsenden Weltgeltung Deutschlands unter der energischen Führung Bismarcks. Erinnern wir uns daran, daß in jenem Jahre die deutsche Kolonialpolitik ihren Auftakt nahm und das Deutsche Reich die ersten Schutzerklärungen erließ für Südwestafrika, Kamerun, Togo, Deutsch-Ostafrika und Neuguinea (Bismarckarchipel). Als England damals diese deutsche Expansion stoppen wollte, wies Bismarck diese Anmaßung zurück mit der Feststellung, daß niemandem ein Verfügungsrecht über freies Gebiet zustände.[36] Als eine dementsprechende Anmaßung betrachtete Werner Siemens auch den Anspruch von Siemens Brothers & Co. Ltd., daß „alle überseeischen Geschäfte von Rechts wegen“ ihr gehören sollten.

Wie sehr Werner Siemens besorgt war, im Interesse des Gesamtgeschäftes einen auf Gegenseitigkeit beruhenden modus vivendi zustande zu bringen, davon zeugen mehrere Briefe, die er um die Jahreswende 1884/85 seinem Bruder Carl nach Rußland sandte. Carl vertrat die bequeme und vom rein unternehmerischen her plausible Einstellung, daß es ja im Grunde genommen gleichgültig sein könnte, von wem das Geld verdient würde — von Berlin oder von London. Werner, der bewußt auf die Zukunftsentwicklung der Firma Rücksicht nahm und das Primat des Mutterhauses gesichert wissen wollte, hatte alle Mühe, Carl von seiner Vorstellung des Geschäftes zu überzeugen.

Einer dieser Briefe — Werner an Carl vom 29. 12. 1884 – gibt interessante Aufschlüsse über Werners Hoffnung, nun vielleicht doch noch mit Nordamerika ins Geschäft zu kommen. Und dann liefert der Brief wieder einen Beweis, wie wenig London die neuen, zukunftsvollen technischen Verbesserungen von S&H berücksichtigt, die Bleikabel:

---

35 SAA BB.

36 Arnold Oskar Meyer, Bismarck, der Mensch und der Staatsmann, Leipzig 1944, S. 569 ff.

„... Namentlich ist es ein Skandal, daß der nordamerikanische Markt uns ganz verloren ist und da wäre viel zu machen! ... Ich habe den berühmten Villard[37], den Unternehmer der Northern Pacific Bahn, näher kennengelernt. Er ist ein sehr gescheiter und liebenswürdiger Mensch, mit dito Frau, ein geborener Deutscher, der jetzt seinen Wohnsitz „auf gerettetem Boot" in Berlin aufgeschlagen hat! Es ist derselbe, der Edison gemacht hat. Wäre nur Nordamerika frei von London, so könnten wir mit Villards Hilfe in Amerika gute Geschäfte einleiten! Kabel könnte ja London allein behalten — obgleich es ein Skandal ist, daß London die Bleikabel ganz ignoriert und so „England und die überseeischen Länder" für dieses neue und vielversprechende Geschäft verlorengehen![38] Löffler sagt, er habe keine Leute! Dann soll er eben die Finger davon lassen und sich nicht — wie er sagt — den Trost machen, daß auch andere nichts daran verdienen können! ..."[39]

In diesen Briefen an Carl ersteht zusammenfassend der ganze kritische Fragenkomplex, wie ihn Werner Siemens sah. Verbittert war er über die egoistische Einstellung der Londoner Firma, verbittert aber auch über die laue Haltung Carls, den er mit seinen Argumenten zu gewinnen suchte. Aus der gleichzeitigen Geschäftskorrespondenz geht hervor, daß S&H Berlin eine Panne unterlaufen war, indem der dortige Kaufmann Fromholz Londons Auffassung über die Zuständigkeit der beiden Firmen im Überseegeschäft bestätigt zu haben schien. Die Londoner Meinung war dann in englischer Sprache abgefaßt worden, und Werner schrieb über diesen Brief von Verdrehungen der Berliner Vorschläge zu Gunsten Londons und von Hintertüren, die sich London offen ließ, um Berlin auch den Zutritt zu überseeischen Ländern, die nicht zum britischen Weltreich gehören, zu verwehren. Werner Siemens gab zu, diesen Brief unterschrieben zu haben, auf dem London nun herumritt, und durch die versehentliche Formulierung von Fromholz wurde seine Politik in der Überseeangelegenheit peinlich durchkreuzt. Werner vertrat den Standpunkt, daß es jedem Partner frei stehe, ein traffic arrangement aufzuheben, wenn es diesem nicht mehr passe. Er modifizierte daher sein früheres Einverständnis, das Abkommen, d. h. den umstrittenen § 6 des Vertrages vom 28. 12. 1880, als aufgehoben zu betrachten dahingehend, daß lediglich alle unklaren Bestimmungen über Konkurrenz aufgehoben werden soll-

37 Henry Villard (1835 - 1900), deutsch-amerikanischer Journalist und Unternehmer. In Speyer geboren, hieß ursprünglich Heinrich Gustav Hilgard, wandte sich als jugendlicher Republikaner 1853 nach New York, trat in Beziehungen zu Abraham Lincoln. Seit den siebziger Jahren beschäftigte ihn die verkehrstechnische Erschließung des Nordwestens der USA. So finanzierte er den Dampfschiffverkehr und die Bahnentwicklung durch Gründung großer Gesellschaften. Er gilt auch als Pionier der Northern Pacific Bahn und nicht zuletzt als Finanzberater Edisons. Dictionary of American Biography, Vol. 19, 1936, p. 273 / 275.

38 Der technische Leiter der Berliner Kabelfabrik von S&H, Hemming Wesslau (1841 - 1900) hatte 1880 die Herstellung von „Patent-Bleikabeln" auf kaltem Wege entwickelt (DRP 23 176), die sich für Stark- wie Schwachstromanlagen gleicherweise ausgezeichnet bewährten.

39 SAA BB.

ten. Im übrigen sei Berlin freiwillig bereit, die Londoner Interessen möglichst zu berücksichtigen, nach England und seinen Kolonien nicht zu liefern, auch nicht nach anderen überseeischen Ländern, in denen London wesentliche Interessen verfolge und erwiesenermaßen Geschäfte von größerem Umfange mache. Dagegen sollten aber Meßinstrumente, Wassermesser, Bleikabel für Licht und Telephonzwecke und Eisenbahnsicherungseinrichtungen, die London nicht selbst fabriziere, im nicht englischer Hoheit unterstehenden Auslande grundsätzlich Berlin vorbehalten bleiben. Das gleiche forderte Werner Siemens für „Dynamosachen“, die ja zu jener Zeit in zügiger Entwicklung aus Berlin hervorgingen. Besonders drastisch lag der Fall Indien, wo Siemens Brothers & Co. Ltd. — wohl wegen zu hoher Forderungen — das Kronagenten-Geschäft verloren hatten. Anstatt dort Berlin mit seinen weit günstigeren Preisen freie Hand zu lassen, sah man es lieber, wie sich dort die deutsche Konkurrenz von Siemens & Halske breit machte. Auch in Nordamerika hatte man durch Siemens Brothers den Zeitpunkt zur Aufnahme günstiger Verbindungen verpaßt. Lediglich das Seekabelgeschäft — dieses allerdings mit großem Erfolg — hatte Löffler dort gefördert. Der unbestreitbare Vorsprung in der technischen Entwicklung, den Werner Siemens in der ersten Hälfte der achtziger Jahre den amerikanischen Starkstromtechnikern und Elektrounternehmungen gegenüber hatte, konnte sich daher nicht auswirken. Insbesondere betraf dies das Bahngeschäft. Ein Jahr nach der Vorführung der ersten elektrischen Bahn von Werner Siemens 1879 in Berlin hatte wohl auch Edison — wie wir hörten — eine ähnliche Anlage in Menlo Park geschaffen. Aber dann gab es zunächst keine Nachfolge. Van Depoele und Sprague[40] sollten um 1885 die Führung in der Entwicklung und Errichtung elektrischer Bahnen in Amerika an sich bringen. Und die Beziehungen zu Villard, die Werner Siemens im Herbst 1884 aufgenommen hatte, wären durchaus geeignet gewesen, unternehmerisch in Amerika vorzugehen. Aber noch war der Widerstand Londons nicht überwunden, und es sollten Jahre vergehen, ehe man — zu einem zu späten Zeitpunkt — am 4. März 1892 in Chicago im Anschluß an die Columbische Weltausstellung die Siemens & Halske Electric Co. of America gründete. Das Unternehmen war ein Fehlschlag, zwölf Jahre später, am 2. Juli 1904, wurde der Name Siemens & Halske in Amerika wieder gelöscht.[41]

Die große zentrale Angelegenheit des Streites zwischen Berlin und London war zweifelsfrei das Überseegeschäft. Aus den Briefen Löfflers und Werner Siemens', die hierüber etwas aussagen, gehen aber fast ausnahmslos nur grund-

---

[40] Frank Julian Sprague (1857 - 1935) gilt in den Vereinigten Staaten als der „Vater der elektrischen Bahn“. 1882 hatte er eine Stromzuführung für elektrische Straßenbahnen entwickelt, 1887 baute er in Richmond (Virginia) die erste praktisch bedeutsame elektrische Straßenbahn in den USA. A chronological history of Electrical Development, Newyork 1946, p. 59; Charles Joseph van Depoele (1846 - 1892), gebürtiger Belgier, amerikanischer Elektrotechniker, entwickelte um 1887 die Straßenbahn-Kontaktrolle. Dict. of American Biograpy, 1936, Vol. 19, p. 168 - 169.

[41] SAA 68 / Li 262; Winterfeld, S. 115.

sätzliche Regelungen oder Regelungsversuche hervor, die eine zahlenmäßige Einschätzung von der Größe und vom Umfange des tatsächlichen Geschäftes nicht vermitteln. Geschäftsakten über diesen Gegenstand haben sich im Siemens-Archiv nicht erhalten. Bei Siemens Edison Swan scheinen sich in den noch ungeordneten Beständen historischer Akten keine zu diesem Thema etwas aussagenden Stücke zu befinden. Dementsprechend ist das Überseegeschäft in der Siemens-Brothers-Festschrift von Scott so gut wie nicht behandelt worden. Werner Siemens hätte wohl nie von sich aus dem Thema Überseegeschäft in seinen Briefen soviel Raum gegeben, wenn nicht Löffler durch Jahre hindurch für Siemens Brothers praktisch die Alleinherrschaft im Überseegeschäft gefordert hätte. An sich kann der Geschäftsumfang dieses Sektors noch nicht — wie man aus dem hart geführten Briefwechsel heraus annehmen möchte — von entscheidender Wichtigkeit gewesen sein. Aber Werner Siemens mußte die Zukunft des Gesamtgeschäftes im Auge behalten und die schrieb ihm sein Handeln vor. Für Siemens Brothers & Co. Ltd. war die ganze von Löffler heraufbeschworene Streitfrage nur noch viel mehr eine Zukunftsangelegenheit, weil man zu einer praktischen Ausschöpfung des Überseegeschäftes bei der Londoner Firma in keiner Weise gerüstet war, mit Ausnahme auf dem Kabelgebiet. Es wäre also mit gutem Willen durchaus möglich gewesen, in aller Welt vereint aufzutreten und je nach Lage der Dinge diesem oder jenem Partner — Berlin oder London — das Geschäft zu überlassen. Man befand sich um 1884 in einer merkwürdigen Phase der elektrotechnischen Entwicklung: die große, klassische Zeit der Telegraphie war vorüber und das Licht- und Bahnengeschäft in Europa lief gerade erst an. Zu berücksichtigen waren auf diesen starkstromtechnischen Arbeitsgebieten die mannigfaltigen Kinderkrankheiten, mit denen man noch herumzulaborieren hatte.

Robert Maaß,[42] ein sehr enger und kenntnisreicher Mitarbeiter von Werner und später Wilhelm Siemens, äußerte sich in seinen Aufzeichnungen[43] über diese Dinge: „Das überseeische Gebiet kam in den achtziger Jahren so gut wie nicht in Frage, weil die elektrotechnischen Erzeugnisse, . . . noch sehr an den Kinderkrankheiten litten, daß es erhebliche Schwierigkeiten machte, diesen selbst in deutschen und außerdeutschen, europäischen Ländern abzuhelfen. Vorerst mußte man die Entwicklung der gesamten Technik und die Zuverlässigkeit ihrer Erzeugnisse sowie das sichere, ungestörte Funktionieren derselben abwarten".

Es hat also ganz den Anschein, daß der Streit um den Überseemarkt noch keine praktische, reale, sondern eine mehr grundsätzliche Bedeutung hatte, um die Frage zu klären, wer über den künftig sich entwickelnden Weltmarkt zu

42 Robert Maaß (1853 - 1933), Gründer und Organisator des technischen Bürowesens bei S&H und später bei den SSW. Trat 1882 als Bibliothekar und Privatsekretär von Werner Siemens bei S&H ein. Seine Erinnerungen legte er in einem Manuskript nieder, welches 1958 vom Siemens-Archiv in kleiner Auflage gedruckt wurde (vgl. Fußnote 43).

43 R. Maaß, die auswärtigen Geschäftsstellen der Siemens-Werke und ihre Vorgeschichte. Ein Erinnerungsblatt an Wilhelm von Siemens, München 1958, S. 63.

bestimmen hätte: England oder Deutschland bzw. Löffler oder Werner Siemens. Die Londoner Firma, die ja ursprünglich nichts anderes war als der verlängerte Arm von Siemens & Halske Berlin, war auch 1885 noch — was weite Teile der Fertigung, insbesondere aber der Entwicklung betraf — eng mit der Berliner Firma verknüpft und von dieser abhängig. London spürte den gewaltigen Umschwung, der sich in Deutschland, der Wiege wichtigster Erfindungen und Fortschritte der Elektrotechnik, anbahnte. Und in den Bemühungen Werner Siemens', die alte Auffassung Englands von der Beherrschung des ganzen Überseegeschäftes zu revidieren, wurde für Siemens Brothers & Co. Ltd. ein gewaltiger Expansionsdrang des Berliner Mutterhauses offenbar. Gewiß könnte man sagen, daß Berlin bis um 1880 auf die Einflußnahme in den überseeischen Ländern nie solch einen großen Wert gelegt habe, und es scheint bei Siemens, etwa zur gleichen Zeit wie bei Bismarck auf hochpolitischer Ebene, die Erkenntnis herangereift zu sein, daß man jetzt seine Rechte am Weltmarkt bzw. am Kolonialbesitz anmelden müssen, wenn man ihrer nicht binnen kurzem verlustig gehen wolle.

Sehr klar geht dieser Dualismus aus einem Londoner Brief hervor, den Siemens Brothers & Co. Ltd. am 14. 1. 1885 an Siemens & Halske Berlin richteten: „. . . Seit Jahren hat Berlin allerdings Schritt für Schritt versucht, das ursprüngliche Verhältnis zu ändern und uns nach und nach auf überseeischen Gebieten Konkurrenz zu machen, aber die darüber geführte Korrespondenz beweist, daß wir uns mit Händen und Füßen dagegen gestemmt haben und nur des lieben Friedens wegen in einigen Punkten nachgegeben haben. London verlangt nichts weiter als die Aufrechterhaltung des bestehenden Verhältnisses . . ."

Man wollte in London also den status quo von 1880 beibehalten, während Werner Siemens' Bestreben dahin gerichtet war, die Unklarheiten der seinerzeitigen Abmachung in dem kritischen § 6 zu berichtigen, damit auch der neuen Entwicklung in Deutschland Rechnung tragend. Aber London wich aus und kam wieder auf einen früher schon mal gemachten Vorschlag zurück, eine Trennung nach überseeischen Gebieten vorzunehmen.

Siemens Brothers & Co. Ltd. an Siemens & Halske Berlin am 23. 7. 1885: „. . . Zu Berlin soll gehören: Ganz Europa (ausschließlich England und Frankreich), die Türkei, Persien und die Holländischen Kolonien, mit folgenden Ausnahmen: Portugal soll bei SB & Co. bleiben (Spanien hatte SB & Co. an Paris abgegeben), in Dänemark soll die Great Northern Telegraph Co. bei SB & Co. bleiben. Holland soll bei SB & Co. bleiben und dort die Vertretung von S&H Berlin übernehmen, SB & Co. beansprucht die ganze Türkei mit Ausnahme von Smyrna, welches bei S&H bleiben soll. In Indien soll die Indo European Telegraph Co. ausgeschlossen werden. Alle Länder, welche zu Berlin gehören, müssen aber für submarine Kabel stets an SB & Co. verwiesen werden, welche allein hierfür zuständig sein sollen . . ."[44]

---

[44] SAA 68 / Li 219.

Dieser Forderung konnten Siemens & Halske Berlin bei der gegebenen Situation unmöglich nachkommen; denn bei ihrer Erfüllung wäre für Berlin vom Überseegeschäft praktisch nichts mehr übrig geblieben. Gewiß war der Überseemarkt — wie wir schon feststellten — erst im Kommen. Aber seine künftigen Entwicklungsmöglichkeiten zeichneten sich bereits in der großartigen Entfaltung des europäischen Auslandsgeschäftes ab. Die mäßige Aktivität Londons, das Auslandsgeschäft zu fördern, konnte und durfte nicht die Entwicklungsfreudigkeit, die Dynamik des Berliner Hauses dämpfen. Die bedauerlichen Auswirkungen der mangelnden Aktivität Londons hatte Werner Siemens wiederholt in seinen Briefen angeprangert, ganz besonders den Verlust des Kronagenten-Geschäftes nach Indien und die völlige Außerachtlassung der großartigen Geschäftsmöglichkeiten in Nordamerika. Die Geschäftspolitik Löfflers übersah praktisch alles, was nicht gerade „Seekabel" betraf. Die deutsche Industrie war bereits längst über die Absatzmöglichkeiten des Binnenmarktes hinausgewachsen, der Export erstreckte sich schon in beträchtlichem Ausmaß auf das europäische Ausland und begann auch überseeische Märkte zu erfassen. Das galt für Siemens & Halske im Besonderen. Aber Löffler interessierte es nicht, daß in Deutschland zügig eine sehr spürbare Konkurrenz auf dem Gebiete der Elektrotechnik heranwuchs, die natürlich auf die Preise der Erzeugnisse eine verbilligende Wirkung ausübte. Daher wurde es nötig, die fallende Tendenz der Verkaufspreise durch erhöhte und verbilligte Warenerzeugung auszugleichen. Anders als in Deutschland sah zur gleichen Zeit das Bild in England aus, wo — abgesehen von der Kabelindustrie — keine große Konkurrenz bestand. In England lagen die Preise für Erzeugnisse der Elektroindustrie meist um 20 % höher als die in Deutschland erreichbaren.[45] Da Löffler aber diese relativ hohen Preise erzielen wollte, um in seinem Lande konkurrenzfähig zu bleiben, mußte er danach trachten, die Konkurrenz des Berliner Mutterhauses in Räumen künftig möglicher Geschäftsentwicklung von Siemens Brothers zu unterbinden. Dieser Gedankengang ist bis dahin, wenn auch engherzig, so doch verständlich und logisch. Löffler übersah aber hierbei, daß im Falle des Ausscheidens von Siemens & Halske Berlin im Wettbewerb andere deutsche Firmen mit gleich niedrigen Preisen an deren Stelle treten würden und daß also diese Politik dem Gesamthause schaden, den anderen Konkurrenten aber den Weltmarkt öffnen würde.

Werners Vorstellung von einem „Gesamtgeschäft", die von seinen Brüdern William und Carl nie mit gleicher Begeisterung und Überzeugung geteilt wurde, war nach Williams Tode im Herbst 1883 ziemtlich restlos verloren gegangen. In der nun heraufziehenden Zeit wachsender internationaler Konkurrenz hätte gerade dieser Gedanke, die Idee des Gesamthauses, ein tragender Pfeiler werden können. Von hervorragender Wichtigkeit erschien Werner Siemens die Entwicklung der Starkstromtechnik, die ihm, dem Begründer dieses Zweiges der Technik, natürlich besonders am Herzen lag. Er war daher auch sehr an einer laufenden

45 Ehrenberg, S. 93.

Information über einschlägige Entwicklungsfortschritte im In- und Auslande interessiert, ganz besonders durch den brüderlichen Briefwechsel. Betrachten wir in diesem Zusammenhang ein Zitat aus einem Brief Werners an William vom 24. 1. 1882: „. . . Laß uns doch einige Mitteilungen über die von Euch ausgeführten Beleuchtungen, namentlich mit Glühlichtern, zuschicken. Wir erfahren mehr über Brush, Edison usw. als von Euch! . . ."[46]

Dieses Interesse an der Entwicklung elektrischer Beleuchtungen war zu jenem Zeitpunkt, 1882, besonders lebhaft, obgleich beide Brüder — William wie Werner — keineswegs übertriebene Hoffnungen in die neue elektrische Glühlicht-Technik setzten. Beide waren überzeugt, daß das Gaslicht nach wie vor die einzig denkbare Beleuchtungstechnik für allgemeine Zwecke sein und bleiben würde und daß elektrisches Licht nur für spezielle Zwecke und für solche des „Luxus" künftige Entwicklungsmöglichkeiten haben würde.

Trotzdem war Werner Siemens bereit, am 13. März 1883 sich mit 25 % an der Gründung der „Deutschen Edison-Gesellschaft für angewandte Elektrizität"[47] zu beteiligen, eine Unternehmung, welche es sich zur Aufgabe machte, das Edison'sche Glühlicht-System auf möglichst breiter Basis in Deutschland einzuführen. Man war sich mit Emil Rathenau[48], dem Geschäftsführer der Deutschen Edison-Gesellschaft, darüber einig, daß dieses Unternehmen Installierung elektrischer Glühlichtanlagen und Aufbau wie Beriebsführung elektrischer Licht-Zentralen wahrnehmen solle. Die Fabrikation der Glühlampen wurde in einem besonderen Werk der Gesellschaft nach den erworbenen Edison-Patenten durchgeführt, die Herstellung der Maschinen, Lichtkabel und Schaltgeräte sollte Angelegenheit der Firma Siemens & Halske sein. Diese Absprache, welche die Grundlage des Gesellschaftsvertrages bildete, fand ihr Ende, als Rathenau dazu überging, Maschinen und Geräte selbst zu fabrizieren. Und damit erwuchs für Siemens & Halske in Deutschland die erste ernsthafte Konkurrenz: aus der Deutschen Edison-Gesellschaft war am 23. Mai 1887 die „Allgemeine Elektricitäts-Gesellschaft", kurz: AEG, geworden. Nächst dem Hause Siemens hat diese Firma auch heute noch den stärksten Anteil am Fortschritt der Elektrotechnik in Deutschland. Dieser Konkurrenz im eigenen Lande, zu der dann auch noch — spürbar — gegen Ende der achtziger Jahre die Firma Schuckert & Co., Nürnberg[49] und

---

[46] SAA BB.

[47] Publikation „50 Jahre AEG" (als Manuskript gedruckt), Berlin, Dezember 1956. Herausgegeben von der PLV-Abteilung der AEG.

[48] Emil Rathenau (1838 - 1915), deutscher Ingenieur und Unternehmer, erwarb 1881 Edisons Glühlichtpatente für Deutschland, gründete darauf eine Studiengesellschaft, aus der 1883 die Deutsche Edison-Gesellschaft hervorging, welche die ersten städtischen Zentralen in Deutschland, namentlich in Berlin (BEWAG) gründete. 1887 ging aus der deutschen Edison-Gesellschaft die AEG hervor, deren Leitung Rathenau bis zu seinem Tode innehatte. Dann übernahm sie sein Sohn Walter (1867 - 1922). „50 Jahre AEG" (Fußnote 47).

[49] Der Nürnberger Mechaniker Joh. Sigmund Schuckert (1846 - 1895) hatte 1873 in seiner Vaterstadt eine Werkstatt eingerichtet, die sich dem Bau von Dynamomaschinen,

einige andere traten, stand in Nordamerika noch eine Vielzahl von Unternehmungen[50] gegenüber, mit denen man in allernächster Zeit um den Weltmarkt zu kämpfen haben würde. Werner Siemens war damals 71 Jahre alt, und er hatte das dringende Bedürfnis, zwei Aufgaben bis zum Ansatz einer gesunden, kontinuierlichen Entwicklung zu bringen, ehe er die Firmenleitung in jüngere Hände legen würde: der Streit mit London mußte beigelegt und die Fortführung in der wissenschaftlichen Entwicklung der Starkstromtechnik mußte gesichert werden. Beides war erforderlich, um gut gewappnet der heraufziehenden Konkurrenz, zumal im Auslande, gegenübertreten zu können. Am 6. 12. 1887 schrieb Werner in diesem Sinn an Bruder Carl Siemens in St. Petersburg: „. . . Es ist jetzt die Zeit, elektrische Zentralstationen in der Welt zu bauen und das machen bisher nur die Amerikaner und wir, d. h. Siemens & Halske und die Allgemeine Elektricitäts-Gesellschaft (früher Edison). In England ist noch keine einzige Lichtlieferungs-Zentralstation und in Frankreich bauen wir die erste in Lyon durch Vermittlung der Mühlhausen-Belfort-Maschinenbau-Gesellschaft. London auch die Zentralstationen in fremden Ländern überlassen, heißt darauf zu Gunsten der Amerikaner zu verzichten. Es ist auch nur Brotneid, kein reales Interesse, welches seitens London dagegen angewandt wird . . .“[51]

Es dürfte müßig sein, den Streit um das Überseegeschäft im Briefwechsel zwischen Berlin und London hier weiter zu belegen. Es scheiterte eine Einigung einfach daran, daß Löffler vergaß, daß er einem Familienunternehmen angehörte, dessen Kopf in Berlin wirkte und dessen Hauptfilialen in St. Petersburg und London etabliert waren. Den Direktiven Berlins hätte er sich grundsätzlich unterordnen müssen; es wären für Löffler im Rahmen dieser Direktiven noch der Möglichkeiten genug gewesen, seine Befähigung als Managing Director in positiver, konstruktiver Unternehmerleistung zu beweisen. Sein Handeln wurde aber vielmehr von einem elementaren Ehrgeiz und von einer unbotmäßigen Selbstherrlichkeit bestimmt, die schlecht in das große internationale Zusammenspiel einzuordnen waren. Außerdem war in ihm eine Wandlung vor sich gegangen, die auf einer anderen Ebene lag und die man an jenen beobachten kann, die lange in England leben: er war — wie vor ihm schon William Siemens und wie nach ihm Alexander Siemens — in seinen weltanschaulichen Grundlagen „Engländer“ geworden. Sein Handeln wird hierdurch in manchen Phasen verständlich, sein Widerspruchsgeist im gewissen Sinne entlastet.

Bogenlampen und später auch Zählern zuwandte. In den achtziger Jahren entwickelte sich diese Unternehmung, zu der Alexander Wacker als Kaufmann hinzugetreten war, zu einer leistungsfähigen Firma, die zeitweilig die Lieferwerte von S&H übertraf. Festschrift Schuckert, 1873 - 1923.

50 Harold C. Passer, The Electrical Manufacturers 1875 - 1900, Harvard University Press, Cambridge, USA, 1953. Dieses Werk berücksichtigt nur die nordamerikanische Entwicklung.

51 SAA BB.

e) Die Löffler-Krise und ihre Überwindung

Als Werner Siemens des ewigen Briefeschreibens um das Überseegeschäft müde geworden war, schrieb er Löffler eines Tages, daß er über die Rechtmäßigkeit des von Siemens Brothers & Co. Ltd. vertretenen Standpunktes ein juristisches Gutachten einholen wolle, welches ein deutscher Notar erstellen solle. Aber davon wollte Löffler nichts wissen, und er erwiderte darauf, daß Siemens Brothers einen solchen Entscheid nicht anerkennen könne und würde, da sie eine englische Aktiengesellschaft repräsentiere.

Wir hörten schon, daß die Geschäftsentwicklung in London in den achtziger Jahren ziemlich sprunghaft war. Nach den vier Atlantikkabeln für Jay Gould und Mackay-Bennett war eine Flaute eingetreten. Da man auf anderen Gebieten als auf dem der Seekabel nur sehr mäßige Erfolge aufzuweisen hatte, wurde 1886 ein dividendenloses Jahr. Diese Entwicklung war von dem Managing Director Löffler natürlich schon viele Monate vorausgesehen. So entschloß er sich, seinem Chairman Werner Siemens im Rahmen eines allgemeinen Geschäftsbriefes,[1] der zunächst vieles andere behandelt, folgendes mitzuteilen: „Ich komme nun zur Berührung eines Punktes persönlicher Natur, der mich seit einiger Zeit auf das ernsteste beschäftigt hat und dessen Erwägung notwendig wird. Die mit der Führung des hiesigen Geschäftes unter den bestehenden Verhältnissen unabwendbar verknüpften Anstrengungen lassen es mich fühlen, daß ich bei meinen vorgerückten Jahren denselben nicht mehr auf längere Zeit gewachsen sein möchte. Auch wird bei mir der Wunsch nach Ruhe größer und möchte ich mich daher am liebsten ganz vom geschäftlichen Leben zurückziehen. Es tritt somit die Frage an uns heran, was unter diesen Umständen am besten mit dem hiesigen Geschäft anzufangen sei . . .“

Löffler zählte damals, als er diese Zeilen schrieb, 55 Jahre; es mag dahin gestellt bleiben, ob er in jenem Zeitpunkt wirklich aus Alters- und Gesundheitsrücksichten demissionieren wollte. Die Absicht, zurücktreten zu wollen, hatte er schon einmal geäußert. Damals, 1875, war es mehr unter dem Gesichtswinkel einer Erpressung, auf die man zwar nicht einging. Werner Siemens und Carl dürften die wahren Sachverhalte schon richtig erkannt haben. Denn Werners Sohn Wilhelm schrieb unter dem 30. Juli 1886 in sein Tagebuch: „Löffler in London besteht darauf, sich von der Leitung von Siemens Bros. zurückzuziehen. Sein Charakter präsentiert sich bei dieser Gelegenheit in den Augen von Papa und Onkel Carl (welcher kürzlich hier war und sich wieder in Petersburg befindet), in einem besonders ungünstigen Licht. Löffler stellt für dies Jahr ein Defizit in Aussicht . . .“[2]

---

1 Brief Löfflers an Werner Siemens v. 26. 6. 1886, SAA 30 / Lm 257.

2 SAA 4 / Lf 775.

In sicherer Kenntnis der Konjunkturlage wie im Bewußtsein, daß man in den nächsten Jahren kein großes, einträgliches Geschäft werde machen können, wollte er 1886 zeitweilig offenbar wirklich „aussteigen". Natürlich nicht, ohne dabei noch einen persönlichen Profit damit zu verbinden.

Werner Siemens sah nun kaum eine andere Möglichkeit mehr, als das englische Geschäft zu verkaufen. Hatte er schon mit Löffler nichts wie Ärger gehabt, wie würde es womöglich mit einem neuen, anderen Managing Director werden, von dem man noch keine direkten Vorstellungen hatte? Schließlich kam man mit Löffler zu dem Ergebnis, Georg voh Chauvin für diesen Posten auszuersehen. Er hatte sich durch geschickte Verhandlungsfähigkeit bereits als Director der Indo-European Telegraph Co. wie auch als Repräsentant von Siemens Brothers & Co. Ltd. in Nordamerika ausgezeichnet. Aber hierzu stellte Löffler schließlich wieder unglaubliche und unbillige Forderungen, indem er sich weigerte, seinem vorgesehenen Nachfolger — den er für diese Funktion noch genügend einarbeiten sollte — aus seinem Besitz die erforderlichen Qualifikations-Shares abzutreten. Dagegen war er aber bereit, Werner Siemens seine Shares zum Kauf anzubieten.[3] Als Werner Siemens hierauf nicht eingehen wollte, entschloß er sich zu einem Schritt, der sein unrühmliches Ende im Hause Siemens einleiten sollte.

Nach dem Tode von Sir William Siemens war Werner Siemens mit der Auflösung und Abwicklung des brüderlichen finanziellen Nachlasses beschäftigt. Zu jener Zeit trat Ludwig Löffler mit dem Plane auf, man solle von dem etwas starren Prinzip der „kleinen Aktiengesellschaft" abkommen und einigen leitenden Angestellten Anteile (Shares) anbieten, die soeben aus der Nachlaßmasse von Sir William Siemens an die bisherigen Aktionäre zur Verteilung gelangt waren. Werner und Carl Siemens als die Hauptgeschäftsinhaber gingen auf diesen Vorschlag arglos ein, von dem sie annehmen durften, daß Löffler ihn tatsächlich — wie er zum Ausdruck brachte — zur stärkeren Interessierung der leitenden Beamten am Geschäft gemacht habe. Die Brüder machten jedoch zur Bedingung, daß die diesen Beamten zu überlassenden Aktien an die Übertragenden zurückfallen sollten, wenn jene einmal aus dem Geschäfte ausscheiden. Durch eine geschickte Klausel, die Löffler in das entsprechende Memorandum of Agreement vom 4. Oktober 1884[4] hineinbrachte, sollte sich noch eine andere Möglichkeit der Aktienmanipulation bieten.

Die Verteilung der Aktien (Shares) hatte sich einmal durch die Erhöhung des Aktienkapitals im Januar 1883, dann aber auch durch den Tod von Sir William Siemens und schließlich durch das soeben erwähnte Agreement vom 4. Oktober 1884 geändert. Es ergibt sich daraus folgende Gegenüberstellung:[5]

---

3 Brief Löfflers an Werner Siemens vom 31. 8. 1886, SAA 30 / Lm 257.

4 Presscopy des Originals in SAA 68 / Li 219.

5 Zusammengestellt nach den Akten des Löffler-Prozesses, SAA 30 / Lk 670.

Shareholder	Anzahl der Shares nach der Neuordnung vom: Jan. 1883	Nov. 1883	Okt. 1884
William Siemens	2 174	—	—
Werner Siemens	1 625	2 076	1 853
Carl Siemens	962	1 229	1 213
Arnold Siemens	42	53	150
Wilhelm Siemens	42	53	150
Werner Hermann Siemens	13	16	16
Alexander Siemens	18	323	319
Ludwig Löffler	125	1 250	1 234
Sechs Beamte von SB & Co.	—	—	65
	5 000	5 000	5 000

Die sechs Beamten waren J. Mittelhausen, J. R. Brittle, A. Sabine, E. Laumonier, A. Straube und C. Höltzer. Da das Kapital zu 75 % eingezahlt war, hatten sie pro Aktie 75 £ zu zahlen. Da aber zu jenem Zeitpunkt eine Dividende von 95 % gezahlt wurde, war diese Aktie praktisch geschenkt. Auch Löffler, dessen Besitz an Shares nach dem Tode Sir Williams durch das Wohlwollen seiner Vorgesetzten sich verzehnfachte, konnte auf Grund der einzigartigen Dividende des Jahres 1884 seine Anteile als Geschenk betrachten. An der Abgabe von 65 Beamtenshares war er mit 16 beteiligt worden.

Nun ist zu bemerken, daß Löffler — der bereits zu Sir Williams Lebzeiten an den Boardsitzungen der Siemens Brothers & Co. Ltd. regelmäßig teilgenommen hatte[6] — nach 1883 mehr noch als bisher auf sich selbst gestellt war. Er war nun sogar berechtigt, allein Boardsitzungen abzuhalten und dabei rechtskräftige Beschlüsse zu fassen. So konnte es geschehen, daß er eine solche Solo-Boardsitzung am 16. Dezember 1886 abhielt und von fünf der sechs Beamten-Aktionäre (mit Ausnahme des Sekretärs A. Sabine) zusammen 19 Shares erwarb, die er seinem persönlichen Besitz an Anteilen zuschlug. Löffler besaß, wie uns die Tabelle gezeigt hatte, seit 1884 1 234 Anteile. Nun hatte er deren 1 253. Das waren mehr als 25 % des gesamten Firmenkapitals (von dem faktisch jedoch nur 75 % eingezahlt waren), welches er in seiner Hand hielt. Nun konnte gegen seinen Willen eine 3/4 Mehrheit nicht mehr zustande kommen, und er war sogar dadurch in die Lage versetzt, Sonderbeschlüsse des Boards unwirksam zu machen, einschließlich des Beschlusses, ihn abzusetzen!

Bereits zwei Tage später, am 18. Dezember 1886, konnte er in einem seiner überheblichen Briefe an Werner Siemens den kühnen Satz bringen: „Eine Eini-

[6] Nach dem englischen Aktiengesetz ist der Managing Director grundsätzlich nicht bei Boardsitzungen anwesend. Er kann jedoch in Sonderfällen, insbesondere für spezielle Berichterstattungen, gelegentlich zugezogen werden.

gung zwischen uns ist eine unumgängliche Notwendigkeit, um aus der gegenwärtigen Lage herauszukommen; ohne eine solche ist jeder von uns machtlos ...“[7]

Es ist wohl begreifbar, daß Werner Siemens — in Unkenntnis der neuen Sachlage — an diese Textstelle ein berechtigtes Fragezeichen setzte, da er sich nicht vorstellen konnte, was Löffler zu dieser Kühnheit berechtigte.

Mit diesem unsauberen Geschäft, welches er aus begreiflichen Gründen zunächst gern verschwieg, hatte Löffler seine Vertrauensstellung verletzt und gegen Treu und Glauben unter Geschäftspartnern verstoßen. Es wurde unterstellt und später nachgewiesen, daß Löffler schon 1884 – als er für diese Ausgabe von Beamten-Shares plädiert hatte — an die Möglichkeit gedacht hatte, die er nun am 16. Dezember 1886 in die Tat umsetzte.

Erst ein volles halbes Jahr später, als Werner Siemens sich von Löffler in Verbindung mit der Absicht, Georg von Chauvin einzustellen, über die Aufstellung der Share-Verteilung genaue Auskunft geben ließ, wurde die heimtückische Handlung dem Board bekannt. In sehr primitiver Manier versuchte Löffler seine trübe Handlungsweise zu bemänteln.[8]

Die Brüder Werner und Carl Siemens begaben sich, sogleich nach dem Bekenntnis Löfflers zu dieser Transferaktion, nach London, um eine Boardsitzung abzuhalten, in der sie den Aktionär und Leiter des Electric Light-Departments von Siemens Brothers & Co. Ltd., Alexander Siemens, zum Mitdirektor[9] wählten und einen Antrag zur Klage aufsetzten, um den Transfer der 19 von Löffler erworbenen Shares ungültig erklären zu lassen.

Noch während die Boardmitglieder Werner und Carl Siemens sich in London befanden, glaubte Löffler seinerseits mit einer Klage antworten zu müssen, die er namens der Firma Siemens Brothers & Co. Ltd. am 24. Juni 1887 gegen die Brüder Werner und Carl Siemens und ihre Firma Siemens & Halske Berlin und St. Petersburg erhob wegen fortgesetzter, unrechtmäßiger Konkurrenz auf dem Weltmarkt. Es liegt natürlich auf der Hand, daß Werner und Carl Siemens kraft ihrer Aktienmehrheit ohne Schwierigkeien die Klage hätten zurückziehen können. Aber ein solcher Schritt erschien ihnen, zumal vor englischen Rechtsanwälten, bedenklich und sie verließen sich mit gutem Gewissen auf einen günstigen Ausgang dieser peinlichen Angelegenheit. In einem 16seitigen, handgeschriebenen engzeiligen Einspruch wandten sich die Angeklagten gegen die Vorwürfe Löfflers, die in mehreren Punkten bewußte Lügen darstellten. Es wurden dabei nochmals alle Entwicklungsphasen des umstrittenen Überseegeschäftes an Hand von Briefstellen dargelegt.

---

[7] SAA 30 / Lm 257.

[8] Löffler-Briefe an Werner Siemens vom 20. und 28. 5. 1887. SAA 30 / Lm 257.

[9] In einem Absatz von Sir Williams Testament wird der Wunsch ausgedrückt, daß Alexander Siemens, sein Adoptivsohn, einmal Direktor der Gesellschaft werden sollte. Denn William war seinem Neffen besonders herzlich zugetan, da er selbst keine Kinder hatte. Löfflers Bestreben war es, Alexander nicht hochkommen zu lassen.

Löfflers selbstgefällige Wesensart, die ihn zeitlebens nie zu einem Freunde Werners werden ließ, dokumentiert sich sehr klar in einem Brief, den er am 19. 9. 1887 an Werner Siemens schrieb:[10] „... Ich stimme mit Ihrer Absicht vollkommen überein, daß die Prozesse unseren Interessen Schaden bringen müssen und daß wir auch ohne solche zu einer Einigung kommen sollten. Ich will gern, soweit es mir möglich ist, zu einer Einigung beitragen. Für das Londoner Geschäft ist es eine Existenzfrage, die von Berlin angestrebte Erweiterung seines Geschäftes auf unseren Marktgebieten zu verhindern. Daher die Nowendigkeit, uns dagegen mit allen uns zu Gebote stehenden Mitteln zu verteidigen. Es ist seit Jahren meine feste überzeugung, daß das Londoner Geschäft nicht zufriedenstellend fortbestehen kann, wenn wir es dem Berliner Geschäfte gestatten, nach Ländern zu liefern, wohin wir Geschäfte machen, ganz gleich, ob dies durch Verkäufe loco Berlin oder durch direkte Lieferungen geschieht. So sehr ich auch das Verlangen, dies tun zu dürfen, vom Berliner Standpunkt aus verstehen kann, so kann und werde ich demselben nicht nachgeben, da es mir unmöglich ist, das Londoner Geschäft durch meine eigene freiwillige geschäftliche Handlung zugrunde zu richten.

Wird das Geschäft hier durch die Presse ruiniert, so ist das nicht mein Schuld. Es ist das Vorgehen des Berliner Geschäftes, welches mir den Anruf der richterlichen Entscheidung als den einzigen zum Schutz der hiesigen Interessen noch offenstehenden Weg aufgezwungen hat.

Solange ich die wirklich leitende Person im hiesigen Geschäfte bin, gebietet mir sowohl meine Stellung zum Geschäft als auch mein persönliches Interesse als bedeutender Aktionär, die Geschäfts- wie meine Privatinteressen selbst auf dem Prozeßwege zu schützen, solange Sie mir nicht die Gelegenheit geben, durch eine Änderung der bestehenden Verhältnisse ein solches Schutzmittel unbenutzt lassen zu können.

Eine neue Vereinbarung, welche den Wünschen Berlins Rechnung trägt, kann nur zustande kommen, wenn die begründeten Anrechte Londons dabei entsprechende Berücksichtigung finden. London muß also ein entsprechendes qui pro quo für das, was es aufgeben soll, empfangen.

Auf einer derartigen Basis ruhend werden Ihre Vorschläge bereitwilligst meine sorgsamste Erwägung finden.

Wenn Sie ein Mittel ausfindig machen können, dem Londoner Geschäfte eine ausreichende Entschädigung zu bieten, so würde vielleicht eine vollständige Freigabe der gegenseitigen Konkurrenz auf allen Märkten ohne irgendwelche Beschränkung der beste Weg sein, um allen Zwistigkeiten ein für alle Mal ein Ende zu machen ...

Mit besten Grüßen Ihr aufrichtigst Ergebener
gez. L. Loeffler"

[10] SAA 30/Lm 257.

In dieser anmaßenden Tonart, die auch noch andere charakterliche Mängel Löfflers durchblicken läßt, brauchte sich ein Mann wie Werner Siemens keine Briefe schreiben zu lassen. Es ist nur verständlich, wenn er bemüht war, den üblen Streit zwischen den beiden verwandten Firmen möglichst zu lokalisieren und dauerhaft zu beenden. Wenngleich nun in London seit Juni 1887 Alexander Siemens als Mitdirektor fungierte, so war dieser — unglücklicherweise — keineswegs die Persönlichkeit, die Löffler energisch gegenübertreten konnte, geschweige denn zu einer Beendigung solch übler Betriebsverhältnisse Maßgebliches hätte beitragen können. So blieb die Hauptlast, dieses Problem zu lösen, allein bei Werner.

Immer wieder sollte es das überseeische Geschäft sein, welches Löffler als Zankapfel in die Diskussion warf. Bei so vielem Ärger war es nur verständlich, wenn Werner bereit gewesen wäre, das englische Geschäft für einen billigen Preis zu verkaufen. Carls laue, ja mitunter Siemens Brothers zuneigende Einstellung war für Werner nach all dem Vorgefallenen mehr denn je unverständlich. Betrachten wir in diesem Sinne einen Brief, den er bezüglich der Londoner Korrespondenz am 10. 12. 1887 an Carl nach St. Petersburg schreibt: „. . . Das arrogante Londoner Verlangen, Berlin solle sich aus allen überseeischen Ländern — wozu Holland, Türkei etc. gerechnet werden — zurückziehen und es als Londoner Recht anerkennen, daß Berlin nicht dahin liefern dürfe — weder direkt noch durch Zwischenhändler — habe ich stets zurückgewiesen, auch in unserer früheren Korrespondenz. Ich begreife auch wirklich nicht recht, wie Du mir zumuten kannst, das zu tun, besonders wenn London in fremde Hände übergeht. Wenn Du etwas darüber nachdenkst, wirst Du die absolute Unmöglichkeit einsehen, daß ich nicht ein verstümmeltes, in jeder freien Tätigkeit gehemmtes Geschäft meinen Söhnen hinterlassen kann und mag. Bei der jetzigen Richtung der Entwicklung des Weltgeschäftes ist das eine absolute Unmöglichkeit. Du hast ganz recht, daß ich lieber mein Londoner Guthaben verlieren würde als solch eine monströse Verpflichtung zu übernehmen, die gar nicht einmal durchführbar ist, denn das Geschäft wird immer mehr ein Zwischenhändler- und Unternehmungsgeschäft und wie ist es da möglich, zu verhindern, daß Fabrikate nach fremden Ländern gehen? Löffler hat aber nach meinem letzten Versöhnungsantrag erklärt, es wäre eine Lebensfrage für London, daß unsere Fabrikate auch nicht durch Zwischenhändler in überseeische Länder kämen. Ich halte ihn nicht für einen solchen Pinsel, daß er nicht die Unmöglichkeit einsieht. Aber er will eine persönliche Entschädigung in irgend einer Form. Ärgerlich ist nur, daß Du trotz alledem Sympathie mit den Löffler'schen Forderungen hast. Ich denke, wir haben faulen Frieden genug mit L. geschlossen! . . .“[11]

Und nun beschließt dieses Jahr ein Weihnachtsbrief, der in vieler Hinsicht, ganz besonders aber psychologisch, interessant ist und den Werner am 25. 12. 1887 an Carl nach Rußland sandte. Hierin entwickelt der Einundsiebzig-

11 SAA BB.

jähre noch einmal zusammenfassend die Leitgedanken seines Tuns und Strebens und stellt seiner Selbstcharakteristik die Maxime Carls gegenüber, wie er sie schaut:

„. . . Bei reiflicher Überlegung finde ich, daß unsere — in unserem Leben ganz neuen — Differenzen nicht in der durch Alter und Kränklichkeit vergrößerten Grämlichkeit und vergrößertem Egoismus, sondern wesentlich in einigen verschiedenen Grundanschauungen und Bestrebungen zu suchen sind. Diese sind überhaupt nicht zu beseitigen, sondern müssen am anderen billig berücksichtigt werden. Es wird am besten sein, hiermit anzufangen. Unsere Verschiedenheit besteht wesentlich darin, daß wir, bei sonstiger ziemlich gleicher moralischer und Herzensveranlagung, bei gleicher brüderlicher Zuneigung und Zartfühligkeit, doch eine verschiedene Grundanschauung von den Lebenszielen an dem Werte der Lebensgüter gehabt haben und noch haben. Ich will gar nicht sagen, daß Du dabei im Unrecht bist. Im Gegenteil, faktisch ist, daß Du stets ein größeres Gewicht auf die realen Lebensgüter gelegt hast als ich, der ich viel zu viel Phantomen und Ideen nachgejagt habe. Gewiß habe ich auch nach Gewinn und Reichtum gestrebt, doch wesentlich nicht, um sie zu genießen, als um die Mittel zur Ausführung anderer Pläne und Unternehmungen zu gewinnen und um durch den Erfolg die Anerkennung für die Richtigkeit meiner Handlungen und die Nützlichkeiten meiner Arbeiten zu erhalten. So habe ich für die Gründung eines Weltgeschäftes à la Fugger von Jugend an geschwärmt, welches nicht nur mir, sondern auch meinen Nachkommen Macht und Ansehen in der Welt gäbe und die Mittel, auch meine Geschwister und nähere Angehörige in höhere Lebensregionen zu erheben . . . Du hattest dagegen von früh an das Streben und die Begabung, es Dir recht bequem zu machen und in Gemütlichkeit die Lebensgüter zu genießen. Dein früher Übergang in das Petersburger Leben hat dies noch mehr befestigt. Daher unsere Differenzen. Ich sehe im Geschäft erst in zweiter Linie ein Geldwertobjekt, es ist für mich mehr ein Reich, welches ich gegründet habe und welches ich meinen Nachkommen ungeschmälert überlassen möchte, um in ihm weiter zu schaffen. Ich hoffte, das Petersburger und Londoner Geschäft würden sich unter Eurer Leitung als kräftige Schwesterstämme entwickeln. Das ging ja auch recht gut. Es gab Zeiten, wo Petersburg sowie später London dem Muttergeschäft bdeutend über den Kopf gewachsen waren!. Deine häuslichen Verhältnisse und Kränklichkeiten machten leider wiederholten Wechsel erforderlich und Wilhelms Tod und Kinderlosigkeit zerschlug vollends diesen Zukunftstraum. Jetzt liegt die Sache so, daß wir beide an London nur noch ein Geldinteresse haben und — wie mir scheint — gilt dasselbe von Petersburg, da du einigermaßen Rußlands müde bist und Dein Sohn weder Neigung noch Beruf zur späteren Fortführung hat.

Es bleibt also Berlin, welches ich mir immer als Erbsitz meiner Söhne vorgestellt habe. Ich bin ja so glücklich, zwei Söhne zu haben, die voll befähigt sind und sich auch dazu berufen fühlen, das Geschäft nach uns fortzuführen, und ein dritter Sohn scheint sich in derselben Richtung gut zu entwickeln. Denen will ich unter allen Umständen das Geschäft unter Verhältnissen überlassen, welche die Fortführung sicherstellen . . ." [12]

Rückblickend und vorausschauend hatte Werner hier ein Bekenntnis niedergelegt, welches unter seinem gesamten Briefnachlaß besonders hervorragt. Er sieht, wie sein Jugendtraum dahinschwindet und er ist bemüht, sein ureigenstes Werk, die Berliner Stammfirma, in geordneten Verhältnissen seinen Söhnen zu hinterlassen.

Im Frühjahr 1888 sollte sich für Siemens Brothers & Co. eine neue Entwicklung anbahnen. Der Gedanke, die Londoner Firma in eine public company umzuwandeln, sie zu verkaufen unter Löschung des Namens Siemens, war in den vergangenen Monaten allmählich geschwunden, zumal sich kein geeigneter Käufer fand.

Werner von Siemens — er war am 5. Mai 1888 von Kaiser Friedrich in den preußischen Adelsstand erhoben worden — fuhr nach London und schloß am 1. Juni 1888 mit Ludwig Löffler einen Vertrag, der als Schlußpunkt des Prozesses gegen diesen anzusehen ist.

In diesem Übereinkommen [13] wurde festgesetzt, daß Ludwig Löffler von seinen 1 253 Shares sofort 600 an Werner von Siemens zu verkaufen habe. Dem Stande der damaligen Kapitalinvestierung entsprechend hatte Löffler für 1 Share 85 £ zu erhalten. Für weitere 625 Shares von Siemens Brothers & Co. Ltd. übernahm Werner von Siemens die Verpflichtung, sie Löffler jederzeit auf Wunsch zum Rückwert von £ 85 abzukaufen, spätestens jedoch zum 1. 1. 1891. Diese Rückgabe / Rücknahme-Verpflichtung wurde auch für Werners Erben rechtsverbindlich geregelt. Bis zum Termin des tatsächlichen Transfers sollte Löffler die Nutznießung (Dividende) aus seinen Aktien behalten. Während die Paragraphen 1 - 7 dieses Vertrages die Einzelheiten dieser Transferaktion behandelten, bestimmte der § 8: „Herr Löffler resigniert seine Stellung als Managing Director unmittelbar nach Vollziehung des Kaufes der oben genannten sechshundert Aktien." Werner von Siemens garantierte Löffler jedoch, bis zum 1. 1. 1891 fernerhin als Director der Company tätig zu bleiben. — Es bestand nun die Absicht, Herrn Eduard Kaiser [14] als Löfflers Nachfolger zum Managing Direcor zu bestellen. Die Gründe, wieso es nicht dahin kam, sind heute den Akten nicht mehr zu entnehmen. Jedenfalls mußte Löffler sich bereit erklären, einer Vertragsklausel zuzustimmen (§ 13), die das Auslands- und Überseegeschäft nach den Gesichtspunkten von Werner von Siemens neu regeln sollte. In gleicher Weise hatte er seine Stimme

[12] SAA BB. C. Matschoss, Werner Siemens, Lebensbild und Briefe, Berlin 1916, Bd. 2, S. 910 - 912.

[13] SAA 21 / Lk 702 Abschrift des Vertrages als Anlage 9, S. 201.

[14] Eduard Kaiser (gest. 1900), Ingenieur, begann seine Laufbahn im Kabelwerk Woolwich und war an der Errichtung der Berliner S&H-Kabelfabrik 1876 führend beteiligt. 1886 Dirigent des Charlottenburger Werkes von S&H, 1888 wieder bei Siemens Brothers & Co. Ltd. in London. Er wurde zwar nicht Löfflers Nachfolger, war aber bis 1891 in der Leitung von Siemens Brothers tätig. R. Maaß, S. 147.

zu verpfänden für eine zu treffende Abmachung bezüglich der Patente von S&H und deren Verwertung im Ausland. Einer Ausnahmeregelung sollte jedoch das elektrochemische Patent[15] von Werner von Siemens unterworfen werden.

Im abschließenden § 15 wurde zum Ausdruck gebracht, daß Löffler die übrigen 28 Shares an Alexander Siemens abzutreten habe, auch hier wieder zum Kurswert £ 85 je Share. — Aus späteren, bis in das Jahr 1891 reichenden Briefen Löfflers an Werner von Siemens wissen wir, daß der Vertrag in seinen wesentlichen Punkten und insbesondere hinsichtlich der Transferaktionen erfüllt wurde.

Mit diesem Vertrag hatte die Herrschaft Löfflers praktisch ihr Ende gefunden. Ohne es erst zu einer Gerichtsverhandlung kommen zu lassen, hatte Werner von Siemens ihn besiegt und das Gesetz des Handelns wieder an sich und seine Familie gebracht.

Nachfolger Löfflers wurde nun zwar nicht — wie es nach dem Vertrag zu erwarten war — Eduard Kaiser, sondern Alexander Siemens, ein tüchtiger Beamter, jedoch keine schwungvolle, verantwortungsfreudige Unternehmernatur. In allen Dingen, die irgendwie schwierig waren, entschied er nicht nach eigener Eingebung oder auf Grund sachlicher Erkenntnis, sondern stets erst nach Konsultation seiner beiden Onkel in Berlin und St. Petersburg. Daß unter solch einer Leitung die Firma nicht gesunden konnte — sie war damit von dem einen in das andere Extrem gelangt — lag auf der Hand. Aber etwas anderes, im Moment vielleicht Wichtigeres, war erreicht worden: die Familie Siemens hatte das Heft wieder in der Hand, und es stand zu erwarten, daß man in absehbarer Zeit der Firma Siemens Brothers & Co. Ltd. wieder neue belebende Impulse würde zuführen können.

Insbesondere der Streit um den Überseemarkt war zur Ruhe gekommen. Das soll zwar nicht bedeuten, daß eine hundertprozentig befriedigende Patentlösung an die Stelle der bisherigen Streitigkeiten getreten wäre. Aber man empfand sich wieder als im besten Sinne des Wortes „befreundete“ Firma und bemühte sich um einen modus vivendi, der den Interessen der drei Häuser in Berlin, London und St. Petersburg gerecht werden sollte.

Durch Vertrag vom 11. März 1889 wurde zwischen den Firmen Siemens & Halske Berlin und Siemens & Halske St. Petersburg einerseits und Siemens Brothers & Co. Ltd. London andererseits unter Aufhebung des § 6 des Vertragswerkes vom 28. Dezember 1880 folgendes Übereinkommen getroffen: „Die Firmen Siemens & Halske Berlin und in St. Petersburg ebenso wie irgend einer der Teilhaber derselben sollen, solange die Gesellschaft innerhalb des Vereinigten Königreiches von Großbritannien und Irland oder auf den Inseln im Kanal oder der Insel Man fortbestehen sollte, keinerlei Zweiggeschäft oder geschäftliche

---

[15] Brit. Patent Nr. 14033 vom 1. 11. 1886 auf ein elektrochemisches System der Goldextraktion.

Niederlassung innerhalb des genannten Landes errichten, welches in Konkurrenz zu treten geeignet ist mit denjenigen Geschäften, welche die Aktiengesellschaft Siemens Brothers & Co. Ltd. jetzt betreibt; dies soll indessen die Firma Siemens & Halske oder irgend einen ihrer Teilhaber nicht verhindern dürfen, in irgendeiner der englischen Kolonien irgendwelches Geschäft zu errichten, welches ihnen gut scheinen mag.

Andererseits soll die Aktiengesellschaft Siemens Brothers & Co. Ltd. kein Zweiggeschäft oder geschäftliche Niederlassung in Deutschland oder Rußland begründen, welches in Konkurrenz zu treten geeignet ist mit denjenigen Geschäften, welche von den resp. Firmen jetzt daselbst betrieben werden.

Beiderseitig ist es die Absicht, daß die Gesellschaft als durch nichts gehindert angesehen werden soll, in Zukunft Aufträge von Deutschland oder Rußland herrührend auszuführen, ebenso wie Siemens & Halske ihrerseits Aufträge ausführen dürfen, welche aus dem Vereinigten Königreiche an sie gelangen.“[16]

---

16 SAA 68 / Li 219.

5. Ausklang

a) Werner und William Siemens als Unternehmer-Persönlichkeiten

Wenn man den Schwerpunkt der Begabung der Brüder Siemens knapp kennzeichnen sollte, so könnte man William als den Forscher, Friedrich als den Erfinder und Carl als den Unternehmer charakterisieren. Es erklärt uns die überragende Bedeutung Werners, daß man ihn nicht mit einem Begriff kennzeichnen könnte. Er verband in sich den Forscher, den Erfinder wie den Unternehmer. Er ist also nicht allein seines größeren Alters, sondern wegen der vielen in ihm wirksamen Befähigungen Oberhaupt der Gemeinschaft der Brüder gewesen.

Der erste Keim für Werners unternehmerisches Wollen und Handeln wurde schon im frühen Knabenalter, 1829, durch die anspornenden Erzählungen des Hauslehrers Sponholz gelegt.[1] Das Vorbild war das Handelshaus Fugger, welches an der Wende vom Mittelalter zur Neuzeit als Familiengesellschft zu imponierender Machtstellung und räumlicher Ausdehnung gelangte und für über hundert Jahre den Mittelpunkt der oberdeutschen, frühkapitalistischen Unternehmungen bildete.[2]

Diese „Gefühlsrichtung“ im jungen Werner Siemens wirkte fort, wenngleich sie dann auch überlagert wurde durch eine immer stärker sich entwickelnde Hinneigung zu naturwissenschaftlichen Erkenntnissen und eigenen Forschungen und Erfindungen.[3] Durch den frühen Tod der Eltern ergab sich für Werner die Aufgabe, an den jüngeren, zahlreichen Geschwistern Vaterstelle zu vertreten. Sie mit allen Konsequenzen in geistiger, pädagogischer und materieller Hinsicht auf sich zu nehmen und sie zu meistern, war eine große Leistung des jungen Mannes. Als Dreißigjähriger begann er seine ganze Schaffenskraft auf ein neuartiges, in der Praxis noch unerprobtes Gebiet zu konzentrieren: die elektrische Telegraphie. Die Heranziehung seiner Brüder zu seinen wissenschaftlichen und technischen Arbeiten wie auch zu seinen geschäftlichen Unternehmungen geschah einmal aus einem natürlichen Zusammengehörigkeitsgefühl, sie war aber auch eine bewußte Handlung mit dem Ziel, als Familiengemeinschaft eine ähnliche Machtstellung zu erreichen, wie sie einst die Fugger und später die Roth-

---

1 Brief Werners an Carl, vom 25. 12. 1887, SAA BB; C. Matschoss, Werner Siemens, Lebensbild und Briefe, Bd. 2, Berlin 1916, S. 911.

2 Clemens Bauer, Unternehmungsformen im Spätmittelalter und in der beginnenden Neuzeit, Jena 1936, S. 93.

3 In seinen „Lebenserinnerungen“, S. 39, stellt Werner Siemens fest: „Meine Liebe gehörte stets der Wissenschaft als solcher, während meine Arbeiten und Leistungen meist auf dem Gebiet der Technik liegen“.

schilds erworben hatte. Der Grundzug als Erfinder- Unternehmer wie auch als Schöpfer eines Herrschaftsgebildes trat also früh bei Werner Siemens in Erscheinung.

Es besteht kein Zweifel mehr, daß die Weltgeltung des Namens „Siemens" nicht von Werner allein, sondern zu einem sehr erheblichen Teil durch sein Zusammenwirken mit den Brüdern William, Friedrich und Carl wie auch mit dem Neffen Georg erreicht wurde.

Die mit diesem Kapitel endende Arbeit hat viele Fakten aufgezeigt, in denen Werner Siemens echtes Unternehmertum bewies. Es war dies besonders dann der Fall, wenn Schicksalsschläge und Mißerfolge ihn zwangen, seine Kräfte neu zu sammeln.[4] Neben viel Schwerem hat er auch viele Glücksstunden erleben dürfen. Stets aber war er bemüht, dem Glück durch Tätigkeit nachzuhelfen.

So folgte dem Abstieg des Telegraphengeschäftes mit dem preußischen Staat der Aufstieg in Rußland, indem er dort neue, große Aufträge gegen englische Konkurrenz hereinholte und gemeinsam mit Carl erfolgreich ausführte. Das wichtigste wirtschaftliche Ergebnis der russischen Linienbauten resultierte aus der „Remonte", der zwölfjährigen Betriebsführung der Staatstelegraphen, die dem jungen Unternehmen durch fixe, hohe Einkünfte Wachstum und gesunde Fortentwicklung durch Jahre sicherte. Während dieser Zeit bildete sich, gleichsam als zweite Filiale, das Londoner Geschäft, einmal durch Williams Initiative, dann aber auch gestützt auf Werners wissenschaftliche Kabellegemethoden, die für die Submarine-Nachrichtenverbindungen des englischen Weltreiches von entscheidender Bedeutung wurden. Die Legung des Rote-Meer-Kabels bildete den Auftakt für die nun aus dem Labor in die technische Praxis wandernde Meßtechnik.[5] Der Mißerfolg des Cartagena-Oran-Kabels zeigte den Brüdern das Risiko im Seekabelgeschäft, und diese Lehre bewahrte sie davor, künftighin ohne genügende technische Vorbereitung derartige Aufträge zu übernehmen.

Den Höhepunkt in Werners Unternehmertätigkeit bildete die Gründung des „Gesamtgeschäftes" 1867/68. Ein internationales Haus, auf einem neuartigen technischen Gebiet arbeitend, war entstanden. Der Bau der weiten Indo-Europäischen Telegraphenlinie bewies die innere Stärke, Macht und Geschlossenheit der Unternehmungen der drei Brüder. Er trug ihnen den Weltruf ein. — Die Einschaltung in das risikoreiche Atlantik-Kabelgeschäft stellte eine Bewährungsprobe für die drei Brüder dar, die sie mit Mut und Entschlossenheit auf sich nahmen. Der finanziell-übermächtigen Konkurrenz hatte man technisch-wissen-

---

4 „Die Eigenschaft, in kritischen Momenten schnell entschlossen zu sein und ohne lange Überlegung das Richtige zu tun, ist mir während meines ganzen Lebens so ziemlich treu geblieben, trotz des etwas träumerischen Gedankenlebens, in das ich vielfach, ich könnte fast sagen, gewöhnlich, versunken war. In unzähligen Fällen hat mich diese Fähigkeit vor Schaden bewahrt und in schwierigen Lebenslagen richtig geleitet." WSL, S. 275.

5 K. Busse, Werner Siemens, in: die Großen Deutschen, Berlin 1956, Bd. 3, S. 449.

schaftliche Überlegenheit gegenüberzustellen. Die Qualität der Kabel, die die „Faraday" legte, war denn auch — der Konkurrenz sehr zum Verdruß — hervorragend, was in dem Zeugnis Sir William Thomsons bestätigt wurde.

Zur Erlangung stärkerer Telegraphierströme bemühte sich Werner Siemens systematisch um eine Verbesserung seines Doppel-T-Induktors. Nicht also einem Zufall, sondern bewußter, gezielter Forschung verdankte der Fünfzigjährige seine bedeutsamste Entdeckung: das dynamoelektrische Prinzip. Daß er die Zukunftsmöglichkeiten, die sich darüber hinaus vielfältig für die technische Praxis ergaben, sogleich klar erkannte und ihre Verwirklichung in über zehn Jahre andauernden, ertraglosen Studien und Versuchen förderte, kennzeichnet ihn als Erfinder- Unternehmer.[6]

Seit 1878 stellten sich dann die ersten praktischen Ergebnisse der „elektrischen Kraftübertragung" ein: die Kupferelektrolyse, die selbstregulierende Bogenlampe, die elektrische Eisenbahn und vieles andere, was das heraufziehende technische Zeitalter in der damaligen Entwicklungsphase prägte. So verbanden sich in Werner Siemens naturwissenschaftliche Forschung, technische Meisterung und wirtschaftliche Ausbreitung in ihrem entwicklungsbedingten Ablauf zu einem geschlossenen Ganzen. Darin sah er den tieferen Sinn der Wissenschaft[7] und die sichere Grundlage für das Gedeihen seiner Unternehmungen.[8]

---

[6] Sombart charakterisiert Werner Siemens als typischen „Entdecker-Erfinder". Er definiert diesen Begriff folgendermaßen: „Wie eng die beiden Geistesgebilde Naturwissenschaft und Technik zusammenhängen, erweist mit besonderer Deutlichkeit das Verhältnis ihrer Betätigungsformen zueinander: die Naturwissenschaft baut sich auf ‚Entdekkungen'' auf, d. h. neuen Einsichten in die Zusammenhänge der Natur, richtiger: neuen Formeln für diese Zusammenhänge; die Technik auf ‚Erfindungen'', das heißt neuer Verwendung (Zusammenfügung, Kombination) natürlicher Dinge zu praktischen Zwekken. Nun ist nachweislich nie eine wesentliche Entdeckung gemacht ohne daraus fließende Erfindung; nie eine Erfindung ohne voraufgegangene Entdeckung . . ." W. Sombart, Das Wirtschaftsleben im Zeitalter des Hochkapitalismus, München/Leipzig 1928, S. 79.

[7] „Nicht allein im eigenen Interesse der Wissenschaft liegt es, in engere Verbindung mit der Anwendung ihrer Forschungsresultate im praktischen Leben zu treten, weil dasselbe ihr reichlich zurückbringt, was es empfängt: es ist für sie auch ein Gebot der Pflicht. Denn dadurch erhält die Wissenschaft erst ihre höhere Weihe, das gibt ihr erst ein Anrecht auf die dankbare Liebe und Verehrung der Völker, daß sie nicht ihrer selbst wegen besteht, zur Befriedigung des Wissensdranges der beschränkten Zahl ihrer Bekenner, sondern daß ihre Aufgabe die ist, den Schatz des Wissens und Könnens des ganzen Menschengeschlechtes zu erhöhen und dasselbe einer höheren Kulturstufe zuzuführen . . ." Akademie-Antrittsrede von Werner Siemens, vom 2. 7. 1874, WTA, Bd. 1, S. 218/219. Sombart, S. 78.

[8] „Eine wesentliche Ursache für das schnelle Aufblühen unserer Fabriken sehe ich darin, daß die Gegenstände unserer Fabrikation zum großen Teil auf eigenen Erfindungen beruhten. Waren diese auch in den meisten Fällen nicht durch Patente geschützt, so gaben sie uns doch immer einen Vorsprung vor unseren Konkurrenten, der dann gewöhnlich solange anhielt, bis wir durch neue Verbesserungen abermals einen Vorsprung gewannen. Andauernde Wirkung konnte das allerdings nur infolge des Rufes größter Zuverlässigkeit und Güte haben, dessen sich unsere Fabrikate in der ganzen Welt erfreuten". WSL, S. 276/277.

Seine Bemühungen um ein deutsches Patentgesetz förderten die deutsche Industrie maßgeblich in einer entscheidenden Phase ihrer Entwicklung. Die von ihm propagierte und mit seinen finanziellen Mitteln bei ihrem Start subventionierte Physikalisch-Technische Reichsanstalt bildete den ersten Markstein auf dem Wege der staatlichen Förderung der naturwissenschaftlichen Grundlagenforschung.

Werner Siemens wird von der Wirtschaftsgeschichte noch zum Zeitalter der patriarchalischen Fabrikherren[9] der Mitte des 19. Jahrhunderts gerechnet. Im Grunde gehörte er — auch schon wegen seiner liberalen und demokratischen Gesinnung — einer anderen Zeit an. Seine Fürsorge für die ihm anvertraute Belegschaft kennzeichnet sein Wort vom „gesunden Egoismus"[10] des Unternehmers, mit starker Betonung des „gesund", stärker als patriarchalische Wohlfahrtsgesinnung und Pflege. Er sah Unternehmer und Belegschaft verbunden durch ein Treueverhältnis, welches für beide Teile galt, nicht unähnlich dem Verhältnis des Offiziers zu seiner Mannschaft. So berechtigten nach seiner Meinung Tüchtigkeit und Betriebstreue seine Mitarbeiter zu einem Anspruch auf soziale Sicherung durch den Betrieb.[11] Dies betrachtete er als eine heilige Verpflichtung.

Wenn wir das Unternehmer-Bildnis von Werner Siemens in seiner Gesamtheit betrachten, dann erkennen wir, daß seine Idee vom Familiengeschäft die kräftigste Farbe lieferte. Die Farbe — um bei diesem Vergleich zu bleiben —, die ihn als „Erfinder-Unternehmer" zeigt, hat wohl weniger Leuchtkraft, gibt aber dem Bilde Struktur und Inhalt. Technische Überlegenheit durch zahlreiche eigene Erfindungen war es, die den Vorsprung der Firma Siemens anderen Konkurrenten gegenüber bestimmt hat. Dies war ein in seiner unternehmerischen Bedeutung nicht zu unterschätzendes Faktum. Werner Siemens hatte — im Gegensatz zu William — Kinder, darunter drei Söhne, denen er das „Reich", welches er gegründet hatte, in guten, gesunden Verhältnissen hinterlassen wollte. Alle wichtigen Entscheidungen Werners berücksichtigten diese „Zukunft", eine Vorstellung, die er

9 Schumpeter unterscheidet vier Unternehmertypen: Fabrikherr, Industriekapitän, Direktor, Gründer. Werner Siemens wäre nach Schumpeters Interpretierung der ersten Kategorie zuzuordnen: „Er verkörpert und erstrebt Ideale bürgerlicher Wohlanständigkeit, Geschäftstüchtigkeit und Lebensform. Sein Eigeninteresse ist vor allem an der Fürsorge für Gegenwart und Zukunft der Familie, sein soziales Gefühl am Moment der freiwilligen Fürsorge orientiert. In der Regel ist er sein eigener Techniker und Direktor, oft auch sein eigener Jurist. Artikel „Unternehmer" im Handwörterbuch der Staatswissenschaften - 4. Aufl., Bd. 8, 1928, S. 484, Verfasser Schumpeter. - Sombart kennt drei Haupttypen von Unternehmern: Fachmann, Kaufmann, Finanzmann. Dieser ist branchenmäßig gebunden. Er geht von seinem Erzeugnis aus, dem er zum Erfolg verhelfen will. Besonders trifft dies auf den „Erfinder-Unternehmer" zu, der seine Schöpfungen in möglichst großem Rahmen zur Ausführung bringt. Sombart, S. 15.

10 K. Burhenne, Werner Siemens als Sozialpolitiker, München 1932, S. 14.

11 Brief Werners an seinen Bruder Carl vom 16. 6. 1868: „Mir würde das verdiente Geld wie glühendes Eisen in der Hand brennen, wenn ich treuen Gehilfen nicht den erwarteten Anteil gäbe". SAA BB.

in mehreren Briefen wie auch in seinen Lebenserinnerungen immer wieder entwirft.

Neben seiner von Familiensinn getragenen Unternehmertätigkeit, die auf ständige Fortentwicklung der Firma und Ansammlung von Kapital hinzielte, war bei Werner Siemens auch der Wille zur allgemeinen Förderung der Technik wirksam. In diesem Sinne investierte er beträchtliche Summen in langwierigen Entwicklungsarbeiten.[12] Solche Förderung des technischen Fortschrittes betriebsfremder Unternehmer und Erfinder begegnete zu Lebzeiten von Werner Siemens noch wenig Verständnis. Kaufleute und noch mehr Finanzmänner betrachteten Geldanlagen solcher Art als vom Unternehmerstandpunkt höchst unsicher. Sie mußten so empfinden, da sie einmal nicht das technische Urteilsvermögen über Wert und Unwert besaßen, dann aber auch nicht das Interesse geschweige denn die Begeisterung für den technischen Fortschritt auf breiter Basis in sich spürten, wie sie Werner Siemens eigen waren.

Erst ganz am Ende des Jahrhunderts konnte die Technik, nun mit Hilfe einiger Großbanken, kostspielige Experimente und Versuche durchführen, die in dieser oder jener Richtung bahnbrechend werden konnten.[13]

Werner Siemens ging eigene Wege als Forscher und Erfinder wie auch als Unternehmer. Die Befähigung, die Dinge vorauszusehen wie sie kommen, war ihm schon eigen zu einer Zeit, als man noch keine Wirtschaftsprognosen von Statistikern und Konjunkturforschern einholen konnte. Werner Siemens hatte für die Entwicklung der elektrotechnischen Industrie bis in sein Alter hinein ein sicheres Empfinden, wenngleich er in den letzten Jahren seines Lebens in bezug auf die jüngsten Fortschritte die Unterstützung seiner ältesten Söhne Arnold und Wilhelm nötig hatte.[14] Jeweils tat er das ihm und auch seiner Zeit Gemäße, und damit hat er Entwicklung und Fortbestand seines Lebenswerkes gesichert.

Eine Würdigung der Persönlichkeit Williams als Unternehmer muß berücksichtigen, daß dieser in ähnlichem Umfange wie sein Bruder Werner ein Mann der Wissenschaft war. Man kann sogar sagen, daß ihm die Betätigung als Forscher und leidenschaftlicher Experimentator auf den Gebieten der Wärme und der

[12] Als Beispiel sei hier an seine Mitwirkung an den Landore Steel Works von Bruder William und an die Finanzierung der jahrelangen Versuche mit dem nahtlosen Rohrwalzverfahren der Gebrüder Mannesmann erinnert.

[13] So gründete die Deutsche Bank, die S&H AG und die AEG 1899 eine Studiengesellschaft für elektrische Schnellbahnen, welche äußerst fruchtbare Ergebnisse für die Praxis elektrischer Vollbahnbetriebe erbrachte. Ein Siemens-Triebwagen dieser Gesellschaft erreichte 1903 bereits 210 km/h Geschwindigkeit, ebenso auch ein von der AEG konstruierter Wagen.

[14] Die heraufziehende Zeit der Drehstrom/Wechselstrom-Netze mit ihren wirtschaftlich effektiveren Übertragungsmöglichkeiten hat Werner selbst nicht mehr in ihrer Bedeutung erkannt. Dennoch war wenige Monate vor seinem Tode in Erding bei München die erste Drehstrom-Zentrale der Welt von S&H 1892 eröffnet worden.

Elektrizität wesentliches Lebenselement war, auf das er nie hätte verzichten mögen. Nur aus dieser Perspektive sind Williams Ansichten über Geschäft und Unternehmung zu verstehen.

Als er 1858 mit Werners Unterstützung die Filialfirma Siemens Halske & Co. in London gründete, erschien ihm die Feststellung wesentlich, daß er neben seiner Tätigkeit als Leiter dieses Betriebes noch genügend Zeit für seine privaten Forschungen haben müsse. Um von der Routinearbeit nicht erst erfaßt zu werden, wollte er als „Manager" seinen jüngeren Bruder Walter neben sich gestellt sehen. Da Werner aus sachlichen Gründen dem nicht beipflichten konnte, war es Löffler möglich, in diese Funktion hineinzuwachsen.

John Pender, der mächtige Chef des Kabelringes und der Telcon, hatte einmal über William öffentlich geäußert, daß er überhaupt kein Unternehmer sei, da ihn viel zu sehr die wissenschaftliche Seite der Unternehmung, insbesondere die Forschung, beschäftige. Dies hätte mit dem eigentlichen Geschäft nichts zu tun.[15] Penders Absicht war es, mit dieser Bemerkung seinen Konkurrenten zu diskreditieren. Es steht außer Frage, daß viele Engländer seinerzeit Penders Meinung teilten. Denn die meisten erkannten noch nicht den Wert wissenschaftlicher Durchdringung der Technik.

In seinen hüttentechnischen Unternehmungen[16] offenbart sich uns Williams Eigenart vielleicht am deutlichsten: mit großer Energie und Zielstrebigkeit suchte er seine Ideen zu verwirklichen. Wirtschaftliche Überlegungen schienen für ihn ohne Interesse zu sein, so wenig berücksichtigte er sie bei seinen Hochofenversuchen. Alles mußte zurückstehen, wenn er theoretische Schlüsse aus seinen Forschungen in großtechnischem Maßstabe experimentell nachweisen wollte. So mußte sein Laboratorium bald gigantische Formen annehmen: auf das Werk in Birmingham folgte das Stahlwerk Landore. Größenmäßig konnte man es mit Krupp vergleichen, aber Krupp in Essen arbeitete nach wirtschaftlichen Gesichtspunkten — und Siemens in Landore war ein „Versuchsstahlwerk", bereits im Jahre 1869! Ganze Vermögen wurden geopfert, damit William seine Versuchsreihen durchführen konnte. Hier hörte man nichts von Gewinn oder Lieferterminen, hier ging es statt dessen um Hitzegrade und Qualitätssteigerung. Immer wieder mußten Werner, Friedrich und Carl finanziellen Beistand leisten — William war ein Mann rücksichtslosen Einsatzes. Dies allerdings unterschied ihn von seinen Brüdern, besonders von Werner, der nie starr war in seiner Arbeitsmethode und der auch stets mit Reserven arbeitete. Williams Leitidee ließ sich technisch wie unternehmerisch nicht verwirklichen, weil er in seiner Forschung kein Ende fand. Die unternehmerischen Möglichkeiten der genialen Erzstahl-Gewinnung konnte

15 Scott, p. 57.

16 In seinem Gedenkvortrag für den verstorbenen Sir William Siemens, vor dem Verein zur Beförderung des Gewerbfleißes, stellte Bergrat Wedding im Jahre 1884 als Fachmann besonders dessen hüttentechnische Arbeiten dar und vermittelte eine Vorstellung von dem einmaligen Versuchsstahlwerk in Landore. SAA 37 / Lr 506.

William nicht mehr ausschöpfen — er hatte es möglicherweise selbst auch gar nicht ernsthaft vor. Die Genugtuung aber, zielsicher einen richtigen Weg zu gehen, konnte er aus den stets sich bessernden technischen Ergebnissen wie auch aus den Urteilen der Fachleute empfinden.

So ganz allmählich setzte sich in England die Meinung durch, daß die Forschung denn doch nicht so ganz zwecklos für die technische Praxis sei. In der Erhebung Williams in den englischen Adelsstand ehrte nicht nur die englische Königin, sondern die ganze englische Nation und besonders die englische Wissenschaft den großen Forscher.

Nach den verschiedenen Detailskizzen in dieser Arbeit, die Williams Tätigkeit als Unternehmer erkennen lassen, können wir zusammenfassen, daß er weit weniger als Werner ein „typischer Unternehmer" war, daß er jedoch auch diesem Teil seiner ihm vom Schicksal zugewiesenen Aufgabe die Kraft seiner Persönlichkeit widmete.

Mit Fairness und sauberer Geschäftsmoral war er bemüht, den Widerwärtigkeiten des scharfen Konkurrenzkampfes zu begegnen: sie stellten mitunter eine harte Prüfung für sein Temperament dar. Besonders in Zeiten wirtschaftlicher Krisen hat es in allen Ländern „solche und solche" gegeben und es wäre irrig, beispielsweise in den Sabotagefällen beim DUS-Kabel auf eine Gehässigkeit englischer Kabelindustrieller gegenüber der „deutschen Firma Siemens" schließen zu wollen.

Sir William Siemens, der noch in seinen letzten Lebensjahren entschieden für die praktische Einführung der Starkstromtechnik, insbesondere für die elektrische Beleuchtung gewirkt hatte, hinterließ dieses für die Gesamtfirma so wichtige Gebiet seines Schaffens seinem Neffen und Adoptivsohn Alexander. Aber in dessen Person war nicht der sprühende Geist seiner technisch-wissenschaftlich so rührigen Onkel William und Werner lebendig. Es fehlte ihm leider auch der Sinn des Unternehmers, wie er in seinem Onkel Carl besonders ausgeprägt war. Hinzu kam, daß Alexander von Natur aus zu zaghaft und unentschlossen war, um der Direktion Löfflers Einhalt zu gebieten. Nach dem Tode Williams hätte er hierzu, als einziges ständig in England lebendes Familienmitglied, alle Veranlassung gehabt.

Was die Brüder Siemens — und zwar hier besonders Werner und William — für die Einführung der Elektrotechnik und die Entwicklung des Hochofens zu rationeller Stahlbearbeitung getan haben, waren Pionierarbeiten erster Ordnung. Daß sie neben der ingenieurmäßigen Durchbildung ihrer Erfindungen und Entdekkungen auch den Sinn für die Einführung ihrer Neuerungen in die Industrie, in die Großtechnik besaßen, kennzeichnet sie als Unternehmer. Ihre Schöpfungen waren bahnbrechend. Ihre Unternehmungen auf dem Gebiet der Elektrotechnik bestehen heute noch in Deutschland und in England. Namentlich das „Haus Siemens", die deutsche Stammfirma, spielt unter den großen Firmen der Elektroindustrie der Welt eine führende Rolle.

b) Überblick über die weitere Entwicklung von Siemens Brothers & Co. Ltd.

Das Jahr 1899 stellt in mehrfacher Beziehung einen Markstein in der Geschichte der Firma Siemens Brothers & Co. Ltd. dar. Nachdem Löffler 1888 als Managing Director durch Alexander Siemens ersetzt worden war, erschien es zunächst einmal nötig, das allgemeine Zusammenwirken der Berliner Mutterfirma und der Londoner Tochterfirma neu zu ordnen. In diesen neunziger Jahren zeigten sich die wirtschaftlichen Rückwirkungen der einseitigen Firmenpolitik Löfflers. Jetzt trat die Starkstromtechnik im Zeichen des Wechselstromes ihren Siegeszug an. Und hierfür war man in Woolwich nicht gerüstet. Die Folgen waren höchst klägliche finanzielle Ergebnisse. Man hatte seit den Tagen Sir Williams weder an der starkstromtechnischen Entwicklung teilgenommen noch die Marktlage dieses neuen Sektors genügend beobachtet. Nun galt es, das Versäumte so schnell als möglich nachzuholen.

Nachdem die Firma Siemens & Halske im Jahre 1900 die große Mehrheit der Familienaktien von Siemens Brothers & Co. Ltd. übernommen hatte, wurde das betriebs- und fertigungstechnische Reformwerk zügig in Angriff genommen. Carl Friedrich von Siemens [1], Werners jüngster Sohn, übernahm die Leitung der neuen Fabrik für den Starkstromsektor, die 1903 in Stafford in Betrieb kam. 1904 wurde dieses Werk von den Siemens-Schuckertwerken in Berlin für 10 Jahre gepachtet. 1906 wurde die Starkstromfertigung der Firma Siemens Brothers in einer besonderen Gesellschaft zusammengefaßt, die Siemens Brothers Dynamo Works, London and Stafford [2]. 1907 übergab Carl Friedrich von Siemens die Leitung in Stafford Dr. Carl Köttgen [3], der sich als Konstrukteur großer elektrischer Maschinen in Berlin bereits auf das Vorzüglichste bewährt hatte und auch viel Sinn für

---

1 Carl Friedrich von Siemens (1872 - 1941), jüngster Sohn von Werner Siemens, aus dessen 2. Ehe. Trat 1899 in die Firma ein. 1901 - 1907 Leiter der Siemens Brothers Dynamo Works, 1908 Leiter der Centralverwaltung Übersee, 1912 Vorsitzender des Vorstandes der SSW. Nach dem Tode seiner Brüder 1919 Chef des Hauses Siemens als Vorsitzender der Aufsichtsräte der S&H AG und der SSW. 1924/34 war er auch Präsident des Verwaltungsrates der Deutschen Reichsbahn-Gesellschaft. Die Übernahme der SSW-Aktien aus dem Besitz der Elektrizitäts-AG vorm. Schuckert & Co. durch S&H 1939 ist sein besonderes Verdienst. R. Bingel, C. F. v. S., in: ZVDJ 1941, S. 791 - 792.

2 In ähnlicher Weise hatte das Stammhaus in Berlin 1903 die SSW gegründet und einige Jahre später, 1913, wiederholte sich dieser Vorgang der Aufgliederung nach Stark- u. Schwachstrombetrieben in St. Petersburg, wo die Russische AG Siemens-Schuckert gebildet wurde.

3 Carl Köttgen (1871 - 1951) hatte unter Slaby Maschinenbau studiert. Er trat 1894 bei S&H in das Büro für Kraftübertragungsanlagen ein, war 1897 dessen Leiter. Förderte nachhaltig den Bau elektrischer Maschinen für die Schwerindustrie. 1905 wurde er Mitglied des Vorstandes der SSW. 1907 Leiter der Siemens Brothers Dynamo Works. 1919 kehrte Köttgen nach Deutschland zurück und übernahm 1920 den Vorsitz im Vorstand der SSW; 1939 trat er in den Aufsichtsrat über. S. v. Weiher, in: Steglitzer Anzeiger, Berlin, v. 1. 9. 1951.

die wirtschaftlichen Belange mitbrachte. 1914 bei Ausbruch des Weltkrieges mußte er als Deutscher seine Funktion als Managing Director in Stafford niederlegen und wurde interniert. 1919 wurde die Firma Siemens Brothers Dynamoworks an die English Electric Co. verkauft, die sie 1924 in Caxton Electric Developments Limited[4] umfirmierte.

Auch Siemens Brothers & Co. Ltd. hatte nach 1899 neue belebende Impulse durch das Zusammenwirken mit Siemens & Halske Berlin empfangen. Nach dem Tode von Carl von Siemens — er war 1895 von Zar Nikolaus II. in den finnischen Adelsstand erhoben worden — war Werners ältester Sohn Arnold von 1906 bis zum Ausbruch des Ersten Weltkrieges 1914 Chairman. Georg von Chauvin, der 1899 als Managing Director Alexander Siemens abgelöst hatte, war in England — wie schon seit längerer Zeit sein Vorgänger — naturalisiert worden. Auf diese Weise behielten beide nach 1914 ihre Posten als Direktoren von Siemens Brothers & Co. Ltd. bei. G. von Chauvin blieb bis zum Jahre 1925 Managing Director.

Auf dem Gebiet der Schwachstromkabel wurde das in Deutschland entwickelte Pupinseekabel[5] von Siemens Brothers adoptiert, welches 1910 zur Legung des ersten Pupin-Fernsprechkabels zwischen England und Frankreich geführt hat. 1908 war in Dalston ein spezielles Glühlampenwerk errichtet worden, welche die von Werner Bolton[6] in Berlin entwickelte Tantallampe und später die Wolframlampe fabrizierte[7]. Etwa um 1910 begann sich Siemens Brothers & Co. Ltd. auch für die bei S&H auf der Grundlage der amerikanischen Strowger- Patente durchgebildete automatische Fernsprechtechnik[8] zu interessieren. Es entstand eine neue Werksabteilung und 1912 trat Siemens Brothers & Co. Ltd. erfolgreich in die Fertigung neuzeitlicher Fernsprechgeräte und Fernsprechämter ein. Telegraphengeräte, Eisenbahnsicherungswesen wie auch die Fertigung der Meßinstru-

---

4 Scott, p. 88.

5 Im August 1906 wurde durch S&H das erste Pupinseekabel der Welt im Bodensee zwischen Romanshorn und Friedrichshafen verlegt. Es ist noch jetzt (1959) in Betrieb. S. v. Weiher, in: SZ 1956, S. 472/474.

6 Werner Bolton (1868 - 1912), Chemiker, seit 1896 bei S&H tätig, untersuchte die seltenen Metalle mit dem Ziel, einen hochwertigen Metallfaden für Glühlampen zu finden. Dies gelang 1903 auf der Grundlage gezogenen Tantaldrahtes. 1905 erschien die Tantallampe als erste brauchbare Metallfadenlampe auf dem Markt. Die Lizenzen für diese Erfindung brachten S&H ein Vermögen ein. S. v. Weiher, W. Bolton, in: NDB, Bd. 2, S. 435.

7 Merkwürdigerweise wurden die Glühlampen in Berlin, obschon sie ein Requisit der Starkstromtechnik darstellen, bei S&H gefertigt, bis 1919 die Glühlampenfabriken von S&H, AEG und Auer in der Holding-Gesellschaft „Osram" vereinigt wurden. Auch in England ließ man die Glühlampenfertigung der Schwachstromfirma Siemens Brothers.

8 Das von dem amerikanischen Erfinder Almon B. Strowger (1839 - 1902) 1891 angegebene System automatischer Telefonie wurde am Beginn dieses Jahrhunderts bei S&H in hohem Grade vervollkommnet. Im Dezember 1909 wurde das von S&H installierte erste große automatische Fernsprechamt Deutschlands, München-Schwabing, in Betrieb genommen.

mente in Woolwich profitierten erheblich von den Fortschritten, die aus ihrer ununterbrochenen Entwicklung in Deutschland herrührten.

Die in der Aera Löfflers so unerfreulichen Auseinandersetzungen wegen des Überseegeschäftes waren längst zur Ruhe gekommen. Ein 1904 getroffenes, neuerliches Abkommen über das Auslandsgeschäft und die 1908 gegründete, Carl Friedrich von Siemens' Leitung unterstehende „Centralverwaltung Übersee“[9], regelten diese Fragen in befriedigender Weise.

So hatte sich, unter der Leitung von Werners Söhnen, das „Gesamthaus Siemens“ wieder in sehr hoffnungsvoller Weise erneuert, als der Ausbruch des Ersten Weltkrieges im Sommer 1914 die Fäden des internationalen Unternehmens jäh durchschnitt.

Die englische Regierung beschlagnahmte die Aktien von Siemens Brothers & Co. Ltd. und verkaufte sie an britische Staatsangehörige. Man behielt den Namen „Siemens“ als Firma bei, führte den Betrieb aber als rein englisches Unternehmen fort.

1929 wurde unter Carl Friedrich von Siemens die Verbindung mit der alten englischen Tochtergesellschaft wieder aufgenommen. Dr. Henry R. Wright, der seinerzeitige Managing Director von Siemens Brothers & Co. Ltd. kam nach Berlin-Siemensstadt. Man traf eine freundschaftliche Vereinbarung über Zusammenarbeit auf wissenschaftlichem, technischem und wirtschaftlichem Gebiet und bekräftigte dies durch eine gegenseitige Beteiligung am Aktienkapital.[10]

Der Zweite Weltkrieg hat diese Verbindung wiederum zerstört. Die Entflechtung der Aktienbeteiligungen gestaltete sich nach 1945 schwierig; eine Erneuerung des Abkommens von 1929 fand nicht statt.

1957 hat sich die Firma Siemens Brothers & Co. Ltd. mit der Edison-Swan-Electric Co. Ltd. unter dem Elektrogroßkonzern Associated Electrical Industries Ltd. vereinigt.[11] Der Name „Siemens“ ist aber deshalb im englischen Wirtschaftsleben nicht erloschen. Die neue Unternehmung firmiert „Siemens Edison Swan Ltd.“ und repräsentiert durch diesen Namen die Herkunft der englischen Elektroindustrie: aus deutschen, amerikanischen und englischen Quellen.

---

9 SAA 68 / Lr 488. Darin u. a. ein zusammenfassender Kurzbericht von Georg Siemens über „Die Entstehung der Übersee-Abteilung“.

10 S&H Geschäftsbericht 1928/29, S. 12: „Wir übernahmen von der Siemens Brothers & Co. Ltd. 450 000 Stück Ordinary Shares je nom. 1 £ gegen Herausgabe von 6 557 Stück Stammaktien von S&H je RM 700.“

11 Vgl. „Handelsblatt“ v. 11./12. 1. 1957, S. 16; SAA 68 / Li 219.

6. Anhang

a) Anlagen

Verzeichnis der Anlagen

Anlage Nr. 1

Übereinkunft zwischen Werner und Wilhelm Siemens in London am 16. März 1850

Die Unterzeichneten kamen am heutigen Tage dahin überein, daß Werner Siemens für sich und im Namen der Compagnie Siemens & Halske dem Wilhelm Siemens die Ausbeutung von mehreren Erfindungen im Gebiete der elektromagnetischen Telegraphie für England übergiebt. Wilhelm Siemens übernimmt sämmtliche Arbeiten und Mühwaltungen und führt Verkäufe und andere ihm zweckdienlich scheinende Maßregeln nach seinem Ermessen aus. Die aus der Patentirung etc. erwachsenden Kosten werden von der Compagnie getragen und es ist dem Wilhelm Siemens ein Vorschuß von £ 210 bereits übergeben, zu dessen Empfangnahme derselbe sich hierdurch bekennt. Der aus der Unternehmung erwachsende Verdienst wird in der Weise unter die Kontrahierenden getheilt, daß die Compagie Siemens & Halske 2 / 3 und Wilhelm Siemens 1 / 3 des Netto Gewinns erhält. — Für Bestellungen an Apparaten für England, die Wilhelm Siemens bei der Compagnie in Berlin macht kann derselbe 12 1 / 2 but Aufschlag für seine Bemühungen anrechnen. — Mehreinnahmen werden nach obiger Norm wie 2 zu 1 getheilt. —

Wilhelm Siemens wird, wenn seine Zeit nicht erlaubt allen Geschäften, die ihm durch diesen Kontrakt erwachsen, allein vorzustehen, Friedrich Siemens zum Assistenten nehmen und demselben als Entschädigung 1 / 4 seines Gewinnantheils überlassen.

Weiter fand sich nichts zu erinnern

London den 16ten März 1850

V. g. u.
C. Wm Siemens
Werner Siemens

Anlage Nr. 2

London d. 3ten November 1854
24 Abington Street Westminster

Vorläufiges Uebereinkommen

In Bezug auf die Patente, welche wir Unterzeichneten resp. jetzt nachgesucht haben auf elektrische Telegraphen Apparate, beschließen wir nach folgender Grundlage gemeinschaftlich zu Werke zu gehen.

1) Sollten die Herren Newall & Co. Apparate in Auftrag geben, die von den Herren Siemens & Halske in Berlin gemäß eines ihrer Patente gemacht werden, so haben sie volle Freiheit dieselben zu verkaufen oder zu benutzen, nur aber gegen Bezahlung der Instrumente zu einem Preise von £ 10 Strln pro Apparat weniger, als die Herren Siemens & Halske dieselben irgend einem Andern in den Ländern, wo sie die Patente für die besagten Verbesserungen genommen haben {nicht Deutschland}*, liefern würden.

2) Wenn die Herren Newall & Co Apparate mit den patentirten Verbesserungen, die aber von andern Fabrikaten gefertigt sind in Anwendung bringen, so verpflichten sie sich den Herren Siemens & Halske die Summe von £ 10 Strln pro Apparat, im Wege des Gesetzes, zu zahlen.

3) Wenn die Herren Siemens & Halske Aufträge auf die patentirten Apparate annehmen, so verpflichten sich dieselben den Herren Newall & Co die Summe von £ 10 Strln pro Apparat, kraft des Patentrechtes, zu zahlen.

4) Ausgaben, die entstehen könnten beim Schutze beider Patente gegen Eingriffe, sind von beiden Partheien in gleichen Theilen zu tragen.

5) Es ist selbstverständlich, daß es den Herren Newall & Co frei steht auch das Patent des Werner Siemens vom April 1850 zu benutzen, welches auf Apparate genommen, mit welchen ein gleichzeitiges Sprechen von zwei Richtungen durch eine Drahtlinie bewirkt wird, sie sind unterworfen der eben festgesetzten Zahlung.

6) Jede künftige Verbesserung, die gemacht oder patentirt wird von irgend einer der hierbei betheiligten Partheien, wird in Verbindung mit dem Gegenstande der jetzigen Verbesserungen Gemeineigenthum.

7) Die Patente, bei welchen dies durch einen förmlichen Contract gesichert ist, der die Bedingungen dieses vorläufigen Contractes mit einschließt, müßen mit derartigen Malificationen (!) versehen werden, als es gerade, den dabei betheiligten Partheien anräthig erscheint.

London d. 3ten November
unterzeichnet R. S. Newall
für sich selbst und die Theilnehmer
C. W. Siemens
für sich selbst und Siemens & Halske

* Parenthese von William Siemens

Anlage Nr. 3

Societäts Vertrag Zwischen Werner Siemens und J. G. Halske in Berlin und Carl Siemens in St. Petersburg

Unter heutigem Tage ist zwischen Werner Siemens, J. G. Halske und Carl Siemens nachstehender Contract geschlossen worden.

§ 1.

Die Gesellschaft übernimmt alle Activa und Passiva, sowie alle Rechte und Verpflichtungen des bisher unter der Firma Siemens & Halske betriebenen Geschäftes, nach der Bilanz vom 1. Januar 1855 und führt dieselbe Firma fort.

§ 2.

Werner Siemens und J. G. Halske werden wie bisher die Leitung des in Berlin betriebenen Geschäftes fortführen und zwar wird J. G. Halske im Allgemeinen die Fabrikation und innere Verwaltung, Werner Siemens dagegen das auswärtige Geschäft dirigiren. Carl Siemens wird speciell die Leitung des Russischen Geschäfts übernehmen und ist gehalten, wichtige Fragen desselben, seinen Associés mitzutheilen und ihre Ansicht darüber einzuholen. Bei Meinungsverschiedenheit entscheidet die Majorität. Carl Siemens hat ferner dafür zu sorgen, daß übersichtliche Geschäftsberichte an das Berliner Geschäft regelmäßig eingesandt werden. —

§ 3.

Das Geschäftsvermögen, woran die drei Theilnehmer, nach Maaßgabe ihres im nächsten § festgesetzten Antheiles participiren, besteht in sämmtlichem be und unbeweglichen Vermögen, das bisher von Siemens & Halske betriebenen Geschäftes, nach Abrechnung der auf ihm ruhenden Lasten. Der General Abschluss der Geschäftsbücher vom 1. Januar 1855 der Berliner Verwaltung ergiebt die Vermögens Bilanz. Diese Letztere wird Carl Siemens mitgetheilt, sobald die noch fehlenden Data des Russischen Geschäfts eingegangen sind.

§ 4.

An dem am 1. Januar 1855 vorhandenen Geschäftsvermögen, sowie an dem bei jeder Inventur sich ergebenden Gewinn oder Verlust des gesammten Geschäfts participiren Werner Siemens und J. G. Halske mit je zwei fünftel, Carl Siemens mit ein fünftel des Resultats. Außerdem erhält Carl Siemens, während der Dauer dieses Contractes, 3 000 Ro S. schreibe dreitausend Silber Rubel jährliche persönliche Entschädigung, die, in die General Unkosten gehörend, als zur Bestreitung der Repräsentation des Geschäfts in St. Petersburg angesehen werden sollen.

§ 5.

Jedes Jahr müssen mindestens einmal die Geschäftsbücher abgeschlossen und die Vermögensbilanz gezogen werden. Das Petersburger Filial muß den betreffenden Abschluß so schnell als möglich anfertigen und in aller Ausführlichkeit mit Gewinn und Verlust Conto einsenden, worauf das Berliner Geschäft seiner Seits die General Bilanz ziehen und Carl Siemens für seinen Antheil erkennen, resp.belasten wird. —

§ 6.

Die Dauer dieses Contractes ist auf 12, schreibe zwölf Jahre, bis zum 1. Januar 1867 festgesetzt. Mindestens sechs Monate vor Ablauf des Contractes, haben sich die Theilnehmer über die etwaige Fortdauer desselben zu verständigen. Es wird hierdurch im Voraus festgestellt, daß im Falle der Fortdauer der Association, der künftige Gewinnantheil aller drei Socien gleich sein soll. Zu dem Ende muß bereits sechs Monate vor Ablauf des Contractes, eine Feststellung des Vermögens des Geschäfts und der einzelnen Theilnehmer, durch Übereinkunft erfolgen. —

§ 7.

Jedes Mitglied hat das Recht, im Laufe jeden Jahres, die Hälfte des vorjährigen Gewinnantheils aus dem Geschäft zu entnehmen. Wird diese Summe nicht erreicht und will das Mitglied sich später nachträglich die Differenz auszahlen lassen, so muß es sechs Monate vorher kündigen. —

§ 8.

In dem Falle des Todes oder der Invalidität eines der Associés, bleibt es bei den contractlichen Bestimmungen und treten mithin die Erben für ihn ein. Die übrigbleibenden Gesellschafter haben indeß das Recht, für die Vertretung des verstorbenen oder invaliden Mitgliedes im Geschäft, auf Kosten der Erben zu sorgen. Diese Kosten dürfen aber den halben Antheil nicht übersteigen und bleibt eine weitere Einwirkung des vormundschaftlichen Gerichts ausgeschlossen.

§ 9.

Nach Auflösung der Association, wird das Vermögen jedes Mitgliedes durch Inventur festgestellt. Will keins der bisherigen Mitglieder das Geschäft fortsetzen, so wird das be und unbewegliche Vermögen verwerthet und das Ergebniß nach den contractlichen Bestimmungen getheilt. Anderen Falls hat dasjenige Mitglied, welches das Geschäft fortsetzen will, das Recht, die übrigen, nach dem Ergebniß der Inventur, im Laufe des nächstfolgenden Jahres auszuzahlen. Gerichtliche Abschätzung ist ausgeschlossen. Sollten Differenzen zwischen den Associés entstehen, so werden erstere, mit Ausschluss jedes gerichtlichen Verfahrens, durch Schiedsrichter ausgeglichen, von denen jedes Mitglied einen wählt und wobei Stimmenmehrheit entscheidet.

Gelesen, genehmigt und unterschrieben

Berlin d. 1. Januar 1855

Ernst Werner Siemens
Johann Georg Halske
Carl Heinrich Siemens

Anlage Nr. 4

29ten September 1958

Memorandum der Übereinkunft zwischen den Herren Ingenieuren Ernst Werner Siemens und John George Halske, ansässig in Berlin unter der Firma Siemens & Halske einerseits, und dem Herrn Ingenieur William Siemens in London andererseits, in Bezug auf die Begründung eines Geschäftes in London für die Fabrikation und den Verkauf elektrischer Telegraphen, und der damit in Verbindung stehenden Apparate.

Da nun die Interessenten zusammen Eigenthümer, gewisser Patente auf Verbesserungen „Elektrischer Telegraphen, dem obengenannten Herrn Ernst Werner Siemens am 23ten April 1850 ausgefertigt. Patent N° 13062, und gewisser Anspruch auf ein Patent auf Verbesserung elektrischer Telegraphen, datirt vom 15ten September 1855, und dem Herrn Lewis Gordon ausgefertigt, sind; und da nun ferner der obengenannte Charles William Siemens am 29ten September 1858 wegen eines neuen Patentes auf Verbesserung in der Isolirung von Telegraphenleitungen eingekommen ist, welcher hiermit ebenfalls zum Gesammteigenthum der Interessenten erklärt wird, und da die besagten Interessenten zusammen einen Contract, datirt vom 1ten Juny 1858, mit den Herren R. S. Newall & Co abgeschlossen haben, der die gemeinschaftliche Ausführung unterseeischer elektrischer Telegraphenlinien feststellt, so ist man über folgende Paragraphen übereingekommen.

1) Die obengenannten Interessenten vereinigen ihre persönlichen Ansprüche auf die besagten Patente, und auf Alles was in England, Irland und den von England abhängigen Staaten und Besitzthümern auf elektrische Telegraphen Bezug hat, und eröffnen gemeinschaftlich unter der Firma Siemens Halske & Co ein Geschäft.

2) Die Leitung des besagten Geschäftes fällt dem Charles William Siemens zu, welcher durch seine Unterschrift die Firma innerhalb der gesetzlichen Grenzen ihrer Operationen verpflichtet.

Er verbindet sich jedoch, seine Compagnons bei allen Gelegenheiten die außerordentliche pecuniäre Wagenиße einschließen zu Rathe zu ziehen, und durch ihre Entscheidung sich leiten zu laßen. Jedoch verpflichtet er sich nicht, sich gänzlich dem Interesse der neuen Firma hinzugeben, sondern er reservirt sich das Recht andere Geschäfte, die nicht mit elektrischen Telegraphen in Verbindung stehen, besonders, und auf seine eigene Rechnung zu machen.

3) Das regelmäßige Betriebskapital der Firma ist auf £ 3 000 festgesetzt, welche von Jedem der drei Interessenten zu gleichen Theilen eingelegt werden müssen. Die eine Hälfte dieses Capitals ist bei Unterzeichnung dieses Contractes und die übrige Hälfte im Verhältniß wie sie gebraucht wird, einzuzahlen. Charles William Siemens in Anbetracht seiner Mühe und der Ausgaben die in Folge der Eröffnung des Geschäfts, welches schon bestand, und von ihm abgetreten ist, entstanden sind, erhält Credit auf Höhe von £ 500, und zwar in der Art, als ob diese Summe wirklich von ihm eingezahlt wäre; und auf gleiche Weise wird den Herren Siemens & Halske ein Betrag von £ . . . zu Gute geschrieben, für die Telegraphen Instrumente, die von ihnen als Muster geschickt werden.

4) Alles Geld von den Herrn Siemens Halske & Co verwendet, u. von den obengenannten Interessenten eingelegt trägt Interessen auf Höhe von 5 % pro Jahr, ohne irgend eine Theilung des Gewinnes eintreten kann.

Für den Fall daß außerordentliche Contracte, die speziell von den Herrn Siemens & Halske in Berlin gebilligt sind abgeschlossen werden, und die Einzahlung eines größeren Capitals erfordern, erklären sich die Herren Siemens & Halske bereit, die nöthigen Extra Zuschüsse zu leisten, indem ihnen dieselben zu 5 % pro Jahr verzinst werden.

5) Die Herren Siemens & Halske verbinden sich einen passenden Geschäftsführer, und die nöthige Anzahl von geschickten Elektrikern und Arbeitern, um die Verpflichtungen der Herrn Siemens Halske & Co auszuführen zu stellen. Die Auszahlung des Gehaltes u. der Löhnung, und der Reisediäten derselben fällt den Herrn Siemens Halske & Co zu, von dem Tage ab, wo sie Berlin verlassen.

6) Die Herren Siemens & Halske, verpflichten sich den Herren Siemens Halske & Co Telegraphen Instrumente oder Theile derselben zu ihren üblichen Verkaufspreisen zu liefern. Bei Zahlungen per Cassa drei Monat nach dem Datum der Faktura werden 2 1/2 % Disconto gewährt.

7) Von dem Reingewinn werden 7 1 / 2 % für Gratificationen für die, welche hauptsächlich die Operationen leiten, abgesetzt.

8) Der übrige Reingewinn wird auf folgende Weise vertheilt. Zwei Drittel werden den Herren Siemens & Halske ausgezahlt, das übrige Drittel fällt dem Charles William Siemens zu.

9) Ein Bericht über den Stand der Angelegenheiten wird vierteljährlich den Herren Siemens & Halske zu gehen, eine Theilung des Gewinnes dagegen am 1ten Januar jeden Jahres, nach Abzug von 15 % zur Bildung eines Reservefonds stattfinden.

10) Alle Verbesserungen elektrischer Telegraphen, die von Zeit zu Zeit von einem der hier genannten Interessenten angegeben werden, sind hiermit so weit die britischen Besitzthümer reichen zum Gemeineigenthum erklärt.Aber die Kosten, welche in Folge von Experimenten, oder der Patente, welche diese Erfindungen in England sicher stellen auslaufen, werden von den Herren Siemens Halske & Co getragen.

11) Dieser Contract soll vom 1ten October 1858 in Kraft treten, und für die hier genannten Interessenten bis zum 31ten December 1863 bindend sein, nach welcher Zeit er für irgend einen Theilhaber erlöschen kann, indem er oder sie, an den oder die übrigen Theilhaber durch eine schriftliche jährliche Kündigung seinen oder ihren Entschluß kund giebt. Die Unternehmungen jedoch, welche jetzt in der Ausführung begriffen sind, sind nicht mit in den Contract eingeschlossen, mit Ausnahme derer, welche in Verbindung mit den Herren R. S. Newall ausgeführt werden.

12) Im Fall des Ablebens von Charles William Siemens oder einer Auflösung der Firma von Siemens & Halske in Berlin, soll es gehalten werden daß die Ansprüche der ausgeschiedenen Theilhaber auf das Vermögen der Herren Siemens Halske & Co der Bilanz gemäß, welche ihm oder ihnen nach ihren Forderungen an dem Kassenbestand zu kommt geregelt werden.

Die Theilnahme an dem Gewinn oder Verlust des Geschäftes, für solche Theilhaber wird als vom 31. December des letzten Jahres erloschen betrachtet.

Anlage Nr. 5

(Auszug)

PROSPECT

Indo-Europäische Telegraphen-Actien-Gesellschaft.
Indo-European Telegraph Company (Limited.)

Incorporirt unter dem Gesetz, Gesellschaften betreffend,
vom Jahre 1862 und 1867.

Einzahlung beim Zeichnungs-Antrag 1 £ per Actie. Zahlung bei der Zusicherung 4 £ per Actie. Einzahlungen von 5 £ per Actie werden in Zwischenräumen von mindestens 2 Monaten eingefordert.

OFFICIELLE DIRECTOREN:

Oberst VON CHAUVIN, General-Director der Telegraphen des Norddeutschen Bundes.

General VON LUEDERS, General-Director der Kaiserlichen Telegraphen in Russland.

DIRECTOREN:

Herr ROBERT GRIMSTON, Vorsitzender der Electric and International-Telegraph-Company, Vorsitzender.
Herr W. H. BARLOW, Vorstandsmitglied des Instituts der Civil-Ingenieure.
Herr J. H. GOSSLER (Firma Joh. Berenberg Gossler & Co.) in Hamburg.
Herr Oberst JAMES HOLLAND, Vorsitzender von Reuter's Telegraphen-Company (limited).
Herr H. H. MEIER (Firma H. H. Meier & Co.) in Bremen. Vorsitzender des Deutschen Lloyd.
Herr L. OESTERREICH (Firma L. Knoop) in St. Petersburg.
Herr W. E. QUENTELL (früher in der Firma Frühling & Göschen).
Herr CHARLES B. SKINNER (Firma Jardine Skinner & Co.) in Calcutta.
Herr General-Major G. B. TREMENHEERE, von den Bengalischen Ingenieurs.
Herr J. HERBERT TRITTON (Firma Barclay, Bevan, Tritton, Twells & Co.).

(Herr C. W. Siemens wird auf Grund seiner Beziehungen zu den contrahirenden Firmen der Direction als Mitglied ohne votirende Stimme angehören).

BANQUIERS: Herren Barclay, Bevan, Tritton, Twells & Co. in London. Die General-Agentur Delbrueck Leo & Co. in Berlin.

SYNDICI: Herren Wilson, Bristows & Carpmael, Solicitors, 1 Copthall Buildings, London.

SECRETAIR: Herr W. Weaver. Secretair der Electric and International-Telegraph-Company.

BUREAUX: vorläufig No. 3 Great George Street, Westminster, S. W. London.

Der Zweck der Gesellschaft ist die Herstellung einer directen und unabhängigen Telegraphenlinie über Land zwischen England und Indien. Die projectirte neue Linie bildet zugleich eine Verbindung Europa's mit Asien und wird von London durch die Nordsee, Preussen, Südrussland und Persien gehen und von da aus die Linien der Indischen Regierung nach Indien benutzen.

Ausschliessliche Concessionen sind den Herren Siemens Brothers in London und den Herren Siemens & Halske in Berlin und Petersburg zu diesem Behufe von der Preussischen, Russischen und Persischen Regierung eingeräumt worden: dieselben sind auf einen Vertrag zwischen der Russischen und Preussischen Regierung (datirt St. Petersburg $\frac{\text{19. April}}{\text{1. Mai}}$ 1867) begründet und sind auf 25 Jahre, von der Eröffnung der Linien an gerechnet, gewährt.

Die Concessionaire haben einen Vertrag mit der Reuterschen Telegraphen-Gesellschaft und der Electric and International-Telegr.-Comp. für die ausschliessliche Benutzung von einem und wenn nöthig zwei Dräthen zwischen London und Norderney geschlossen, durch welchen zugleich die werthvolle Mithülfe der letzteren Gesellschaft für die Annahme und Ausgabe von Indischen und anderen Telegrammen gesichert ist.

Die Concessionaire erbieten sich, obige Concessionen und Verträge der Actiengesellschaft gegen 1/5 desjenigen Netto-Ueberschusses abzutreten, welcher sich in jedem Jahre herausstellen wird nachdem eine Dividende von 12 % auf das eingezahlte Capital an die Actionaire vertheilt ist.

Die Concessionaire erbieten sich, die oben beschriebene Telegraphen-Verbindung nach Indien für eine Summe von £ 400,000 vollständig herzustellen und sie nach ihrer Herstellung für den jährlichen Betrag von £ 34,000 im Stande zu erhalten. Die Linie durch Norddeutschland wird von der Preussischen Regierung auf ihre eigenen Kosten hergestellt.

In diesem Anerbieten der Concessionaire ist ausgesprochen, dass die Landlinien, welche sie herzustellen haben, hauptsächlich mit eisernen Pfählen versehen sein sollen, ausgenommmen in Theilen des Europäischen Russlands, wo gutes Holz reichlich vorhanden ist und sich als dauerhaft erwiesen hat.

Ein unterseeisches Kabel von ungefähr 200 Engl. Meilen wird durch das schwarze Meer gelegt, um die Circassischen Gebirge zu umgehen, wo die bestehenden Linien der Unterbrechung durch Schnee ausgesetzt sind. Die unterseeische Linie wird eine dritte Leitung für die innere Russische Correspondenz enthalten, deren Einnahmen der Actien-Gesellschaft gehören werden.

Die Herren Siemens sind in jeder Weise für die Ausführung der Arbeiten qualificirt, da sie eine bedeutende Erfahrung im Telegraphenwesen besitzen und ausgedehnte Linien im Russischen Reiche sowohl errichtet als während eines Zeitraums von 12 Jahren gegen bestimmte Jahresbeträge unterhalten haben. Sie haben ein vortrefflich organisirtes Beamten-Personal, das mit den betreffenden Landessprachen und Gebräuchen vertraut ist, zur Ausführung der beabsichtigten Linie in Bereitschaft, und ihre verantwortliche Mitwirkung für die Zwecke der Actien Gesellschaft ist durch eine Clausel der Russischen Concession sichergestellt, wonach sie verpflichtet sind, mit 1/5 des Actien-Capitals betheiligt zu bleiben. Die Concessionen enthalten die Bestimmung, dass nach ihrem Erlöschen neue Abkommen mit den concessionirenden Regierungen über den ferneren Betrieb der Anglo-Indischen Linien getroffen werden müssen. Sollte mit der Russischen resp. der Persischen Regierung keine Vereinbarung zu Stande kommen, so werden die durch die betreffenden Länder gehenden Linien (d. h. nicht deren Vermehrungen oder Ausdehnungen) in die Hände derselben ohne Ersatz übergehen.

In den Gesellschafts-Statuten ist festgesetzt, dass jährlich die Summe von £ 10,000 von den Netto-Ueberschüssen vorweg genommen und dadurch ein Reservefond gebildet werden soll, um das Capital für den Fall zu ersetzen, dass nicht mittlerweile fernere Abmachungen mit den betreffenden Regierungen zu Stande gekommen wären.

Den Gesellschafts-Statuten sind Briefe des Auswärtigen Amtes und des Indischen Departements der Englischen Regierung beigefügt, welche Zusicherungen der Unterstützung enthalten und sich auf die projectirte Indische Regierungs-Telegraphen-Linie zum Anschluss an das Persische Meerbusen-Kabel beziehen. Nach den Ausweisen des Indischen Amtes betrug die Durchschnittszeit von Telegrammen zwischen London und Bombay via Türkei im Jahre 1867 über fünf Tage und es ist bekannt, dass dieselben sehr häufig verstümmelt und fast unverständlich ankommen. Dies wird bei einer getheilten Verwaltung und der häufigen Uebertragung Indischer Depeschen durch Beamte verschiedener Nationalitäten unvermeidlich sein, während auf der neuen Linie zwischen London und Teheran eine directe und ununterbrochene Verbindung mit rein mechanischer Uebertragung auf einigen Zwischenstationen, die Gefahr des Irrthums auf ein Minimum reduciren wird . . .

Zur Annahme von Zeichnungen und der ersten Einzahlung sind auch bevollmächtigt:

General-Agentur DELBRUECK, LEO & CO. in Berlin,
L. KNOOP in ST. PETERSBURG,
JOH. BERENBERG GOSSLER & CO. in HAMBURG,
H. H. MEIER & CO. in BREMEN,

bei welchen die späteren Einzahlungen auf die durch sie ausgegebenen Actien ebenfalls geleistet weren können.

Wir laden demzufolge zur Betheiligung ein, werden Zeichnungen

vom Dienstag, den 14. April

an, in den gewöhnlichen Geschäftsstunden entgegennehmen und das einzuzahlende 1 £ pr. Actie zum kurzen Londoner Course (6 Thlr. 26 Sgr.) berechnen.

Berlin, 9. April 1868.

General-Agentur Delbrueck, Leo & Co.
Tauben-Strasse 30.

Anlage Nr. 6

Verhandelt Berlin den vierundzwanzigsten August 1867

Gesellschaftsvertrag

Der am 1ten Januar 1855 zwischen Dr. Werner Siemens, J. G. Halske und Carl Siemens, als Inhaber der Firma Siemens & Halske in Berlin eingegangene Gesellschaftsvertrag wird mit Ende dieses Jahres aufhören, indem Herr J. G. Halske als dann zu Folge Auseinandersetzungsvertrags vom 23ten dieses Monats aus gedachter Firma ausscheiden wird. Ebenmäßig wird der zwischen Dr. Werner Siemens und Wilhelm Siemens am 31ten December 1866 eingegangene Gesellschaftsvertrag bezüglich der Londoner Firma Siemens brothers am 31ten December dieses Jahres seitens der beiden Theilnehmer aufgehoben werden. Die übrigen beiden Theilnehmer der Firma Siemens & Halske in Berlin Dr. Werner Siemens und Carl Siemens einerseits sowie Dr. Werner Siemens & Wilhelm Siemens als Inhaber der Firma Siemens brothers in London andererseits, beziehungsweise Dr. Werner Siemens, Wilhelm Siemens und Carl Siemens persönlich, haben sich heute über die folgenden Bestimmungen eines zwischen ihnen einzugehenden Gesellschaftsverhältnisses geeinigt.

§ 1

Die drei obengenannten Contrahenten werden die bisher unter den Firmen Siemens & Halske in Berlin und Siemens brothers in London geführten Fabrikations und Handels-Geschäfte für gemeinsame Rechnung übernehmen und fortführen und zwar soll dieses Gesellschaftsverhältnis am 1ten Januar 1868 beginnen und zwölf Jahre lang, also bis zum 31ten December 1879 fortdauern.

§ 2

Die Berliner Firma, in welche Wilhelm Siemens eintritt und die Londoner Firma, in welche Carl Siemens eintritt, sollen unverändert bleiben. Das Petersburger Geschäft der Firma Siemens & Halske wird Ende dieses Jahres liquidirt und die an Stelle desselben in St. Petersburg zu begründende Commandit Gesellschaft wird Filiale des Berliner Geschäfts.

§ 3

Das Londoner Geschäft wird von Wilhelm Siemens, das Berliner Geschäft von Werner Siemens selbständig geleitet werden. Carl Siemens wird vorläufig für die Dauer von zwei Jahren seinen Wohnsitz in Tiflis nehmen und der Anlage der indischen Linie durch Rußland und Persien, sowie der Einrichtung des Betriebes derselben seine Kräfte widmen. Nach Ablauf dieser Zeit wird Carl Siemens in London oder in Berlin seinen Wohnsitz nehmen, je nachdem das Geschäftsinteresse das eine oder das Andere verlangt und wird sich daselbst an der Geschäftsleitung betheiligen.

§ 4

Das bisher von Siemens & Halske in Berlin und Wilhelm Siemens in London separat geführte Wassermesser Geschäft, wird Ende dieses Jahres als solches aufgehoben und den respectiven Social Geschäften vereinigt. Der hierfür in Berlin angesammelte Reservefond wird alsdann unter die seitherigen Theilnehmer desselben vertheilt.

§ 5

Zur Feststellung der Antheilsverhältnisse der Associés an dem Gesammtgewinn werden die Gewinn und Verlust Conten, sowie die Capital Conten des Londoner und Berliner Geschäfts vereinigt und in besonderen Büchern in Berlin geführt unter dem Titel „Gesammtgeschäft von Siemens & Halske in Berlin und Gebrüder Siemens in London".

§ 6

Ueber neue Unternehmungen, welche wesentliches Risico herbeiführen oder ein größeres Capital als bisher im Geschäfte thätig war beanspruchen die beiden Geschäfte Siemens & Halske in Berlin und Siemens brothers in London sich vorher zu verständigen.

§ 7

Werner und Carl Siemens sind berechtigt das bisher mit Walter Siemens geführte nicht telegraphische Geschäft unter der Firma Gebrüder Siemens in Tiflis für ihre Separat Rechnung fortzuführen. Ebenso ist Wilhelm Siemens berechtigt sein unter der Firma C. W. Siemens in London und Paris geführtes Ingenieur Geschäft auf alleinige Rechnung weiter zu betreiben. Andere eine persönliche Thätigkeit oder Capital Risico bedingende Geschäfte auf alleinige Rechnung zu führen, ist ohne ausdrückliche Zustimmung der anderen Theilnehmer keinem Mitinhaber des Geschäftes Siemens & Halske und Siemens brothers gestattet.

§ 8

Gewinn und Verlust des Gesammt Geschäftes wird unter die Theilnehmer in folgendem Verhältniß vertheilt; Werner Siemens 40 Wilhelm Siemens 35 und Carl Siemens 25. Würde wie vorerwähnt Carl Siemens demnächst nach Berlin oder London übersiedeln, so bleibt die Verständigung über eine angemessene Erhöhung seiner Antheilsquote vorbehalten.

§ 9

Sollte ein jährlicher Gesammt Abschluß der beiden Geschäfte Siemens & Halske und Siemens brothers Verlust ergeben, so wird derselbe den Capital Conten des Gesammt Geschäftes aus dem Gewinne des oder der nächstfolgenden Jahre versetzt, so daß also erst der Ueberschuß des letzteren über den früheren Verlust als bleibender Gewinn betrachtet wird und als solcher zur Vertheilung kommt.

§ 10

Wird einer der Theilnehmer Invalide oder wünscht er auszutreten aus anderen Gründen, so steht ihm der Austritt frei. Er muß jedoch in diesem Falle 2 / 3 seines im Geschäft befindlichen Capitals in demselben bis zum Ablauf dieses Contractes als Darlehn belassen. Er erhält dagegen für dieses Capital 5 % jährlicher Zinsen, — zu welchem Zinsfuße überhaupt alle im Geschäft befindlichen Capitalien der Theilnehmer denselben verzinst werden — sowie außerdem die Hälfte des Gewinnantheils, welchen er bis dahin als Theilnehmer bezog. Dasselbe Verhältniß findet im Falle des Todes eines der Theilnehmer bezüglich der Erben desselben statt.

§ 11

Alle den vorstehenden Bestimmungen widersprechenden Abmachungen und Vereinbarungen der Contrahenten unter sich oder mit dritten Personen werden hierdurch per 1ten Januar 1868 aufgehoben, beziehungsweise wird von den betreffenden Conrahenten hierdurch versprochen deren Aufhebung per 1ten Januar 1868 für ihre Rechnung bewirken.

V. g. u.

Dr. Werner Siemens C. W. Siemens Carl Siemens

Als Zeugen der untenstehenden drei eigenhändigen Unterschriften

Berlin d. 24 August 1867

Friedr. Crome Dr. G. Willert

Nachtrag zu dem am 24ten August 1867 zu Berlin zwischen Werner, Wilhelm und Carl Siemens abgeschlossenen Gesellschafts Vertrage.

Nachdem Carl Siemens in Gewissheit des § 8 genannten Vertrages von Tiflis zurückgekehrt und sich seit dem 1ten Januar 1870 an der Leitung des Londoner Geschäfts betheiligt, so wurde beschlossen, seinen Antheil am Gewinn und Verlust des Gesammtgeschäfts von Siemens & Halske und Siemens brothers vom 1ten Januaar 1870 an gerechnet um fünf Procent zu erhöhen und zwar zu Lasten von Wilhelm Siemens, dessen Antheil dadurch um einen gleichen Procentsatz erniedrigt wird. Es stellen sich demnach die Antheile der drei Contrahenten wie folgt: Werner Siemens vierzig, Wilhelm Siemens dreissig und Carl Siemens dreissig Procent.

Vorgelesen, genehmigt und unterschrieben zu London den
16ten Mai 1871.

Dr. E. Werner Siemens C. Wilhelm Siemens

Carl Siemens

Anlage Nr. 7

(Auszug)

THE

DIRECT UNITED STATES CABLE COMPANY,

LIMITED.

Directoren.

EDWARD HARBORD LUSHINGTON, Esq., Vorsitzender.
VISCOUNT BURY, K.C.M.G., Stellvertretender Vorsitzender.
CHARLES JOHN GÜNTHER, Esq.
CHARLES MEARA, Esq.
JOSEPH SEBAG, Esq.

Geschäftsführender Director.

G. von CHAUVIN, Esq., M.S.T.E.

Secretär.

CHARLES S. CLARKE, Esq.

BERICHT

Zur Vorlage in der am Dienstag den 28ten März 1876, um 12 Uhr Mittags präcise, in dem City Terminus Hotel, Cannon Street, London, E.C., abzuhaltenden Generalversammlung der Actionäre der Gesellschaft.

... Die Linie der Gesellschaft wurde am 15. Sepember 1875 fertig und dem öffentlichen Verkehre übergeben. Am 27. desselben Monats wurde sie unterbrochen, jedoch durch den „Faraday" am 5. November wieder hergestellt.

Kaum war der „Faraday" nach England zurückgekehrt, als die Linie am 10. December v.J. wiederum unterbrochen wurde. Sie wurde am 10. Januar 1876 wieder hergestellt und für den Betrieb eröffnet.

Am 23. Januar 1876 wurde die Linie zum dritten Mal unterbrochen und am 1. März 1876 wieder hergestellt, und die ganze Linie ist gegenwärtig, so wie sie es von Angang an war, in vollkommenem Zustande, sowohl in electrischer als mechanischer Hinsicht.

Die beiden ersten Unterbrechungen fanden in der Section zwischen Irland und Nova Scotia statt, die letzte in der Section von Nova Scotia nach New Hampshire.

Alle drei Brüche fanden in Theilen des Kabels statt, welches im Sommer 1874 gelegt worden ist, ferner in Tiefen von 70 — 100 Faden, und in Entfernungen von 80 bis 100 Meilen von der nächsten Küste. Während der Fischerei-Saisons in 1874 und 1875, und des dazwischen liegenden Winters, blieb das Kabel unberührt und unbeschädigt.

Mit Hinblick auf diese Thatsachen und das ausserordentliche Zusammentreffen, dass jede Unterbrechung so kurze Zeit nach der Rückkehr des „Faraday“ stattfand, und dass gleichzeitig falsche Gerüchte bezüglich der Güte des Kabels verbreitet wurden, fühlten sich die Directoren veranlasst, Sir William Thomson, F.R.S., und Mr. F. J. Bramwell, F.R.S., zur Untersuchung der Umstände, welche zu den ersten beiden Unterbrechungen führten, und zur Abgebung ihres Gutachtens über den Zustand des Eigenthums der Gesellschaft im Allgemeinen, aufzufordern.

Der von diesen beiden bedeutenden Ingenieuren gelieferte Bericht ist den Actionären in extenso zugesandt worden. Die Directoren erlauben sich jedoch die Aufmerksamkeit der Actionäre speciell auf die folgenden Auszüge lenken.

Erstens. — Mit Bezug auf die Ursache der Unterbrechungen: —

„Selbst auf die Gefahr hin, uns zu wiederholen, erachten wir es für gerathen, definitif „zu constatiren, dass unsere Experimente und „Untersuchungen des Kabels uns überzeugt „haben, dass es von ungemein starker Beschaffenheit ist, dass es ferner während eines „Zeitraumes von ungefähr 1 1/2 Jahren seit seiner Legung nicht die geringste Veränderung „in der See erlitten hat, und dass die Brüche durch gewaltsame Anwendung eines Werk- „zeuges verursacht worden sind, und nicht dadurch, dass es schwächer geworden ist, „oder in irgend einer Weise gescheuert oder abgerieben ist, noch dadurch, dass es von „einem dieser Einflüsse gelitten hat.“

Zweitens. — Mit Bezug auf die Güte des Kabels: —

„Die scrupulöse Sorgfalt, welche angewandt worden ist, auch den geringfügigsten Fehler „aus dem Kabel zu entfernen, ist der Hauptgrund der Verzögerung der Vollendung des „Kabels gewesen.

„Dieser Verzug war jedoch nicht nutzlos; denn den Vorsichtsmaassregeln, welche die „Vollendung der Legung hinausschoben, ist die ausserordentlich vollkommene electri- „sche Beschaffenheit des Kabels, wie es jetzt liegt, zu verdanken.

„Wir sind der Ansicht, dass die Unternehmer alle Anerkennung für die unermüdliche „Beharrlichkeit verdienen, mit der sie, — gleichviel wie gross immer die Tiefe des „Meeres, wie geringfügig auch der Fehler, — nichts unvollkommen liessen, und für die „vorzüglichen Mittel, an Material sowohl als an Personal, mit welchen sie ihre Opera- „tionen, oft im schlechtesten Wetter, und zum grossen Theile im Winter, ausgeführt „haben, und für den Erfolg, den sie schliesslich erreicht haben, der Gesellschaft ein „durchaus vollkommenes Kabel zu geben.“

Nachdem dieser Bericht gemacht war, haben die Directoren von ihrem Vertreter an Bord des „Faraday“ ein Telegramm erhalten, worin er ihnen mittheilt, dass die beiden Enden des Bruches vom Januar 1876 zu Tage gefördert worden sind, und dass sie unbedingt zeigen, dass das Kabel unversehrt zur Oberfläche gebracht und dann mit einer Axt oder einem Beil durchgehauen sein muss.

Obgleich ein Reparatur-Schiff mit nöthiger Ausrüstung und Beamtenpersonal sehr kostspielig ist, so sind die Directoren doch überzeugt, dass nach dem was vorgefallen ist, diese Ausgabe nicht vermieden werden kann. Bis zum Abschlusse der augenblicklich für ein Reparatur-Schiff im Gange befindlichen Verhandlungen haben die Herren Siemens Brothers den „Faraday“ mit einem competenten Personal und allen nöthigen Apparaten zur Verfügung der Gesellschaft gestellt, und zwar zu einem Preise, welchen die Directoren für sehr vortheilhaft für die Gesellschaft halten . . .

(gez.) Ed. H. LUSHINGTON,
Vorsitzender.

PALMERSTON BUILDINGS,
OLD BROAD STREET, LONDON, E.C.,
10. März 1876.

Anlage Nr. 8

Zwischen den Herren Dr. Ernst Werner Siemens zu Berlin, Dr. Carl Wilhelm Siemens zu London und Carl Heinrich Siemens zu St. Petersburg ist der nachstehende Gesellschafts-Vertrag vereinbart und errichtet worden.

§ 1

Der zwischen Dr. Werner Siemens, Dr. Wilhelm Siemens und Carl Siemens zur Zeit bestehende Gesellschafts-Vertrag vom 24. August 1867 nebst Nachtrag vom 16. Mai 1871 tritt mit dem 31. December 1880 außer Kraft.

§ 2

Dr. Werner Siemens, Dr. Wilhelm Siemens und Carl Siemens haben sich über die folgenden Bestimmungen geeinigt, unter welchen ihr Societäts-Verhältnis vom 1. Januar 1881 ab fortgesetzt werden soll.

§ 3

Die drei Contrahenten werden das bisher unter der Firma Siemens & Halske mit der Hauptniederlassung Berlin und den bestehenden Zweigniederlassungen in Charlottenburg, Petersburg und Wien und unter der Firma Siemens Brothers in London mit der Zweigniederlassung in Paris geführte Fabrications-Geschäft für gemeinschaftliche Rechnung weiter betreiben.

Die Petersburger Filiale der Gesellschaft wird vom 1. Januar 1881 ab wiederum als eine selbständige für sich abrechnende Unternehmung, als welche sie bis zum 31. December 1867 bestanden hat, für gemeinschaftliche Rechnung der drei Contrahenten fortgeführt werden.

Das von den Contrahenten in London bisher unter der Firma Siemens Brothers betriebene Fabricationsgeschäft wird am 1. Januar 1881 in eine Actien-Gesellschaft unter der Firma:

„Siemens Brothers & Co limited“

umgewandelt werden, an welcher die drei Contrahenten, den Statuten dieser Actien-Gesellschaft gemäß, als persönliche Actionaire nach dem unten (§ 7) festgesetzten Verhältniß betheiligt sind.

§ 4

Das Berliner Geschäft der Gesellschafter sammt seinen Zweigniederlassungen wird von Dr. Werner Siemens, das Petersburger Geschäft sammt seinen etwaigen Zweigniederlassungen von Carl Siemens selbständig geleitet. Dr. Wilhelm Siemens wird als Chairman des Board of Directors die Leitung der Londoner Actien-Gesellschaft führen.

Ueber das unter Leitung des Londoner Geschäftes in Paris auf gemeinschaftliche Rechnung unter der Firma Siemens frères geführte Geschäft und die ebenfalls auf gemeinsame Rechnung, unter Leitung des Londoner Geschäfts, betriebene Verwerthung der Patente beider Firmen in Nordamerika findet eine besondere Vereinbarung der Berliner mit der Londoner Firma statt.

§ 5

Jeder der Socien ist berechtigt, Namens der von ihm speciell geleiteten Unternehmungen alle Handlungen vorzunehmen, welche der gewöhnliche Betrieb des Fabrik- und Handelsgewerbes der Gesellschaft mit sich bringt. Ueber solche neue Unternehmungen, welche ein ungewöhnliches Risico herbeiführen, oder ein größeres als das bisher im Geschäft thätige Capital beanspruchen, muß eine vorgängige Verständigung aller drei Gesellschafter stattfinden.

§ 6

Jedem der Contrahenten ist gestattet, andere, eine persönliche Thätigkeit oder auch ein Capital-Risico bedingende Geschäfte auf alleinige Rechnung zu betreiben, insoweit solche Geschäfte nicht mit einer der auf gemeinschaftliche Rechnung geführten gewerblichen Unternehmungen direct concurriren.

§ 7

Gewinn und Verlust der Gesellschaft werden unter die Socien dergestalt vertheilt, dass entfallen auf:

	bei dem		
	Berliner Geschäft nebst Filialen	Londoner Geschäft	Petersburger Geschäft
Dr. Werner Siemens	50 %	35 %	35 %
Dr. Wilhelm Siemens	25 %	45 %	20 %
Carl Siemens	25 %	20 %	45 %

Um eine entsprechende Gewinn- und Verlust-Betheiligung in Betreff der Londoner Actien-Gesellschaft zu bewirken, werden die drei Contrahenten sich in der vorstehenden Reihenfolge an dieser Gesellschaft durch Actien-Zeichnung im Verhältnis von

35 45 und 20

betheiligen.

§ 8

Vor Festsetzung der Tantiemen an Beamte werden von allen im Geschäft befindlichen Betriebs-Capitalien der Contrahenten dem Eigentümer fünf Procent jährlich zu Lasten der Gesellschaft gutschrieben.

§ 9

Das bisher geführte „Gesammtgeschäft“ der Firmen Siemens & Halske und Siemens Brothers hört mit dem 31. December 1880 auf.

Anstatt dieses „Gesammtgeschäfts“ wird vom 1. Januar 1881 ab eine gemeinsame Capital-Verwaltung, mit dem Sitze in Berlin eingerichtet. Dieselbe ist bestimmt, den in den Geschäften der Contrahenten jeweilig unbenutzten Kapitalbestand zinstragend aber derartig unterzubringen, dass einem Kapitalbedürfnisse eines der Contrahenten oder des von ihm speciell geleiteten Geschäftes jederzeit schnellstens genügt werden kann.

Die Einzelheiten dieser Kapital-Verwaltung werden durch besondere Uebereinkunft der Contrahenten geregelt.

§ 10

Die Contrahenten sind damit einverstanden, daß die Söhne des Dr. Werner Siemens, der Sohn des Herrn Carl Siemens und eine von Dr. Wilhelm Siemens zu designirende Persönlichkeit demnächst als Theilhaber in das von ihrem Vater resp. von Dr. Wilhelm Siemens geführte Geschäft aufgenommen werden. Diese Aufnahme muß erfolgen, sobald der Vater des Aufzunehmenden bezw. Dr. Wilhelm Siemens hinsichtlich der von ihm zu wählenden Person sie verlangt.

Sie kann so lange versagt werden, als der Aufzunehmende sein 28tes Lebensjahr noch nicht vollendet hat.

Jeder hiernach eintretende jüngere Theilnehmer soll an Gewinn und Verlust der betreffenden Geschäfte bis zum Ablauf dieses Contracts betheiligt werden. Die Höhe dieses Antheils hat der Vater beziehungsweise Dr. Wilhelm Siemens zu bestimmen und wird demnächst der eigene Antheil desselben an dem von ihm geführten Geschäfte um den dem jüngeren Theilnehmer bewilligten Antheil vermindert.

§ 11

Die Dauer dieses Vertrages wird zunächst auf die 6 Jahre vom 1. Januar 1881 bis 31. December 1886 festgesetzt.

Der Vertrag gilt als auf ein weiteres Jahr verlängert, sofern er nicht spätestens sechs Monate vor seinem Ablaufe von einem der Contrahenten schriftlich gekündigt ist.

Gleiche stillschweigende Verlängerung, allemal auf ein Kalenderjahr, tritt auch im weiteren Laufe des Vertragsverhältnisses ein, sofern nicht Kündigung mit sechsmonatlicher Frist stattgefunden hat.

§ 12

Im Falle des Ablebens eines der Contrahenten während der nach § 11 geordneten Vertragsdauer treten die Erben des Verstorbenen hinsichtlich ihrer Betheiligung an Gewinn und Verlust zunächst bis zum Ablauf der Vertrags-Periode in alle Rechte und Pflichten ihres Erblassers ein. Falls der Erblasser nicht letztwillig, nach vorher eingeholter Genehmigung der übrigen Socien, Bestimmung über die Geschäftsführung bis zum Vertrags-Ende getroffen hat, haben die Erben einen Vertreter für die Geschäftsführung zu wählen, welche Wahl der Bestätigung der übrigen Socien bedarf. Mit dem Ablauf dieser Periode werden sie berechtigt, dasjenige Geschäft, welches unter der selbstständigen Leitung ihres Erblassers stand (§ 4), für alleinige Rechnung dergestalt zu übernehmen, daß sie den Mitcontrahenten deren bilanzmäßigen Guthaben auszahlen und das bilanzmäßige Guthaben ihres Erblassers aus den übrigen Geschäften empfangen.

Machen die Erben von diesem Rechte keinen Gebrauch, so sind sie gehalten, den Mitcontrahenten ihres Erblassers dessen Geschäftsantheil gegen Herauszahlung ihres Guthabens abzutreten.

Bei allen hieraus entstehenden Abrechnungen müssen die Actien des Londoner Unternehmens zum Pari-Course in Zahlung genommen und gegeben werden. Das Rechtsverhältnis der überlebenden Socien wird durch den Tod eines der Contrahenten im Uebrigen nicht berührt.

Die Gewinn- und Verlust-Betheiligung erfolgt hinsichtlich der auf gemeinschaftliche Rechnung fortgehenden Geschäfte pro rata der in § 7 festgestellten Quoten.

§ 13

Im Falle der Kündigung dieses Societäts-Vertrages steht es nach gleichen Grundsätzen (§ 12) jedem Contrahenten frei, das von ihm speciell geleitete Geschäft (§ 4) für alleinige Rechnung zu übernehmen, indem er den übrigen Gesellschaftern ihr bilanzmäßiges Guthaben aus diesem Geschäft herauszahlt und sein bilanzmäßiges Guthaben aus den übrigen Geschäften empfängt. Macht er von diesem Rechte keinen Gebrauch, so ist er gehalten, den Mitcontrahenten seinen Geschäftsantheil gegen Herauszahlung seines Guthabens abzutreten. Auch hierbei müssen die Actien des Londoner Unternehmens zum Pari-Course in Zahlung genommen und gegeben werden.

§ 14

Sofern in den Fällen der §§ 12 und 13 von den dort vereinbarten wechselseitigen Rechten kein Gebrauch gemacht wird, tritt Auflösung und Liquidation der Gesellschaft ein.

Berlin, den 21. December 1880

Dr. Ernst Werner Siemens

London, den 28. December 1880

C. William Siemens

St. Petersburg, den 30. December 1880

Carl Heinrich Siemens

Im Vorgehenden ist unter dem Ausdruck „Londoner Geschaeft" der Antheil in Actien verstanden, welcher den drei Socien als Actionairen der Gesellschaft „Siemens Brothers & Co Limited" gehört.

Berlin, den 21. December 1880

Dr. Ernst Werner Siemens

London, den 28. December 1880

C. William Siemens

St. Petersburg, den 30. December 1880

Carl Heinrich Siemens

Anlage Nr. 9

Vertrag zwischen Dr. Werner von Siemens und H. L. Löffler.

1) Herr Johann Ludwig Löffler verkauft und Dr. Ernst Werner von Siemens kauft von ihm zum Preise von £ 85. —per Aktie und zu den nachstehend angegebenen Bedingungen 600 (sechshundert) Aktien von je £ 100 in Siemens Brothers & Co Ltd. auf welche je £ 85 per Aktie eingezahlt sind.

2) Diese Aktien sind sofort seitens des H. Löffler auf H. Dr. Werner von Siemens zuu übertragen und seitens H. Dr. von Siemens wie folgt zu bezahlen nämlich Dr. von Siemens wird einen Credit bei Siemens Bros. & Co Ltd. für den Betrag des Kaufgeldes eröffnen kraft welches das letztere auf den Büchern der Compagnie dem H. Dr. Werner von Siemens debitiert und dem H. Löffler pr. 1. Januar 1888 creditiert werden wird, und nimmt H. Löffler die Zahlungsverbindlichkeit der Compagnie für den Betrag an Stelle von Barzahlung an; es soll indessen die Compagnie nicht verpflichtet sein, Barzahlung vor Ablauf von drei Monaten vom Tage dieses Vertrages gerechnet zu leisten während Dr. von Siemens das Recht haben soll, dem H. Löffler zu irgend einer Zeit nach geschehenen dreimonatlichen Notice das Kaufgeld in bar auszuzahlen und dadurch die zu seinen Lasten gebuchte Summe aus den Büchern der Compagnie zu löschen. Der Kauf schließt die Berechtigung ein zu allen Dividenden des Jahres 1888, während das Kaufgeld andererseits zu 5 % p. a. vom 1. Januar 1888 ab zu verzinsen ist und sollen die genannten Zinsen dem H. Dr. Werner von Siemens auf den Büchern der Gesellschaft und H. Löffler ebendaselbst für dieselben erkannt werden.

3) Dieser Verkauf läßt 653 Aktien auf Löfflers Namen stehen, von welchen, falls H. Löffler den H. Dr. von Siemens dazu auffordern sollte, der Herr Dr. von Siemens sich verpflichtet, ihm sechshundertfünfundzwanzig weitere Aktien, numeriert 1 bis 625, zum gleichen Preise abzukaufen, und soll ein Verkauf in dem Falle als am 1. Januar 1891 geschehen, zu welcher Zeit diese Aktien seitens des H. Löffler auf H. Dr. von Siemens zu übertragen, und seitens H. Dr. von Siemens dem H. Löffler in bar zu bezahlen sein werden. Sollte die Compagnie aus irgend einer Ursache vor dem genannten Tage liquidieren, sei es für den Zweck einer Umwandlung oder behufs anderweitiger Zwecke, so soll der Zeitpunkt an welchem H. Löffler die Vollziehung des Kaufes verlangen darf, der Tag sein welcher dem Liquidationsbeschlusse der Compagnie unmittelbar vorangeht. Auf der anderen Seite soll, falls Dr. von Siemens zu irgend einer Zeit vor oder am 1. Januar 1891 es wünschen sollte, H. Löffler ihm die letzterwähnten sechshundertfünfundzwanzig Aktien numeriert 1 bis 625 zum selbigen Preise verkaufen und die Vollziehung des Kaufes in diesem Falle wie in dem vorgenannten am 1. Januar 1891 oder an dem der Liquidationserklärung der Compagnie vorhergehenden Tage je nachdem dieses der Fall sein sollte, stattfinden, und sollen dann diese Aktien seitens des Dr. von Siemens dem H. Löffler in bar bezahlt werden.

4) Unterdessen, bis zur Vollendung des Kaufes, soll H. Löffler alle auf diese Aktien zahlbar werdenden Dividenden empfangen, welche als Gewinn seitens der Compagnie bis zum Tage der Vollziehung des Kaufes realisiert worden sein werden.

5) Sollten irgend welche Einzahlung oder Einzahlungen (calls) gemacht werden, so wird H. Löffler dieselben vorschießen und soll sich der am 1. Januar 1891 zu zahlende Preis um die bez. eingezahlten Summen, welche er auf diese Aktien entweder entfallen oder für welche H. Löffler über die jetzt eingezahlten £ 85 persönlich verantwortlich sein mag, erhöhen.

6) Die Rechnungen der Compagnie sollen, so lange H. Löfflers Berechtigung zur Empfangnahme von Dividenden andauert, auf der bisher in Kraft gewesenen Basis weitergeführt werden das heißt nach Abschreibung von ebensoviel und nicht mehr als bisher abgeschrieben worden ist, und ohne daß aus dem Gewinn der Compagnie etwas für einen Reservefond bei Seite gestellt wird, sodaß alle wirklichen Gewinne der Compagnie in der Gestalt von Dividenden zur Verteilung gelangen. Sollte indessen tatsächlich ein Reservefond gebildet werden, so soll der für diese Aktien zu zahlende Kaufpreis um einen das Aquivalent derjenigen Summe darstellende Betrag erhöht werden, welcher an die Aktieninhaber gezahlt werden würde, wenn der gesamte Reservefond unter die Mitglieder der Compagnie als Dividende zur Verteilung gelangte.

7) Für den Zweck der Feststellung der von H. Löffler zu empfangenden Dividenden sollen wie bisher Abschlüße per 31. Dezember eines jeden Jahres gemacht und ebenso soll im Falle der Liquidation der Compagnie und wenn H. Löffler seitens des Herrn Dr. von Siemens die Übernahme der Aktien verlangen sollte, der bis zum Tage des Eintritts der Liquidation gemachte Gewinn vermittelt werden und soll den H. Löffler in jedem dieser Fälle der auf seine Aktien entfallende Betrag ausgezahlt werden.

8) Herr Löffler resigniert seine Stellung als Managing Director unmittelbar nach Vollziehung des Kaufes der obengenannten sechshundert Aktien.

9) Vorbehaltlich des Art. 11 soll H. Löffler berechtigt sein das Amt eines Directors der Compagie bis zum 1. Januar 1891 zu bekleiden und soll während dieser Zeitperiode unabsetzbar von dem Amte eines Directors sein so lange er Eigentümer von wenigstens 100 Aktien der Compagnie bleibt.

10) Herr Löffler wird die ihm bisher als Managing Director gewordene Remuneration nicht länger empfangen, soll aber zum Empfang solcher Summen in Gestalt einer speziellen Remuneration berechtigt sein, welche 17 % der von der Compagnie auf alle oder irgendwelche Contracte für Lieferung, Anfertigung, Legung oder Reparatur submariner Kabel zu machenden Gewinne gleichkommen, vorausgesetzt, daß er in der Ausführung solcher Contracte bis zum 31. December 1890 mitgewirkt oder zu deren Zustandekommen im Wege des Verhandelns er vor dem genannten Zeitpunkt beigetragen hat oder haben mag.

11) Solange als H. Löffler das Amt eines Directors der Compagnie bekleidet soll Niemand zum Chairman des Board of Directors oder der Compagnie ernannt werden ausgenommen Dr. Werner von Siemens oder H. Löffler selbst. Herr Löffler wird indessen das Amt eines Directors zu irgend einer Zeit niederlegen, sobald die Mehrheit der übrigen Mitglieder des Board dies wünschen sollte jemand anders als Dr. von Siemens oder H. Löffler zum Chairman des Board oder der Compagnie zu ernennen, und erklärt sich behufs dieses Zweckes H. Dr. von Siemens damit einverstanden, sollte der Fall eintreten, H. Löffler die Absicht jemand anders als Chairman in Vorschlag zu bringen, wenigstens drei Monate vor der Ausführung solcher Absicht kundgeben zu wollen.

12) Bei Abschluß dieses Vertrages und nachdem H. Löffler sein Amt als Managing Director niedergelegt haben wird, besteht die Absicht Herrn E. Kaiser zum Manager der Compagnie zu ernennen und wird H. Löffler demnach Herrn Kaiser bei seiner Ernennung seinen Rat und seine Erfahrung zur Verfügung stellen und ihn mit aller derjenigen Information versehen, welcher er bedürfen mag in Bezug auf die laufenden Geschäfte der Compagnie.

13) Herr Löffler erklärt sich bereit nicht nur keine Einwendungen zu machen sondern selbst, wenn erforderlich, seine Stimme zu Gunsten der Annahme seitens der Compagnie eines Vertrages zwischen der Compagnie und den Herren Siemens & Halske abzugeben, kraft welches an Stelle des § 6 des Vertrages vom 2. December 1880 zwischen Ernst Werner Siemens, Charles William Siemens und Carl Heinrich Siemens einerseits und der Compagnie andererseits, eine Clausel folgenden Inhalts gesetzt werden soll: „Die Firma Siemens & Halske in Berlin und zu St. Petersburg soll nicht, noch soll irgend einer der Teilhaber in der genannten Firma oder der genannten Firmen, so lange die Compagnie in England besteht und Geschäfte treibt, ein Zweiggeschäft oder Geschäft hierselbst errichten, welches mit demjenigen welches Siemens Bros. & Co Ltd. jetzt führen, in Concurrenz kommen dürfte; während andererseits Siemens Bros & Co Ltd. kein Zweiggeschäft oder Geschäft in Deutschland oder Rußland errichten sollten, welches mit demjenigen welches Siemens & Halske jetzt führen in Concurrenz kommen dürfte; die hierbei zu Grunde liegende Absicht ist der Art, daß Nichts fortab die Compagnie verhindern soll in England Aufträge aus Deutschland oder Russland auszuführen, noch daß Siemens & Halske verhindert sein sollen oder irgend einer ihrer Teilhaber daran verhindert sein, sich eines Patent-Agenten in England für Patentangelegenheiten oder für den Verkauf von Patenten zu bedienen.

14) Herr Löffler gibt seine Zustimmung zu der folgenden mit der Compagnie einer- und Siemens & Halske andererseits zu treffenden Abmachung bezüglich Patente, nämlich Siemens & Halske belassen die Compagie im Besitz aller derjenigen englischen Patente welche ihren Ursprung bei Siemens & Halske oder bei mit Siemens & Halske in Verbindung stehenden Personen haben und welche die Compagnie bereits übernommen oder benutzt hat, ohne dafür die Zahlung einer Royalty oder einer anderweitigen Entschädigung zu erhalten; ausgenommen hiervon bleibt das Elektrolytische Patent in Bezug auf welches ein besonderer Vertrag errichtet werden soll. Dagegen werden Siemens Bros & Co Ltd. wieder auf Siemens & Halske zurück übertragen irgendwelche Patente welche in den Vereinigten Staaten von Nordamerika genommen und von der Berliner Firma oder von mit ihr in Verbindung stehenden Personen ausgegangen sein mögen, soweit diese Patente jetzt unter der Kontrolle der Compagnie stehen; und entsagt die Compagnie aller Ansprüche oder Rechte auf Gewinne, welche vom Tage dieses Vertrages ab aus dem Verkauf oder anderweitiger Verwertung dieser Patente erwachsen sollten, oder zu welchen sie kraft irgend eines zwischen der Berliner Firma und der Londoner Compagnie bestehenden Vertrages berechtigt sein sollte.

15) Dr. von Siemens übernimmt es diese Abmachungen seitens seines Bruders H. Carl Siemens und H. Carl Siemens' Sohn und ebenso seitens Dr. von Siemens' eigener Söhne und seitens des Herrn Alexander Siemens ratifiziert zu erhalten und ferner das Versprechen derselben zu erlangen, zu Gunsten solcher Special- oder anderer Resolution stimmen zu wollen, welche erforderlich sein mögen um diese Abmachun-

gen rechtsbeständig zu machen; und verpflichten sich ferner die Teilnehmer an diesem Vertrage sofort einen Board-Beschluß herbeizuführen, kraft welches die Compagnie, soweit sie von diesem Vertrage betroffen wird, demselben beitritt und die Übertragung der erwähnten 1225 Aktien des H. Löffler auf H. Dr. von Siemens, oder im Falle seines Ablebens vor der stattgefundenen Übertragung derselben auf seine Rechtsnachfolger, willigt; und ferner willigt in die Übertragung der übrigen 28 Aktien des H. Löffler auf H. Alexander Siemens in Übereinstimmung mit einem zwischen H. Löffler und dem letztgenannten Herrn errichteten Vertrage, nach welchem H. Alexander Siemens die erwähnten Aktien sofort zum Preise von £ 85 übernimmt.

Die Teilnehmer an diesem Vertrage haben hierauf am Ersten Juni 1888 eigenhändige Unterschrift geleistet.

(gez.) Dr. Werner Siemens
(gez.) J. C. L. Löffler

Zeuge der Unterschrift
beider Parteien

(gez.) W. Walton
101, Leadenhallstreet

für vorstehende sinngetreue Übersetzung

(gez.) R. Charubin
London, E.C, 3. Juni 1888.

Anlage Nr. 10

Englische Elektrofirmen vor der Jahrhundertwende (1880 - 1900)

Gründung	*Name*
1880	Siemens Brothers & Co. Ltd., London and Woolwich.
1889	Parsons & Co., Heaton, Newcastle.
1888	Crompton & Co., Ltd., Chelmsford.
1889	The British Westinghouse and Manufacturing Co., Ltd., London.
1896	The British Thomson-Houston Co., Ltd., London and Rugby.
1896	Veritys Ltd., Aston, Birmingham.
1899	Brush Electrical Engineering Co., Ltd., Longhborough.
1899	Electric Construction Co., Ltd., Wolverhampton.
1900	General Electric Co., Ltd., London and Wilton.
1900	British Electric Plant Ltd., Alloa, Scotland.

Daneben gab es noch „nicht elektrische Firmen“, die sich jedoch elektrotechnische Fertigungen angegliedert hatten, z. B. Vickers, Clark Chapman & Co., seit 1892 eine Vertretung der AEG in London, sodann einige Spezialfirmen für Motoren, Transformatoren, Schaltzeug und Zähler.

Unter Benutzung von unveröffentlichten Aufzeichnungen von Carl Köttgen vom Verfasser zusammengestellt. SAA 47 / Lg 768.

Anlage Nr. 11

Geschäftsentwicklung der Firmen
Siemens Halske & Co., 1858 — 1864; Siemens Brothers, 1865 — 1880;
Siemens Brothers & Co., Ltd., 1881 — 1914.

Jahr	Gewinn in £	Dividende in %	eingez. Kap. in £	Bemerkungen, wichtige Ereignisse
1858	1.10.58 - 31.3.60:		1 500	Siemens Halske & Co. gegr.
1859	11 563			Rotes Meer Kabel
1860	5 184			Bruch mit Newall und Co.
1861	86			
1862	— 1 918	= Verlust		Telegr. Linie Kapst.-Delagoa Bucht
1863	4 336			Kabelfabr. Woolwich errichtet
1864	— 9 188	= Verlust		Cartagena-Oran Kabel. J. G. Halske scheidet aus
1865	14 455			Siemens Brothers gegr. William u. Werner Gesellschafter
1866	17 000			
1867	21 768			
1868	32 349			Carl S. wird Gesellschafter Bau der Indo-Europ. Telegr.-Linie London-Teheran
1869	25 822			
1870	69 005			
1871	30 504			
1872	— 507	= Verlust		Wirtschaftskrise (price-fall)
1873	96 265			Bau der „Faraday“
1874	119 625			„Faraday“ legt DUS-Atlantik-Kabel
1875	113 921			
1876	22 397			
1877	60 494			

Jahr	Gewinn in £	Dividende in %	eingez. Kap. in £	Bemerkungen, wichtige Ereignisse
1878	24 031			Baubeginn von Dynamomaschinen und Motoren
1879	282 550			
1880	189 672			
1881	356 097		300 000	Siemens Broth. & Co. Ltd. gegr.; William = Chairman; L. Löffler = Manag. Director; 2 Jay-Gould-Kabel
1882	122 475	55 %		
1883	26 660	10 %	425 000	Sir William Siemens †. Werner Siemens = Chairman
1884	313 560	95 %		2 Mackay-Bennett-Kabel
1885	174 758	50 %		
1886	627	keine		
1887	21 578	5 %		Spannungen zw. Siemens Berlin u. Siemens Brothers (Löffler-Krise); Alexander Siemens = Manag. Director
1888	13 824	5 %		
1889	96 545	22,5 %		
1890	88 570	12,5 %		Löffler scheidet aus
1891	33 977	15 %		
1892	24 461	5 %		Werner von Siemens †.
1893	— 35 021	Verlust		Carl Siemens = Chairman
1894	129 000	15 %		
1895	66 584	10 %		Amazonas-Kabel
1896	14 309	5 %		
1897	19 690	7,5 %		
1898	18 339	7,5 %		
1899	22 769	6 %	600 000	Deutsche Bank zeichnet 175 000 £; Alexander Siemens = Mitdirektor; G. v. Chauvin = Manag. Director

Jahr	Gewinn in £	Dividende in %	eingez. Kap. in £	Bemerkungen, wichtige Ereignisse
1900	64 387	7,5 %		S&H übernimmt Mehrheit der Siemens-Familienaktien
1901	77 920	10 %		
1902	38	keine		
1903	2 515	keine		Dynamowerk Stafford errichtet
1904	71	keine		SSW pachten Stafford
1905	682	keine		
1906	106	4 %		Siemens Brothers Dynamo Works Ltd.; Stafford gegr. Carl v. Siemens †. Arnold v. Siemens = Chairman
1907	20 217	4 %		
1908	23 061	4 %		Glühlampenwerk Dalston errichtet. Gründung der Centralverwaltung Übersee
1909	24 173	4 %		
1910	24 225	4 %		Pupin-Kabel Dover-Calais
1911	24 119	4 %		
1912	24 796	4 %		Baubeginn automatischer Fernsprechämter
1913	45 707	5 %		
1914	45 351			Weltkrieg- Ausbruch beendet Zusammenarbeit zw. Siemens-Berlin und Siemens Brothers & Co., Ltd.

Zusammengestellt nach den Jahresabschlüssen und Geschäftsberichten sowie nach Auskünften der Firma Siemens Edison Swan Ltd., 1959.

b) Quellenverzeichnis

Sämtliche hier angeführten Akten befinden sich im Siemens-Archiv München. In einigen sind Fotokopien und Übersetzungen englischer Akten aufgenommen, welche Verfasser 1958 in London vorlagen. Da die historischen Aktenbestände der Nachfolger-Firma von Siemens Brothers & Co. Ltd., London und Woolwich, noch nicht archiviert sind, können Signaturen und Detailangaben hierüber nicht gemacht werden. SvW.

Personalien

William Siemens, Biographisches Material	3 / Lr 506
William Siemens, Zusammenstellung seiner Arbeiten und Patente	3 / Lr 940
Joh. Carl Ludwig Löffler, Biographisches Material	WP Löffler

Briefe und Tagebücher

Briefsammlung der Brüder Siemens, 1842 — 1892	ohne Sign.
Briefe von Werner Siemens an J. C. L. Löffler, 1884 - 1890	2 / Li 555
J. C. L. Löfflers Briefe, persönlich und in seiner Eigenschaft als Managing Director an Werner Siemens, 1882 — 1891	30 / Lm 257
Löfflers Briefe an Carl Haase, 1872 — 1880	WP Löffler
Tagebücher (Abschriften!) des Geheimrates Wilhelm von Siemens, 1886 — 1900	4 / Lf 775

Organisationsakten

Sammelakte zur Organisation der Firma Siemens Brothers, ihrer Vorläufer und Nachfolger, 1850 — 1958	68 / Li 219
Sammelakte zur Organisation des Auslands- und des Übersee-Geschäftes, S&H und SSW, 1891 — 1959	68 / Lr 488

Geschäftsakten

Geschäftl. Briefwechsel Wilhelm Siemens mit S&H Berlin, 1856 - 1858	30 / Lm 284
Briefwechsel über Kabellegungen im Mittelmeer, 1859 / 60	35 / 12 / Lo 677
Laufende Geschäftsakten Siemens Brothers / S&H Berlin 1873	30 / Ln 580
Geschäftsberichte, Schriftstücke und das Thomson-Gutachten der Direct United States Telegraph Co. Ltd. 1875 — 1877	15 / Ll 319
Geschäftsakten Nachlaß R. Charubin betr. Landore Steel Works	11 / Lg 575

Geschäftsakten der Zentralstelle S&H betr. Boardsitzungen, Beschlüsse und Dividenden bei Siemens Bros. & Co. Ltd., Dez. 1880 - Apr. 1891	20 / La 223
Mai 1891 — Dez. 1897	20 / La 224
Juristische Unterlagen und Erklärungen beider Parteien im Rechtsstreit Siemens Brothers contra S&H Berlin sowie Klage gegen Löffler, 1887 — 1888	30 / Lk 670
Vertrag zwischen Dr. Werner von Siemens und J. C. L. Löffler vom 1. 6. 1888 sowie Sonderabkommen mit Siemens Brothers über das Elektrochem. Patent von Dr. W. v. S., 1888	21 / Lk 702
Teilhaber Geschäftsbücher von S&H, 1851 — 1860	24 / Ld 547 u. 24 / Ld 612
Geschäftsberichte der S&H AG, 1897 — 1958	15 / Lg 969
Geschäftsberichte der Siemens Brothers & Co. Ltd., 1899 — 1939 (mit Lücken!)	15 / Lr 320
Jahres-Abschlüsse 1861 — 1889	17 / Lm 184

Dokumente

Diplom und Council-Medal der Ersten Welt-Industrieausstellung London 1851 für S&H Berlin	im Siemens-Museum ausgelegt
Dokumentenmappe, besonders die Originalverträge seit Gründung der Firma S&H, 1847, enthaltend	ohne Signatur

Aufzeichnungen

Die historische Entwicklung des Übersee-Geschäftes des Hauses Siemens. Erster Teil: 1850 — 1908, von Dipl.-Ing. Wolfram Eitel	12 / Lm 910
Aufzeichnungen von Dr. Carl Köttgen über seine Tätigkeit in England, 1907 — 1919	47 / Lg 768
Aufzeichnungen von Oberingenieur Rokurota Momotani über die Tätigkeit des Hauses Siemens in Japan, 1861 — 1945	68 / Li 151
Studien zur Finanzgeschichte des Hauses Siemens, Teil 1, 1847 - 1860, von Dr. E. Waller	20 / Ld 366
Die Kabelunternehmungen der Brüder Siemens 1870 — 1879. Korrekturfahnen zum nicht erschienenen 2. Teil des Buches von R. Ehrenberg, Die Unternehmungen der Brüder Siemens (1906)	38 / 8 / 2

Technische Sachakten

Entwicklung der Telegraphie. Materialsammlung firmenfremder Arbeiten	36 / Lh 835
Indo-Europäische Telegraphenlinie. Materialsammlung	35 / Lk 232

c) Literaturverzeichnis

Die zitierten Werke sind im Wiederholungsfalle in den Fußnoten mit dem Verfasser-Nachnamen oder mit Abkürzungen (siehe Seite 9) angegeben.

Allgemeine Elektricitätsgesellschaft: 50 Jahre AEG. Als Manuskript gedruckt. Berlin (AEG) 1956.

Angel, Ernst: Edison, sein Leben und Erfinden, Berlin (Angel) 1926.

Antz, E. L. u. *Scherbius,* W.: Die Niagara-Fälle und ihre witschaftliche Erschließung, das Werk eines Deutschen, in: BGT, Bd. 20, 1930, S. 171 — 173, ebenda: Biographie J. F. Schöllkopf, S. 183.

Arends, L.: Wilhelm Siemens und sein elektrischer Lichtbogenofen, in: Ztschr. Elektrowärme, Essen, Bd. 16, 1958, S. 350 — 353.

Bauer, Clemens: Unternehmung und Unternehmungsformen im Spätmittelalter und in der beginnenden Neuzeit, Jena (Fischer) 1936.

Beetz, W. / *v. Miller,* O. / *Pfeiffer,* E.: Offizieller Bericht über die Internationale Elektricitäts-Ausstellung . . . München 1882, München (Autotypie-Verlag) 1883.

van den Berg, Hans Joachim: Die Brüder Friedrich und Wilhelm Siemens als Erfinder des Regenerativofens, in: Stahl und Eisen, Bd. 76, 1956, S. 1612 — 1615.

Bernal, J. D.: Science and Industry in the Nineteenth Century, London (Routledge & Kegan Paul) 1953.

Bingel, Rudolf: Carl Friedrich von Siemens zum Gedächtnis, in: ZVDI, vom 4. Oktober 1941.

Borchardt, Hans u. *v. Weiher,* Sigfrid: 75 Jahre Siemens-Kabelwerk Berlin (Festschrift) Berlin (SSW) 1951.

Bornhardt, Wilhelm: Wilhelm August Julius Albert und die Erfindung der Eisendrahtseile, Berlin (VDI) 1934.

Bryan, George S.: Edison, der Mann und sein Werk, Leipzig (List) o. J. (Die amerikanische Originalausgabe erschien in New York 1926).

Burhenne, Karl: Biographien der Brüder Siemens, in: ADB, Bd. 55, 1910, S. 203 — 228.

Busse, Kurt: Sir William Siemens, in: SZ Jg. 1958, S. 797 - 798.

—; Werner von Siemens 1816 — 1892, in: Die Großen Deutschen, Bd. 3, Berlin (Propyläen) 1956, S. 442 — 455.

Clapham, J. H.: An Economic History of Modern Britain, Vol. II: Free Trade and Steel 1850 — 1886, Cambridge (University Press) 1932.

Cohen, Rudolf: Schuckert 1873 — 1923 (Festschrift) o. O., o. J. (wohl Nürnberg 1923).

Cooke, William F.: The electric telegraph, was it invented by Professor Wheatstone? London 1854.

Curti, A.: Die englische Aktiengesellschaft nach neuem Recht (10. 5. 1929), Berlin (Springer) 1929.

Delamarche, A. u. *Viechelmann,* C.: Elemente der unterseeischen Telegraphie, Berlin (Springer) 1859.

Dettmar, Georg: Die Entwicklung der Starkstromtechnik in Deutschland, Berlin (ETZ-Verlag) 1940

Deutsche Bank u. Disconto-Gesellschaft: Monatshefte für die Beamten der . . . Jan.-Febr.-Heft 1932 mit Nachruf für Arthur von Gwinner.

Dictionary of National Biography, London (Smith, Elder & Co) 1885 - 1913.

Dietz, R.: Friedrich Siemens und das Glas, in: BGT, Bd. 10, 1920, S. 55 ff.

Dingler: Polytechn. Journal, Registerband 1819 — 1840.

Dorf, Philip: The Builder (Ezra Cornell-Biographie) New York (Mc. Millan) 1952.

Dunham, A. L.: The Anglo-French treaty of Commerce of 1860 and the progress of the industrial revolution in France, Michigan 1930.

English Electric Co,. Ltd.: A Collection of letters to Sir Charles William Siemens, London (Engl. Electric) 1953.

Ehrenberg, Richard: Die Unternehmungen der Brüder Siemens, Jena (Fischer) 1906 (es erschien nur der 1., bis 1870 reichende Teil).

Feldhaus, Franz M.: Biographie Halske, in: ADB, Bd. 49, 1904, S. 788.

Feyerabend, Ernst: Handwörterbuch des elektrischen Fernmeldewesens, Berlin (Springer) 1929.

—: Der Telegraph von Gauss und Weber, Berlin (Reichspost-Museum) 1933.

Field-Judson, J.: Cyrus West Field, his life and work, Newyork 1896.

Forestier-Walker, E. R.: A history of the wire rope industry of Great Britain, London 1952 (Festschrift der Federation of Wire Rope Manufacturers of Great Britain).

Friedell, Egon: Kulturgeschichte, Bd. 3 (Neuzeit), München (Beck) 1932.

Garratt, G. R. M.: One hundred years of submarine cables, London (Science Museum) 1950.

Gutmann, Franz: Das französische Geldwesen im Kriege (1870 - 1878), Straßburg / E. (Trübner) 1913.

Heale, Treaby: The Cableship „Faraday II", in: Engineering Bulletin Siemens Brothers & Co. Ltd., No. 229, November 1946, p. 1 - 12.

Heintzenberg, Friedrich: Der erste Ingenieur in der Akademie der Wissenschaften, in: Siemens-Mitteilungen Nr. 226, Sommer 1944, S. 19 — 21.

—: Friedrich von Hefner-Altenbeck, in: Abhandlungen und Berichte des Deutschen Museums, München (Oldenbourg) 1951.

— (Hrsg.): Werner von Siemens in Briefen an seine Familie und an Freunde, Stuttgart (Dt. Verlagsanstalt) 1953.

Helfferich, Karl: Georg von Siemens, Berlin (De Gruyter), 3 Bände 1921 — 1923; 2. gekürzte Auflage in einem Band, o. O. 1956.

Hennig, Richard: Buch berühmter Ingenieure, Leipzig (Spamer) 1911 (darin: William Siemens, S. 1 — 48).

Heynen, Walter (Hrsg.): Das Buch deutscher Briefe, Wiesbaden (Insel) 1957.

Jackson, D. C.: Frank Julian Sprague, 1857 — 1934, in: Scientific Monthly LVII, November 1943, p. 431.

Johannsen, Otto: Geschichte des Eisens, 3. Aufl., Düsseldorf (Stahleisen) 1953.

Journal of the Society of Telegraph Engineers, London 1872 ff.

Karraß, Theodor: Geschichte der Telegraphie, Braunschweig (Vieweg) 1909 (es erschien nur der 1. Teil).

Kekulé von Stradonitz, Stephan: Über das Erfindergeschlecht Siemens, in: Die Grenzboten, 1908, S. 278 ff.

Kennet, W. H.: Sir Charles William Siemens (Kurzbiogr. vor der Briefsammlung „A collection of letters to Sir Charles William Siemens", London (English Electric) 1953.

Kosack, Hans-Joachim: 75 Jahre Schiffselektrotechnik, in: Festschrift „75 Jahre Schiffselektrotechnik im Hause Siemens", hrsg. von S&H und SSW, 1954, S. 7 — 11.

Kunert, Artur: Die Entwicklung der Fernmeldetechnik für den öffentlichen Verkehr, Berlin (Decker) 1931 (es erschien nur Teil 1!).

Landerer, L.: Geschichte der HAPAG, Berlin (Giesecke & Devrier) 1897.

Maass, Robert: Die auswärtigen Geschäftsstellen der Siemens-Werke und ihre Vorgeschichte. Ein Erinnerungsblatt an Wilhelm von Siemens, München (Siemens-Archiv) 1958.

Mac Laren, Malcolm: The Rise of the Electrical Industry during the Nineteenth Century, Princeton (University Press) 1943.

Mahr, Otto: Die Entstehung der Dynamomaschine, Berlin (Springer) 1941 (Diss. TH Berlin).

Matschoss, Conrad: Die Entwicklung der Dampfmaschine, 2 Bände, Berlin (Springer) 1908.

—; Werner Siemens. Ein kurzgefaßtes Lebensbild nebst einer Auswahl seiner Briefe, 2 Bände, Berlin (Springer) 1916.

— (Hrsg.): Beiträge zur Geschichte der Technik und Industrie, Berlin (Springer, ab 1919 VDI-Verlag) 1909 — 1941 = 30 Jahrbände.

— (Hrsg.): Männer der Technik, Berlin (VDI-Verlag) 1925.

Mellanby, J.: The history of electric wiring, London (Macdonald) 1957.

Meyer, Arnold Oskar: Bismarck, der Mensch und der Staatsmann, Leipzig (Koehler & Amelang) 1944.

National Electrical manufacturers Association New York (Editor): A chronological History of Electrical Development from 600 B. C., New York (NEMA) 1946.

Naturwissenschaften, Die: Werner von Siemens-Sondernummer zur Jahrhundertfeier seines Geburtstages. Bd. 4, 1916, Heft 50.

Osborn, M. / *Donath,* A. / *Feldhaus,* F. M.: Berlins Aufstieg zur Weltstadt, Berlin (Hobbing) 1929.

Parliamentary Papers, London 1866; Report from the select committee in East India Communications.

Parsons, R. H.: The early days of the Power Station Industry, Cambridge (University Press) 1940.

Passer, Harold C.: The Electrical Manufacturers 1875 — 1900, Cambridge (Harvard University Press) 1953.

Pole, William: Wilhelm Siemens (deutsche Ausgabe von „Life of Sir William Siemens" 1888), Berlin (Springer) 1890.

Report of the Joint Committee of the Lords of the Committee of Privy Council for Trade and the Atlantic Telegraph Company to inquire into the Construction of Submarine Telegraph Cables, H. M. S. O. 1861 (Ein Exemplar davon besitzt das Science Museum London).

Röper, August: Die Unterseekabel, Leipzig (Deichert) 1910.

Rosenberg, H.: Die Weltwirtschaftskrise 1875 — 1859, in: Beiheft zur Vierteljahresschrift für Sozial- und Wirtschaftsgeschichte, Stuttgart 1934.

Rotth, August: Die Brüder Siemens und die Wärme, in: BGT, Bd. 10, 1920, S. 42 ff.

—: Wilhelm von Siemens, Berlin und Leipzig (Gruyter) 1922.

—; Biographie Halske, in: Männer der Technik, Berlin 1925, S. 102.

Schellen, H.: Das atlantische Kabel, seine Fabrication, seine Legung und seine Sprechweise, Braunschweig (Vieweg) 1867.

Schnabel, Franz: Deutsche Geschichte im 19. Jahrhundert, Bd. 3: Erfahrungswissenschaften und Technik, Freiburg / Br. (Herder) 1950.

Schmidt, Ernst Wilhelm: Männer der Deutschen Bank und der Disconto-Gesellschaft, Düsseldorf 1957.

Schumpeter, Joseph A.: Kapitel „Unternehmer" im Handwörterbuch der Staatswissenschaften, 4. Aufl. 1928, Bd. 8.

Scott, J. D.: Siemens Brothers 1858 — 1958. An essay in the history of industry, London (Weidenfeld and Nicolson) 1958.

Siemens, Charles William: The scientific works of Charles William Siemens, edited by E. F. Bamber, 3 Volumes, London (Murray) 1889.

Siemens, Georg: Geschichte des Hauses Siemens, 3 Bände, Freiburg / Br. und München (Alber) 1947 — 1951.

Siemens, Hermann Werner: Stammbaum der Familie Siemens, München (Lehmann) 1935.

Siemens Magazine: (Hauszeitschrift der Firma Siemens Brothers & Co. Ltd., London und Woolwich, Jahrgang 1927. Darin in Fortsetzungen Umriß der Geschichte der Company).

Siemens, Werner: Über die Anwendung der erhitzten Luft als Triebkraft, in: Dinglers Polytechn. Journal, Bd. 97, 1845, S. 324 ff.

—: Vorschlag zu einem reproducirbaren Widerstandsmaße, in: Poggendorff's Annalen der Physik und Chemie, Bd. 110, 1860, S. 1 ff.

—: Wissenschaftliche und technische Arbeiten, 2 Bände, Berlin (Springer) 1889 — 1891.

—: Lebenserinnerungen. 1. Aufl. Berlin (Springer) 1892; 16., illustrierte und kommentierte Aufl. München (Prestel) 1956 (zitiert jeweils die 16. Aufl.).

Sombart, Werner: Das Wirtschaftsleben im Zeitalter des Hochkapitalismus, 2 Halbbände, München u. Leipzig (Duncker & Humblot) 1928.

Slater, E.: One hundred years. The story of Henley's 1837 - 1937. o. O. 1937.

Strousberg, Henry B.: Dr. Strousberg und sein Wirken (Autobiographie), Berlin 1876.

Steinberg, Siegfried H.: Historical Tables 58 B. C. — 1945 London (MacMillan) 1947.

Steinmann, David B.: Brücken für die Ewigkeit. Das Leben von Johann Roebling . . ., Düsseldorf (Werner) 1957. (Die amerikanische Erstausgabe „The Builders of the Bridge" erschien 1945).

Storey, Graham: Reuters Century 1851 — 1951, London (Parrish) 1951.

Thomälen, Adolf: Zur Geschichte der Dynamomaschine. Die Entwicklung des Dynamobaues bei der Firma Siemens & Halske (1866 - 1878), in: BGT, Bd. 7, 1917, S. 134 — 168.

Trevelyan, G. M.: Sozial- und Wirtschaftsgeschichte Englands, Hamburg (Goverts) 1948 (Die englische Originalausgabe erschien 1944).

Verhandlungen des Vereins zur Beförderung des Gewerbfleißes; Berlin 1884 (Zusammenstellung sämtlicher Arbeiten von William Siemens, S. 25 — 34).

Wandrey, Conrad: Werner Siemens, Geschichte seines Lebens und Wirkens, München (Langen-Müller) 1942 (es erschien nur der erste, bis 1855 reichende Teil).

Weiher, Sigfrid v.: Franzosen wollten den Tunnel bauen. Geschichte der Kanaltunnel-Projekte, in: Brüsseler Zeitung v. 25. 3. 1942.

—: Union Pacific. Entwicklung der ersten transamerikanischen Eisenbahn, in: Zeitschrift „alles", Baden-Baden, Febr. 1950, S. 89 - 95.

—: Thomas Alva Edison, in: Zeitschrift „alles", Baden-Baden, Juli 1950, S. 66 — 74.

—: Diverse Aufsätze zur Geschichte des Hauses Siemens in SZ: Hundert Jahre Wassermesser-Fabrikation, 1951, S. 222 — 223. Von der galvanischen Vergoldung zur Kupfergroßelektrolyse 1842 — 1877, 1955, S. 247 — 248. Hundert Jahre Doppel-T-Anker, 1956, S. 421 - 422. Werner Siemens zur Frage des technischen Schulwesens, 1956, S. 603 — 604. Zum 75. Jahrestag der Gründung des ehemaligen Charlottenburger Werkes, 1958, S. 678 — 679.

—: 100 Jahre elektrische Glühlampe, in: VDI-Nachrichten, Düsseldorf Nr. 12 / 1954.

—: Carl von Siemens, ein deutscher Unternehmer in Rußland und England, in: Tradition Heft 1, 1956, S. 13 — 25.

—: Ein Jahrhundert telegraphischer Weltnachrichtenverkehr, in: Tradition 1959, S. 74 — 87.

Weltausstellung 1851; Official descriptive and illustrated Catalogue of the Great Exhibition of the Works of Industry of all Nations, 5 Volumes, London (Spicer Bros.) 1851.

Winterfeld, Ludwig von: Entwicklung und Tätigkeit der Firma Siemens & Halske in den Jahren 1847 — 1897, o. O. 1913 (Diss. Kiel).

Zenneck, Jonathan: Werner von Siemens und die Gründung der Physikalisch-Technischen Reichsanstalt, in: Abhandlungen und Berichte des Deutschen Museums, Berlin (VDI-Verlag) 1931.

d) Einschlägige Veröffentlichungen von S. von Weiher seit 1960

Biographien und Siemens-Lebensgeschichte:

Werner von Siemens, ein Leben für Wissenschaft, Technik und Wirtschaft, in: Reihe „Persönlichkeit und Geschichte“, Bd. 58, Göttingen (Musterschmidt) 1970, 2. Aufl. 1974, danach auch Auflagen in Englisch, Spanisch, Russisch und Französisch. 90 Seiten.

Werner von Siemens, in: Die Großen der Weltgeschichte, Zürich (Kindler Vlg.), Bd. 8 (1978), S. 174 — 185.

The Siemens Brothers, Pioneers of the Electrical Age in Europe. Transactions of the Newcomen Society, London, Vol. XLV (1972), p. 1 — 13 (Nach Vortrag in London und Birmingham, Okt. 1972).

Sir William Siemens. Thoughts and Biographical Reminiscences on the Centenary of his Death, 1883, in: Electronics and Power (AJEE-Journal), 1983, p. 791 — 795.

Johann Georg Halske (1814 — 1890) in: Neue Deutsche Biographie, Berlin (Duncker & Humblot), Bd. 7 (1966), S. 572 — 573.

Carl Köttgen (1871 — 1951) in: Neue Deutsche Biographie, Berlin (Duncker & Humblot), Bd. 12 (1980), S. 414 — 415.

Stammbaum der Familie Siemens. Aus Anlaß der 600jährigen Wiederkehr des ersten urkundlichen Nachweises des Namens Siemens in Goslar, 1384. München 1985. 308 Seiten u. Tafeln.

Von Goslar in die Welt. Der Weg der Familie Siemens. Eine kurzgefaßte Familiengeschichte. München 1987. 81 Seiten.

Monographien:

Weg und Wirken der Siemens-Werke im Fortschritt der Elektrotechnik 1847 — 1980. Mit H. Goetzeler. 3. Aufl. Berlin-München 1981, 2. engl. Aufl. (The Siemens Company — its Historical Role in the Progress of Electrical Engineering 1847 — 1980), Bln.-Mch. 1984, dt. Ausg. 197 Seiten, engl. Ausg. 205 Seiten.

Berlins Weg zur Elektropolis — Technik- und Industriegeschichte an der Spree. 1. Aufl. Berlin (Stapp) 1974, 2. Aufl. Göttingen u. Zürich (Musterschmidt) 1987, 211 Seiten.

Tagebuch der Nachrichtentechnik. Von 1600 bis zur Gegenwart. Ein Beitrag zur Kulturgeschichte der Technik. Berlin (VDE-Verlag) 1980, 199 Seiten. 2. Aufl. unter dem Titel „Tagebuch der Telekommunikation“ ersch. Frühj. 1991.

Die ersten Schritte zum Weltverkehr. Pioniertaten der Verkehrs- und Nachrichtentechnik im 19. Jahrhundert. VDI-Nachrichten, Düsseldorf Nr. 25 v. 23. 6. 1965, S. 9 — 10.

Festschrift „100 Jahre Siemens in Japan 1887 — 1987", Tokyo (Siemens K. K.) 1987. Dt. Ausg. 73, japan. Ausg. 69 Seiten (SvW bearbeitete Vorgeschichte u. die Darstellung bis zum Jahr 1945).

100 Jahre „Made in Germany" — Absicht und Auswirkung eines britischen Gesetzes, in: Technikgeschichte, Düsseldorf (VDI-Verlag) 54 (1987) Heft 3, S. 175 — 182.

Vorgeschichte und Gründung der Physikalisch-Technischen Reichsanstalt in Berlin, in: Beiheft 88 der Vierteljahresschrift für Sozial- und Wirtschaftsgeschichte (VSWG), Stuttgart (Steiner) 1990, S. 53 — 62.

e) Nachwort

Die vorliegende Arbeit ist das Ergebnis längerer, quellenkritischer Forschungen, die szt. als Grundlage meiner Promotion zum Dr. phil. an der Universität Freiburg / anerkannt wurde. Da die wenigen abzuliefernden Exemplare schnell in Bibliotheken und bei einigen Fachleuten verschwunden waren, nahm ich sehr gern das Angebot von Herrn Professor Dr. Wolfram Fischer, FU Berlin, an, meinen Forschungsbericht in seiner Reihe „Schriften zur Wirtschafts- und Sozialgeschichte" aufzunehmen.

Ich gewann bei der neuerlichen Lektüre meiner Doktorarbeit den Eindruck, daß das Thema nicht nur für die wirtschafts- und technikgeschichtliche Forschung, sondern darüber hinaus auch für einen breiteren Leserkreis interessant sein dürfte, speziell auch für die Freunde deutsch-englischer Beziehungen und für jene, die sich mit der Vorgeschichte der europäischen Wirtschaftsgemeinschaft beschäftigen. Mittlerweile wurde aus der EWG die Europäische Gemeinschaft und es ist an der Zeit, jetzt die hierfür wesentlichen Geschichtsdaten festzustellen und aufzubereiten.

Im Mittelpunkt meiner Arbeit figuriert die Entwicklung der britischen Siemens-Firma, und ich hielt es schon damals — bei Abfassung meiner Arbeit — für geboten, über den Darstellungszeitraum (2. Hälfte des 19. Jahrhunderts) hinausgehend, die Fortentwicklung der Siemens-Aktivitäten im Bereich des Vereinigten Königreiches, zwischen den Weltkriegen und weiter bis zur Wiederaufnahme wirtschaftlicher Zusammenarbeit nach 1945 in wenigen Sätzen zu skizzieren. Dementsprechend möchte ich in gleicher Weise die Entwicklung der letzten drei Jahrzehnte kurz darstellen.

1962 gelang es den langjährigen Bemühungen von Dr. Gerd Tacke, szt. Vorstandsmitglied des Hauses Siemens insbesondere für Auslandsfragen, mit dem Rückerwerb der Siemens-Firmennamen und Markenrechte eine gesicherte Grundlage für einen Neubeginn in Großbritannien zu schaffen. Aus dem kleinen Liaison Office in der Londoner Bakerstreet zog man nach Sunbury on Themse/Middlesex, wo sich mittlerweile ein stattlicher Firmensitz für die neu gegründete Siemens United Kingdom Ltd. entwickeln konnte. 1965 wurde als neuer zentraler Fertigungsort ein ausbaufähiges Werk in Congleton/Cheshire, zwischen Birmingham und Manchester, erworben und zügig entwickelt. Hier werden sowohl nachrichtentechnische als auch energietechnische Geräte und Maschinen hergestellt und zu systemgerechten Anlagen konzipiert und geliefert. Das Gebiet der Elektromedizin fand in Sunbury einen geeigneten Fertigungs- und Vertriebsstandort; weitere drei Fertigungsbetriebe in England und Schottland haben die Produktionsgrundlage bemerkenswert erweitert. Große Hoffnungen setzt man auf die im Herbst 1989 erfolgte Übernahme der Plessey Telecommunications Ltd., die zu 60 % von General Electric (GEC) und zu 40 % von Siemens Ltd. übernommen wurde. Insbesondere Verkehrstechnik, Radar und milit. Kommunikationstechnik werden nun der Siemens-Verantwortung in England unterstellt; einige Joint Ventures ergänzen zusätzlich die Siemens-Aktivitäten, die damit das Siemens-Geschäft in Großbritannien spürbar voranbrachten. Die Belegschaftszahl betrug vor der Plessey-Übernahme per 30. 9. 1989 3 741 Mitarbeiter, der Jahresumsatz belief sich auf 957 Mio DMark.

Daß mein Interesse am Thema dieser Arbeit bis heute stets wach blieb, beweisen wiederholte dienstliche als auch private Reisen nach Großbritannien und einigen Überseeländern, insbesondere nach den USA und nach Japan. Aber mehr noch legen eine Reihe von fachbezogenen Veröffentlichungen Zeugnis ab, daß ich das Thema — sei es nun im weiteren Rahmen oder in Fallstudien — immer wieder anging und zu ergänzen suchte. Einige davon, die sich mit der Firma und mit der Familie Siemens oder mit wirtschafts- und technikgeschichtlichen Untersuchungen beschäftigen, habe ich auf S. 218 / 219 zusammengestellt.

Herzlichen Dank möchte ich hier abstatten Herrn Professor Fischer für sein freundliches Vorwort, das er meiner Arbeit und meiner Person gewidmet hat, sodann auch dem Verlag Duncker & Humblot und seinem Chef, Herrn Rechtsanwalt Norbert Simon, für die angenehme Zusammenarbeit und die vorzügliche Betreuung dieser Edition. Möge die erweiterte und ergänzte Dokumenmtation einen quellenkritischen Beitrag liefern zur Kultur-, Wirtschafts- und Technikgeschichte des 19. Jahrhunderts.

München-Berlin, 19. Juli 1990

Sigfrid von Weiher